JN448203

현대 중국의 이해

Understanding
Contemporary
China

현대 중국의 이해

박대훈 지음

한양대학교출판부

머리말

우리는 흔히 일본을 가리켜 가깝고도 먼 나라라고 이야기한다. 그 말 뜻은 지리적으로는 세계 어느 나라보다도 가깝지만 정치적·역사적 배경 때문에 소원한 관계 역시 존재하는, 알 수 없는 나라라는 의미일 것이다. 문득 이런 생각을 해보았다. 그러면 우리와 중국과는 어떤 관계일까? 지리적으로 가깝기는 일본과 마찬가지인데 그렇다면 우리는 중국을 친근한 나라, 충분히 잘 아는 나라라고 자신 있게 이야기할 수 있을까?

이 물음에 대해 100퍼센트 그렇다라고 얘기할 수 있는 사람은 아마도 없을 것이다. 왜냐하면 중국이라는 나라는 우리가 언뜻 생각하기에 잘 아는 듯하지만 이내 고개를 갸우뚱할 수밖에 없는, 정의하기에 아주 애매한 나라이기 때문이다. 왜 그런 것일까? 그건 바로 현대 중국을 이루고 있는 다양한 역사적 배경 때문이다. 지금의 중국은 과거 유가로 대표되는 전통 사상과 문화적 배경 아래 지구에 몇 안 되는 사회주의라는 정치체제, 여기에 자본주의 시장경제가 함께 어우러진 나라이다. 따라서 우리는 유가적 전통 사상과 같이 우리와 역사적·문화적 공통분모가 존재하는 부분에 있어서는 친숙함을 느끼지만 사회주의와 같이 우리와 단절된 부분에 있어서는 이질감을 느끼는 것이다.

『현대 중국의 이해』는 이러한 중국에 대한 이질감을 극복하고 21세기 글로벌 G2로 자리잡고 있는 중국에 대한 길라잡이 역할을 하기 위해 기획되었다. 이 책은 정치·경제·역사·문화의 네 가지 차원을 통해 현대 중국에 접근하고자 한다. 공산당으로 대표되는 중국 특유의 엘리트 정치체제, 개혁과 개방으로 대표되는 중국 경제체제와 이를 대표하는 기업가의 성공 스토리, 아편전쟁으로 비롯된 중화제국의 침몰의 역사와 이를 극복하고 21세기 위대한 중국의 부활을 꿈꾸고 있는 중국의 현대사, 그리고 다양한 중국의 문화생활과 음식 문화에 대한 접근으로 지면을 채웠다.

중국을 단 한마디로 '~이다', '~하다'라고 정의하려는 것은 매우 위험한 생각이다. 만약 누가 나에게 중국을 한마디로 정의하라고 한다면 잘 모르겠다고 대답하거나 다양성과 이중성을 가지고 있는 나라라고 말하고 싶다. 즉 우리가 보는 중국은 표면적으로 보이는 것이 전부가 아니며, 그 내면은 여러 가지 다양하고도 심층적인 모습을 띠고 있다. 이 책 『현대 중국의 이해』가 기여하고자 하는 바도 이러한 다양성과 이중성에 대한 이해를 통해 중국에 관한 보다 균형적인 시각을 기르는 데 있다.

많은 이들이 21세기 중국의 부상을 이야기한다. 혹자는 중국 위협론이나 중국 굴기론 등을 들어 중국의 부상이 전 세계에 위협적인 요소라고 부정적으로 이야기한다. 혹자는 중국이 평화적 부상을 통해 책임 있는 대국의 모습으로 국제관계에 건설적인 역할을 할 것이라 전망한다. 과거 로마에 의해 평화가 지속되던 팍스 로마나(Pax Romana) 시대부터 제2차 세계대전 후 미국의 시대를 알린 팍스 아메리카나(Pax Americana)에 이어 중국에 의해 세계 질서가 재편되는 팍스 시니카(Pax Sinica) 시대를 예상하기도 한다. 여기서 분명한 것은 21세기가 중국의 시대가 될 것인지의 여부와 상관없이 중국의 비중은 계속해서 커지고 있으며 중국의 역할은 더욱 확대되고 있다는 사실이다.

1992년 8월 24일 한중 수교 이래 과거 20여 년간은 중국어를 배우고 중국을 아는 것이 누군가의 성공을 위한 준비였다면, 이제는 이러한 준비가 우리의 생존을 위해 당연히 준비해야 하는 상황이 되고 있다. 부디 이 책이 여러분의 생존을 뛰어넘어 미래 준비에 조금이라도 도움이 되었으면 하는 마음이다.

마지막으로 이 책이 출간되도록 많은 도움을 주신 한양대학교 중어중문학과 여러 교수님들과 항상 묵묵히 지켜보고 응원해주는 아내와 세상에 둘도 없는 딸 소율이에게 감사의 마음을 전한다.

2016년 2월

저자 박대훈

차례

제14부 양안관계와 중국의 현재와 미래

일러두기

—

이 책에서 언급된 인명과 지명 등의 명칭은 국립국어원 외국어 발음 규칙에 따라서 표기했으며,
일부 명칭의 경우 시기적 상황이나 어감에 따라 한자어로도 표기했음을 알립니다.

제1부

중국 개황

중국의 시대 구분

이 책의 제목은 『현대 중국의 이해』이다. 그렇다면 현대란 과연 어느 시기를 가리키는 것일까? 먼저 우리가 습관적이고 불특정하게 사용하고 있는 현대라는 개념과는 달리 중국에서는 시대를 보다 세분화해서 사용한다는 점에 유의하자. 중국에서는 1840년 아편전쟁이 일어나기 전을 고대(古代), 1840년에서 1919년 5·4운동이 일어나기까지를 근대(近代), 1919년부터 1949년 중화인민공화국이 들어서기까지를 현대(現代), 그리고 1949년부터 지금에 이르기까지를 당대(當代)라고 부른다. 그런데 이러한 구분법 역시 중국 문학의 일반적인 시대 구분법이지 역사적인 구분법은 아니다. 역사적 구분법 차원에서 본다면 1840년 이전을 고대, 1840년에서 1949년까지를 근대, 1949년 이후를 현대 또는 당대로 부른다. 즉 역사에서는 당대와 현대가 거의 같은 개념으로 쓰이고 있다.

여기서 중요한 것은 문학적 분류법이냐 아니면 역사적 분류법이냐 하는 문제가 아니다. 중요한 것은 1949년 이후의 역사를 중국에서는 당대라고 하여 보다 세분화해서 구별한다는 점이다. 따라서 위에서 말한 시대 구별을 인지하고 중국을 살펴본다면 보다 나은 이해가 되리라 생각된다.

01 현대 중국의 코드 이해 및 중국 개황

조정래 작가는 하나의 모델로 설명할 수 없는 나라가 바로 중국이라고 하였다. 전통적으로 중국의 특징을 상징하는 대표적인 표현이 바로 지대물박(地大物博)이다. 중국은 땅이 크고 넓으며 그곳에 사는 사람과 생산되는 물건이 많음을 의미한다. 이렇게 중국은 복잡하고 다양한 모습을 가진 나라라고 할 수 있다. 그렇다면 중국을 복잡하고 다양하다고 부르는 근원은 어디에 있을까?

중국의 복잡 다양함은 현재의 중국이 과거 유학을 근간으로 한 전통적인 문화 요소의 기반하에 자본주의 문화가 급격히 유입되고, 이것이 사회주의 체재하에 유지되는 복잡한 구조이기 때문이다. 따라서 중국의 복잡 다양한 문화 코드의 분석을 빼놓고는 제대로 된 중국을 이해할 수 없다고 할 수 있다.

알다가도 모르는 알쏭달쏭한 중국, 현대 중국을 이해하기 위해서는 먼저 현대 중국의 코드 분석을 통해 중국인이 가지고 있는 양면성과 복합성의 의미를 이해해야 한다. 지금부터 현대 중국의 코드를 하나씩 살펴보도록 하자.

1. 현대 중국의 코드 이해

현대 중국을 이해하기 위해서 우리가 먼저 전제해야 할 사실은 중국의 다중적 문화 코드를 분석함과 동시에 중국인의 양면성과 복합성을 이해하는 것이다. 단순한 사실의 평면적인 이해가 아닌 전체적이고 복합적으로 중국을 알고자 하는 노력에서부터 현대 중국의 이해가 시작된다는 점이다.

1) 중국 문화 코드 분석

흔히들 중국이라는 나라를 한 마디로 정의하라고 하면 마땅한 어휘를 찾기가 그리 쉽지 않다. 그 이유는 현대 중국이라는 나라는 다른 나라들과는 근본적으로 다른 복잡한 정치적·경제적·역사적 배경을 지니고 있기 때문이다. 이에 현대 중국을 이해하기 위해 우리가 가장 먼저 확인해야 할 사실은 중국 문화의 근간을 이루고 있는 요소를 분석하는 일이다.

현대 중국 문화는 크게 세 가지 요소의 복합적인 작용하에 움직이고 있다. 그 세 가지 요소란 바로 전통적 문화 요소, 자본주의적 문화 요소 그리고 사회주의적 문화 요소이다. 각각의 내용을 보다 구체적으로 살펴보자.

첫째, 전통적 문화 요소이다. 주지하다시피 중국은 과거로부터 유가(儒家), 법가(法家)를 비롯한 다양한 동양적 전통 사상이 비롯되었다. 공자·맹자를 위시한 유가 사상은 인·의·예·지를 바탕으로 중국적 전통과 질서 유지에 많은 영향을 미쳐왔다. 이러한 신분제에 바탕을 둔 사회에서의 조화와 숙명적인 입장에서의 각자의 역할은 5000년 중국 역사를 지탱해온 바탕이었다. 이러한 전통적 문화 요소는 적어도 1949년 중화인민공화국이 성립되기까지 중국 사회를 지배해온 근간의 이념이었다. 그러나 중국의 공산혁명 성공 이후 이러한 전통문화는 사회주의 문화와의 충돌을 빚게 된다. 특히 유교가 신분제를 인정하는 전제하에서 사회의 조화를 추구하고 있기 때문에 궁극적으로 계급의 철폐를 목적으로 하는 사회주의 체제와는 양립하기 힘든 상황이었다. 이에 적어도 마오쩌둥(毛澤東) 시기 그중에서도 1960~70년대의 문화대혁명 시기 중국 고유의 전통 사상은 마땅히 배척되어야 할 구사상, 구문화로 분류되었고 그 자체에 대한 부정의 과정이 반복되었다. 그러나 1980년대 개혁개방이 시작되고 1990년대 사회주의 정신문명 건설과 더불어 2000년대 조화세계론을 본격적으로 추구하게 되면서 유가를 비롯한 전통 사상은 사회주의와 병존이 불가능한 것이 아닌 통합의 새로운 이념으로써 사회를 이끌어가는 근간 이념으로 재조명받게 되었다.

둘째, 사회주의 문화유산이다. 중국 사회의 문화 코드로 주목해야 할 또 다른 개념은 바로 사회주의 문화유산이다. 중국은 1919년 5·4운동을 기점으로 사회주의를 받아들이기 시작하였고, 1949년 중화인민공화국의 출범으로 공식적으로 사회주의 국가체제가 확립되었다. 이러한 사실은 21세기인 지금에 있어서도 여전히 유효한 개념이다. 중국은 사회주의를 도입함으로써 희망과 절망을 동시에 맛보았다. 초기 사회주의 체제의 도입으로 인해 재산과 생산수단의 국유화 과정을 거치면서 수천 년에 걸친 불평등 문제를 어느 정도 해결하는 성과를 내었다. 그러나 과도한 사회주의 좌경화 운동은 개인의 생산의욕을 고취시키지 못하고 평균론적인 사고를 배양시켜 생산력을 증가하는 데에 많은 문제점을 발생시켰다. 사회주의 경제체제의 폐해는 1979년부터 본격적으로 시작된 개혁개방에 의해 어느 정도 해결되었지만 여전히 중국은 정치적으로 사회주의를 고수하고 있고 사회주의의 문화적 유산이 전 사회에 걸쳐 막대한 영향을 미치고 있음을 간과할 수 없다. 과연 지금의 중국의 본 모습을 무엇으로 정의할지 그 민낯을 보기란 결코 쉬운 일이 아니다.

셋째, 자본주의 문화의 유입이다. 중국 문화를 이해하는 마지막 코드는 바로 자본주의 문화유입이다. 중국은 1949년 정치적으로 사회주의 체제를 본격적으로 도입한 이래 1950년대 삼면홍기(三面紅旗) 운동, 1960년대 문화대혁명(文化大革命)과 같은 극단적인 사회 집단주의 운동을 펼쳐왔다. 그 결과는 참혹하여 세계에서 경제적으로 가장 낙후된 국가 가운데 하나로 전락하고 만다. 떨어진 중화민족의 자존심을 회복하고 경제적으로 보다 나은 세상을 건설하기 위해 덩샤오핑이 내세운 새로운 정책이 바로 개혁개방이다. 개혁개방의 핵심은 정치적으로 사회주의 체제를 유지하나 인민의 생활을 개선시키기 위해서 경제적으로 자본주의 체제를 도입함을 의미한다. 이로써 중국은 전대미문의 사회주의와 자본주의가 동거하는 형식의 체제실험을 진행하게 되었다. 결과는 대성공이었다. 근 30여 년에 걸쳐 평균 10퍼센트를 상회하는 경제적 성장을 구가하였고, 개혁개방 정책의 성공적인 수행을 통해 21세기 미국과 더불어 글로벌 G2(Great 2) 국가의 대열에 당당히 들어서게 되었다. 중국에 자본주의 요소가 도입되었다는 말은 경제적으로 자본주의에 의해 부의 사적인 추구와 향유가 가능함을 의미한다. 이는 정치적인 사회주의 체제와는 별도의 운행기제가 존재함을 동시에 말해주고 있다.

앞에서 언급한 바와 같이 현대 중국에는 전통적 문화 요소와 사회주의, 자본주의 체제의 유산이 때로는 여러 영역에 걸쳐 혼재되어 있거나 때로는 독립적인 모습으로 녹아 있다. 따라서 현대 중국을 이해하기 위해서 가장 중요한 사실은 중국을 단편적인 문화 코드로 이해하는 것이 아닌 위의 세 가지 문화 코드의 복합적인 작용으로 이해하는 것이다.

2) 중국과 중국인의 양면성

중국과 중국인을 이해하는 또 다른 전제는 바로 중국인의 양면성을 이해하는 것이다. 가끔씩 중국인을 정의하는데 있어 일부 전문가라고 불리는 사람들이 중국은 무엇이다라고 간단하게 정의하는 경우가 있다. 그러나 이러한 중국에 대한 판단은 오히려 중국인에 대한 오해를 키우기 십상이다. 우리가 짚고 넘어가야 할 사실은 바로 중국인이 양면성을 지니고 있다는 사실이다. 그렇기 때문에 중국인을 무엇이라고 정의한다면 또 다른 중국인의 숨은 면목을 놓치는 결과를 초래하게 된다. 그렇다면 중국인의 양면성의 어떤 형태로 나타나는 것일까? 지금부터 중국인의 양면성을 구체적으로 비교해 보면서 살펴보자.

첫째, 중국은 대국 신드롬과 약소국 콤플렉스를 동시에 가진다. 주지하다시피 과거의 중국은 세계 제일의 경제규모와 문화적 영향력을 가진 나라였고, 지금의 중국 역시 세계적인 정치·경제·군사 대국이다. 따라서 중국인들은 기본적으로 대국 의식을 가지고 있다. 흔히들 중국인이 한국인을 만나면 너희처럼 작은 나라가 라는 말을 아무렇지 않게 하는 것만 보아도 그들의 대국 의식이 어느정도인지 쉽게 알 수 있다. 반면에 중국은 1840년 아편전쟁 이래로 서구 열강에 의해 반식민지 국가로 전락한 뼈아픈 경험이 있다. 이는 중국인들에게 씻을 수 없는 약소국 콤플렉스를 가져다 주었다.

둘째, 중국은 초강대국임과 동시에 개발도상국이다. 앞에서도 언급한 바와 같이 중국이 이미 미국과 세계의 패권을 다툴만한 초강대국의 반열에 올랐다. 그런데 재미있는 사실은 현재의 초강대국은 하나같이 선진국이라는 사실이다. 현재 초강대국이면서 선진국 대열에 끼지 못한 유일한 나라가 바로 중국이다. 이는 중국과 다른 서방 선진국 사이에 문화적 모습에서 본연적으로 차이가 있을 수 있음을 보여준다.

셋째, 중국은 문화 대국임과 동시에 문화가 결핍된 나라이다. 예로부터 중국이 세계의 문화를 이끌었던 문화 대국이라는 사실은 굳이 설명할 필요가 없다. 이처럼 중국은 역사적으로 화려한 문화적 배경을 가진 나라이다. 그러나 21세기 지금의 중국은 동시에 문화가 결핍한 나라이다. 중국의 젊은이들은 한류에 열광하고 미국의 인기 스타를 추종하지만 정작 자국의 문화에는 시큰둥하다. 과거와 현재의 대비가 극명한 곳이 바로 중국이라는 나라이다.

넷째, 중국은 포용력과 개방성을 보유함과 동시에 편협함과 폐쇄성을 지니고 있다. 소설 『정글만리』에서도 언급된 바와 같이 중국인들은 포용력과 개방성을 가지고 있다. 만약 외부 국가가 중화질서를 인정한다고 하면 중국은 전통적인 조공질서의 기본적 범위 아래 충분히 포용력을 발휘하였다. 과거 당·송·원 나라때 국제 무역이 활발했던 이유도 바로 이러한 포용력과 개방성에 기인한다. 그러나 중국인들은 원칙에 위배된다고 느낄 시에는 바로 태도가 달라진다. 이러한 중국인들의 행동양식을 패쇄성이나 편협함으로 표현하는 사람들도 존재한다.

다섯째, 중국은 문화의 다양성과 획일성을 동시에 보유하고 있다. 우리가 흔히들 중화문명이라고 이야기하는 것은 다양성에 기반한 획일성이라는 부분이 전제한다. 현재 중국은 한족을 비롯한 56개의 민족으로 구성되어 있다. 이러한 56개의 민족은 중화민족이라는 추상적 단어 아래 마치 하나인 것처럼 표현되고 있다. 하나의 중국이라고 인정한다면 모든 다양성은 포용력의 바탕하에 찬란히 꽃을 피우겠지만 만약 이를 부정한다면 그 대가 역시 참혹하다. 문화적 다양성과 획일성 이것 역시 중국의 특성을 표시하는 또 다른 키워드라고 할 수 있다.

여섯째, 중국은 전통성과 현대성을 함께 가지고 있다. 중국은 과거 30여 년 동안 서구의 국가들이 수백 년에 걸쳐 이루어온 경제발전을 한꺼번에 이루어냈다. 이에 도시의 모습을 보면 전통성과 현대성이 함께 존재한다. 중국에는 집집마다 유선전화를 놓는 시대를 뛰어넘어 바로 사람마다 휴대폰을 사용하는 시대에 접어들었다. 수도 베이징의 뒷골목에 가보면 벤츠를 타고 핸드폰을 든 사람과 마차를 끌고 핸드폰을 든 사람들이 동시에 포착되기도 한다. 이렇게 현대의 중국에는 전통성과 현대성이 동시에 존재한다.

일곱째, 중국은 법과 제도를 존중함과 동시에 관시(關係)를 중요시한다. 과거 중국은 관시를 바탕으로 한 인치(人治)의 나라였다. 사람과의 관계가 만사라고 불릴 만큼 인위적인 요소가 중요했다. 이는 지금에 있어서도 여전히 유효하다. 다만 21세기의 중국은 점차 법과 제도에 의한 정치체제를 서서히 갖추어가고 있다. 이에 법치와 인치가 함께 존재하는 나라가 바로 중국이다.

여덟째, 중국은 신뢰를 목숨처럼 중요시하지만 짝퉁과 산자이(山寨) 문화[1]도 동시에 존재한다. 전통적으로 중국인들은 신뢰를 목숨처럼 여긴다. 관시 역시 이러한 신뢰를 쌓은 과정으로 이해할 수 있다. 그러나 무조건적으로 중국인들이 신뢰를 목숨처럼 여긴다면 그건 큰 오산이다. 지금 중국은 세계 최

1 짝퉁과 산자이(山寨)는 의미가 비슷하면서도 약간 다르다. 짝퉁은 처음부터 끝까지 원 상품을 그대로 베낀 상품을 말한다. 산자이는 원래 산적의 소굴을 의미하나 정부의 관리를 받지 않는다는 의미로 사용되었다. 산자이는 원래 중국 광둥 지역에서 모조 휴대전화를 산자이폰이라 부르면서 시작되었다. 짝퉁과 산자이의 가장 큰 차이점은 짝퉁은 원 제품을 그대로 베끼는 것에 비해 산자이 제품은 원제품과 디자인과 기능을 거의 비슷하게 만들고 난 후 예를 들면 SAMSUNG 제품을 SAMSONG과 같이 가짜 브랜드로 표시하는 방법을 쓴다. 궁극적으로 짝퉁이나 산자이는 모두 중국산 모조품을 의미하나 짝퉁은 100퍼센트 모방인 데 비해 산자이는 '모방+@'가 있다는 차이가 있다.

대의 짝퉁 대국이라는 오명도 함께 뒤집어쓰고 있다. 그리고 이러한 베끼기 문화에 관대한 것도 중국인들의 또 다른 습성임을 잊지 말아야 한다.

아홉째, 중국은 상도(商道)를 중요시 함과 동시에 상술(商術)이 발달된 나라이다. 중국인과의 협상을 하기 위해서 의나 예를 중시하는 것은 아주 중요한 일 중 하나이다. 왜냐하면 이것은 그들의 자존심과 직접적으로 관련 있기 때문이다. 그러나 지역에 따라 사업이 성사되기 위해서 그 어떤 수단과 방법을 가리지 않는 경우가 있다는 점을 잊지 말자. 중국은 하나의 나라이지만 지역에 따라 풍습도 상관행도 다르다는 사실을 꼭 기억해야 한다.

3) 중국과 중국인의 복합성

중국과 중국인을 이해하는 마지막 전제는 중국인의 복합성을 이해하는 것이다. 흔히들 중국인의 복합성을 이야기하는 열 가지 사례가 있다. 다음의 열 가지 코드를 통해서 여러분은 중국인의 복합성에 대해 얼마나 이해하고 있는지 확인해보기 바란다

첫째, 중국인은 솔직함과 동시에 완곡하다.

둘째, 중국인은 진실함과 동시에 교활하다.

셋째, 중국인은 의심이 많음과 동시에 쉽게 믿는다.

넷째, 중국인은 무원칙함과 동시에 의리가 강하다.

다섯째, 중국인은 예의를 중요시함과 동시에 공중도덕이 없다.

여섯째, 중국인은 중용을 주장함과 동시에 극단적이다.

일곱째, 중국인은 절약을 강조함과 동시에 겉치레를 따진다.

여덟째, 중국인은 전통을 유지하려고 애를 씀과 동시에 유행과 패션을 추구한다.

아홉째, 중국인은 항상 만족함과 동시에 망상에 자주 빠지는 경향이 있다.

열째, 중국인은 모든 종교와 공식적인 관계가 없음과 동시에 운수와 점을 자주 본다.

앞에서 언급한 중국인의 복합성을 이야기하는 열 가지는 얼핏 보기에 모순되는 실제로 상반되는 개념이라 할 수 있다. 그러나 중국을 공부하는 우리가 알아야 할 사실은 실제로 중국인들의 모습이 이러하다는 사실이다. 그렇기에 중국을 무엇이라고 단정하는 것만큼 무책임한 말이 없다는 것을 꼭 기억해야만 한다.

2. 중국 개황

1) 중국 개황

그렇다면 중국은 어떤 나라인가? 앞에서 중국인의 내면과 사고방식에 대해 몇 가지 방법으로 중국인을 정의했다면 지금부터는 객관적인 사실에 기초하여 중국의 개괄적인 상황에 대해 알아보도록 하자.

중국의 명칭과 기원

과거로부터 중국은 다양한 명칭으로 불려왔다. 먼저 중국은 화하(華夏)

라는 명칭으로 불리었는데 이는 하(夏), 상(商), 주(周)나라가 합쳐지면서 사용되었다. 이후 진(秦)나라가 중국을 통일했을 때에 중국은 구주(九州)로 불리었다. 흔히들 일컫는 중국이라는 명칭은 황허 하류 지역을 중원의 나라(中原之國)라고 부르던 것에서 비롯되었다. 위진 시대에는 중국과 화하를 합쳐 중화(中華)라는 명칭이 사용되었다. 현재의 중국은 공식적으로 중화인민공화국(中華人民共和國)으로 불린다. 반면에 타이완은 중화민국(中華民國)이라고 부른다. 이렇게 중국은 각각의 시대에 다른 명칭으로 불리면서 지금까지 발전해왔다.

- **정식 명칭**: 중화인민공화국(中華人民共和國, People's Republic of China: PRC)
- **건국일**: 1949년 10월 1일
- **수도**: 베이징(北京)
- **면적**: 960만 제곱킬로미터(한반도의 44배), 세계 4위[2]
- **국경선**: 2만 280킬로미터(14개국과 국경선)
- **인구**: 약 13억 7000만 명
- **민족**: 총 56개 민족
  주류 민족 한족(漢族) 92퍼센트, 나머지 55개 소수민족 8퍼센트
- **GDP**: 11조 2119억 달러 세계 2위(2015년 IMF 통계 기준)

2 중국의 영토 면적과 관련해서 중국 내부에서는 중국이 미국을 제치고 세계 3위라고 주장하는 경우도 있다. 이는 미국과 중국이 국가 면적 통계를 내는 방법의 차이 때문에 일어나는 현상인데, 예를 들어 미국의 오대호를 영토에 포함시키느냐 등에 따라 순위가 달라진다. 그러나 일반적으로는 중국을 세계 4위의 영토 대국으로 본다.

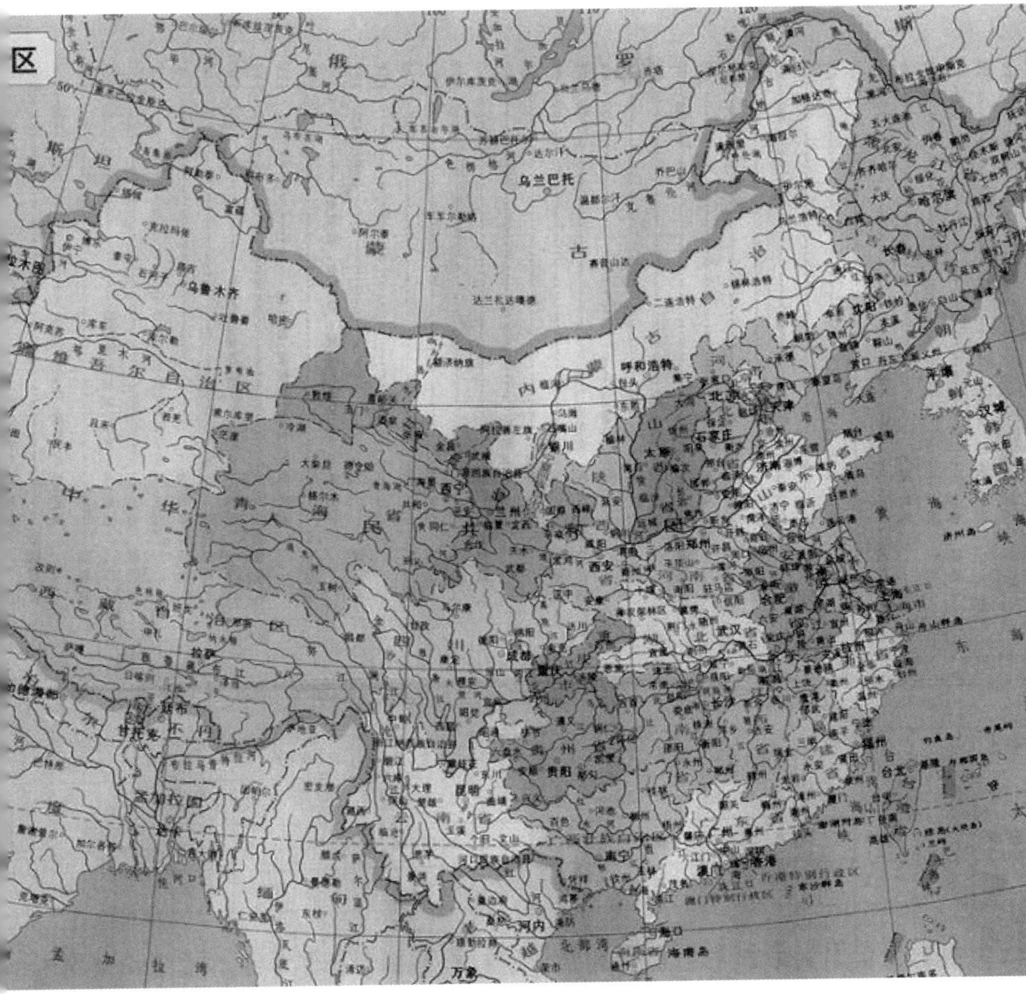
区
乌兰巴托
乌鲁木齐
呼和浩特
北京
天津
石家庄
太原
郑州
西安
西宁
兰州
银川
成都
重庆
武汉
合肥
长沙
贵阳
昆明
南宁
广州
香港
福州
台北
海口
海南岛
哈尔滨
长春
沈阳
平壤
汉城
河内
万象
拉萨
廷布
孟加拉国

중국 전도 (출처: 외교부)

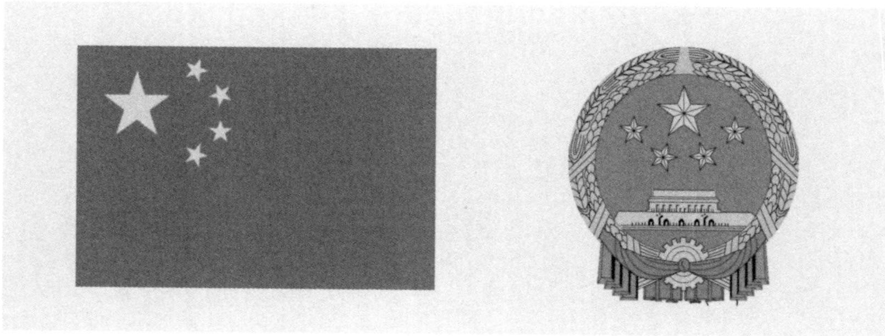

중국의 국기(왼쪽)와 국장(오른쪽)

국기: 오성홍기(五星紅旗)

오성홍기를 구성하는 다섯 개의 별 중에서 큰 별은 중국 공산당을 의미하고 나머지 네 개의 별은 중국 사회를 구성하는 노동자, 농민, 소자산 계급, 민족 자산가 계급을 나타낸다. 바탕색인 붉은색은 혁명을 의미하는데, 오성홍기는 전체적으로 중국 공산당의 지도하에 모든 중국 인민들이 조화롭게 단결한다는 의미이다.

국장(國章)

중국 국장의 외부를 둘러싸고 있는 곡식은 보리와 벼로 농민을 의미하고, 내부의 다섯 개의 별은 오성홍기를 상징한다. 중앙은 톈안먼을 표시하는데 톈안먼은 5·4운동의 발생지이자 중화인민공화국이 탄생한 장소로 중국 인민의 반제국주의, 반봉건주의 정신을 의미한다. 국장 아랫부분의 톱니바퀴는 공업과 공장 노동자를 의미한다. 이렇게 중국의 국장은 다섯 개의 별과 톱니바퀴, 그리고 곡식으로 구성되어 있다.

중국의 국화 : 없음

일반적으로 '중국의 국화는 무엇인가?' 하는 문제를 두고 이견이 분분하다. 흔히들 중국을 대표하는 꽃하면 떠오르는 꽃이 바로 목단, 연꽃, 매화, 국화 등이다. 그러나 어떤 꽃이 그 나라의 국화가 되려면 반드시 한 가지를 전제해야 한다고 한다. 그것은 그 꽃이 전 국토에 걸쳐 자생함으로써 국가를 대표하는 상징성을 갖춰야 한다는 사실이다. 이런 점에서 위의 네 가지 꽃들은 중국 전역에서 자생하지 않기 때문에 중국의 국화로 선정되지 못하였다. 최근 몇 년간 중국 정부 차원에서도 국화를 선정하려는 움직임이 있었으나 모두 이러한 이유로 국화를 선정할 수 없었다고 한다. 마찬가지의 이유로 미국 역시 국화가 없다고 한다.

2) 중국의 정치 및 행정제도

중국의 정치체제

1993년 중국의 신 헌법 제1조 따르면 중국은 노동자 계급이 영도하는 농공연맹을 기초로 하는 인민민주 전정(專政)[3] 국가로 규정하고 있다. 현재 중국에는 형식적으로 여덟 개의 정당이 존재하나 실질적으로는 공산당의 일당 통치 체제라고 할 수 있다.

---

3 전정(專政)의 사전적 의미는 전제정치의 준말로 국가 권력을 개인이 장악하여 민의나 법률에 제약을 받지 않고 실시하는 정치를 말한다. 여기서는 개인의 권력장악이라기 보다 프롤레타리아 독재 또는 공산당 독재를 의미한다.

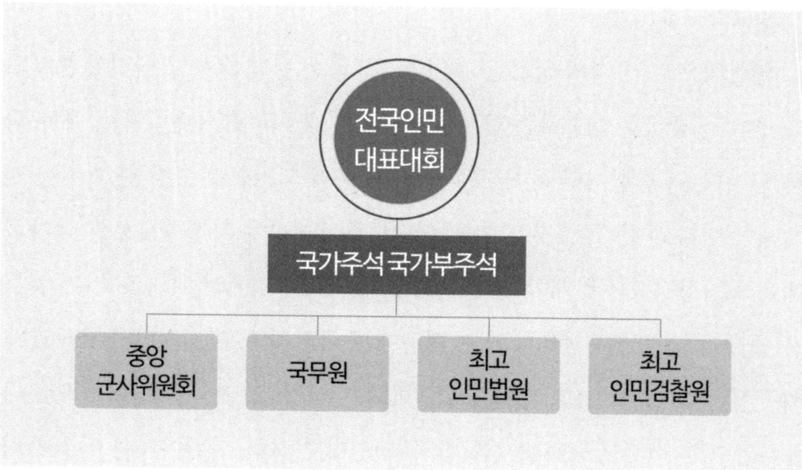

중국의 정치 조직도

- 형식적 국가 수반: 국가 주석
- 실질적 최고 권력기관: 중국 공산당
- 입법기관: 전국인민대표대회(단원제)
- 국가 행정기관: 국무원
- 국가 정책자문기관: 인민정치협상회의
- 국가 군사영도기관: 중앙군사위원회
- 국가 사법기관: 최고인민법원
- 기타 정당 및 사회 단체: 민주제 당파 및 사회단체

중국의 행정구역(22개 성, 4 직할시, 5 자치구, 2 특별행정구)

■ 중국의 행정구역: 22개 성[4]

지역 구분	성(省)
화베이(華北)	허베이(河北)
화중(華中)	허난(河南), 후베이(湖北), 후난(湖南)
화둥(華東)	장쑤(江蘇), 저장(浙江), 안후이(安徽), 장시(江西), 푸젠(福建), 산둥(山東)
화난(華南)	광둥(廣東), 하이난(海南)
둥베이(東北)	헤이룽장(黑龍江), 지린(吉林), 랴오닝(遼寧)
시베이(西北)	산시(陝西), 간쑤(甘肅), 칭하이(靑海), 산시(山西)
시난(西南)	쓰촨(四川), 윈난(雲南), 구이저우(貴州)

■ 중국의 행정구역: 4 직할시, 5 자치구, 2 특별행정구

단위 구분	명칭
직할시(直轄市)	베이징(北京), 톈진(天津), 상하이(上海), 충칭(重慶)
자치구(自治區)	네이멍구(內蒙古), 신장(新疆)위구르, 시짱(西藏), 광시좡족(廣西壯族), 닝샤후이족(寧夏回族)
특별 행정구	홍콩(香港), 마카오(澳门)

4 중국의 행정체계를 말할 때 일반적으로 22개의 성으로 이야기하지만, 중국은 타이완을 아직까지 회복하지 못한 영토의 일부분으로 보아 타이완 섬을 스물세 번째 성으로 표기하기도 한다.

제2부

중국의 지역적 구분

02 중국의 인문·경제·지리학적 구분과 지역별 특징

최근 세계 시장의 위기가 계속되고 있는 상황에서 여러 중국 관련 전문가들은 공통적으로 급팽창하는 중국의 신흥시장 중산층과 내수시장을 본격적으로 공략해야 한다고 주장하면서, 특히 고급 소비재 수요가 급팽창하는 중국 2선·3선 시장에 주목해야 한다고 말한다. KOTRA는 중국 최대 소비도시 11위인 후베이성, 내륙 물류와 소비 중심지인 쓰촨성, 서부대개발의 발원지인 산시성, 중원경제의 버팀목인 허난성을 4대 내륙 전략 시장으로 선정하기도 했다.[5]

중국의 2선·3선 시장과 4대 내륙 전략 시장을 공략하기 위해서는 그 지역을 구체적으로 파악하는 것이 필요하다. 이에 중국의 지역별 특징과 지역 사람의 구체적인 특징에 대해 알아보자.

5 아시아경제, 「코트라 해외지역본부장들이 말하는 시장 공략법」, 2013년 1월 8일자, http://www.asiae.co.kr/news/view.htm?idxno=2013010714575293246

1. 중국의 인문·경제·지리학적 구분법

1) 중국의 인문·지리학적 지역 구별

중국에서는 현재 행정구역을 구별함에 있어 화베이, 화중과 같은 명칭을 공식적으로 사용하지는 않는다. 그러나 지금도 지리적 맥락이나 역사·인문학적 관념에 따라 중국을 6대 또는 7대 지역으로 구별하는 경우가 많으므로 아래의 인문·지리학적 지역 구별법을 기억해두는 것이 좋겠다.

일반적으로 중국은 서고동저(西高東低)의 지세이며, 산지, 고원, 구릉이 전체 육지 면적의 67퍼센트를 차지하고, 분지와 평원이 33퍼센트를 차지한다. 기후는 1월 등온선을 기준으로 화이허, 친링, 칭짱고원 이북은 기온이 0도 이하를 기록하는데 이중 헤이룽장성의 경우는 기온이 영하 30도 이하를 기록한다. 이에 비해 이 지역 이남은 평균 기온이 0도 이상으로, 이중 하이난의 싼야(三亞)의 경우 평균 20도 이상을 기록한다. 이로써 알 수 있듯이 겨울철 중국의 날씨는 남방은 날씨가 따듯하고 북방은 한랭하며, 남북의 온도 차가 크게 나는 것이 특징이라 할 수 있다. 여름은 7월의 등온선을 기준으로 칭짱고원과 톈산 이외의 대부분 지역은 20도 이상을 기록하며, 남부 대부분 지역은 28도 이상을 기록하고, 특히 신장 투루판 분지의 경우 7월 평균 기온은 무려 32도에 달한다. 여름철 중국은 서부 칭짱고원 등 지세가 높은 지역을 제외하고는 전국적으로 고온의 형태로 남북 간의 차이가 크지 않은 점이 특징이다.

화베이(華北): 베이징(北京), 네이멍구(内蒙古), 톈진(天津), 허베이(河北)

화베이 지역은 중국의 7대 지리구역 분류에 따르면 중국 북부지방에 해당하며 황허 하류에 전개된 화베이 평원이 중심으로 서쪽으로는 고원과 산지가 분포한다. 일반적으로 화베이 지역과 화난 지역은 화이허(淮河)를 기준으로 나눈다. 현재의 행정구역으로 따지면 베이징, 네이멍구, 톈진, 허베이가 이 지역에 포함된다.

① 베이징(北京)

베이징은 중화인민공화국의 수도이자 직할시, 국가 중점도시이며 중국의 정치와 역사, 문화, 국제교류, 과학기술 혁신의 중심이다. 베이징의 정식명칭은 베이징직할시(北京直轄市)이며, 약칭은 징(京)이라 한다. 베이징은 중국 동북부에 자리잡고 있으며, 남북의 거리는 176킬로미터, 동서의 거리는 160킬로미터, 면적은 1만 6807제곱킬로미터이다. 2015년 6월 현재 베이징의 상주인구는 2168만 명이며, 2014년 기준 지역 GDP 총액이 2조 1330억 위안을 기록하였다. 베이징은 행정구역상 16개 직할구와 옌칭(延慶), 미윈(密雲) 등 2개의 현(縣)으로 이루어져 있다.

베이징은 모두 7개의 세계문화유산을 보유한 세계 최다 문화유산 보유도시이다. 약 70만 년 전 이미 고인류 베이징원인(北京猿人)이 살았다. 역사적으로 베이징은 전국시대에 연(燕)나라의 수도였다. 후에 요(遼), 금(金), 원(元), 명(明), 청(淸)나라 등을 거쳐 중화민국 초기의 수도로 700년의 역사를 이어왔다. 1928년 시(市)로 명명하고 이름을 베이핑(北平)으로 개칭하였다. 1949년 중화인민공화국의 수립과 함께 명칭도 다시 베이징으로 고치고 수

베이징의 완리창청

도로 정해졌다.

베이징은 중국의 수도로 줄잡아 700년 이상의 역사를 가진 도시다. 특히 원·명·청 세 왕조에 걸쳐 수도였기에 도시 전체가 박물관이라고 해도 과언이 아니다. 최근에는 중국의 개혁개방 이후 급속한 산업화가 이루어지고 있어 이제는 전통과 현대가 공존하는 문명 전시장이 되고 있다. 첨단 빌딩과 오래된 낡은 골목인 후통(胡同)의 조화는 베이징 특유의 풍경이라 할 수 있다. 이러한 베이징의 유구한 역사는 베이징에 심미적 가치와 문화적 가치가 높은 명승 고적을 남겨놓았다. 대표적인 세계문화유산으로는 완리창청(萬里長城, 만리장성), 구궁(故宮, 자금성), 톈탄(天壇, 천단), 이허위안(頤和園, 이화원), 밍13링(明十三陵, 명13릉) 등이 있다.

현대의 베이징은 숨 가쁜 변화를 거듭해왔다. WTO 가입과 2008년 베이징 올림픽 유치에 이르기까지 짧은 시간 동안 베이징이 세계 무대에서 일구어 낸 성과는 괄목할 만하다. 현재 베이징에 가장 주목받는 새 건축물은 중국 관영방송의 새 사옥인 CCTV 타워와 올림픽 주 경기장인 궈자티위창(国家体育场)이다. 오늘날의 베이징은 이미 현대적인 국제도시로 성장하였다.[6]

② 네이멍구(内蒙古)

네이멍구는 중국 북부의 변경에 자리 잡은 몽골족 자치구로 주도는 후허하오터(呼和浩特)이다. 네이멍구의 전체 면적은 118만 3000제곱킬로미터으로 전 국토의 12.3퍼센트를 차지한다. 2014년 말을 기준으로 인구 약 2504만 명으로 여기에는 한족, 멍구족, 후이족 등 49개 민족으로 구성되어 있다.

네이멍구는 지리적으로 북동에서 남동으로 길게 가로놓여 있고 동으로는 삼림업, 서로는 광산업, 남으로는 농업, 북으로는 목축업이 발달하였다. 네이멍구는 중국에서 경제가 가장 빨리 발달하고 있는 지역 가운데 하나로 2005년 자치구 전체의 GDP는 2000년의 배가 넘었으며, 1인당 GDP 역시 중국 대륙 평균을 넘어섰다고 한다. 동에서 남으로 지린, 랴오닝, 허베이, 산시(山西), 산시(陝西) 등의 여러 성 및 닝샤후이족(寧夏回族) 자치구와 접경을 이루고, 북에서 서로는 외몽골과 국경을 접한다.

다싱안링(大興安嶺)산맥은 북동부에서 남서 방향으로 뻗어 있고, 황허 북부에는 인산(陰山)산맥이 동서 방향으로 뻗어 있다. 다싱안링산맥 서쪽 및 인산산맥 북쪽 지역은 해발고도 1000미터 내외의 고원지대로, 강수량이 적어 고비사막에 속하는 사막과 초원이 펼쳐진다. 인산산맥 남쪽 기슭에

6 베이징 관광국, http://visitbeijing.or.kr/beijing.php? file=beijing_30.html

는 황허의 북안을 따라 비옥하고 수리가 좋은 허타오(河套) 평원이 해발고도 900~1000미터의 고원지대에 펼쳐지고, 그 동쪽은 분지와 구릉이 뒤섞인 황토지대이다. 황허 이남의 오르도스 고원은 대부분이 사막을 이룬다.

기후는 한랭, 건조하고, 한서의 차가 커서 기온의 연교차는 대부분의 지역에서 36도 이상을 보인다. 연강수량은 다싱안링산맥 서쪽과 인산산맥 북쪽에서 300밀리미터 미만이나, 연강수량의 70퍼센트 이상이 여름에 집중하여 목초 생육에 적당하다. 인산산맥 남쪽 기슭에는 400~500밀리미터의 연강수량이 있다.

현재의 몽골 공화국 지역인 외몽골과 구분하여 네이멍구로 부르기 시작한 것은 17세기 중엽 청나라 때부터의 일이다. 네이멍구에는 일찍이 한족의 이주가 이루어져서 18세기 말에는 한족의 수가 몽골족을 능가하였다. 몽골족 사이에서 자치 요구가 강력하게 대두되어, 제2차 세계대전 중에는 일본에 의해 정치적으로 이용된 바가 있고, 그것이 오늘날에는 자치구 구성이라는 형태로 나타나게 되었다. 주민은 약 90퍼센트가 한족이고, 나머지 대부분이 몽골족이며, 그 밖에 소수의 후이족, 위구르족, 티베트족 등이 산다.

다싱안링산맥 서쪽에서 인산산맥 북쪽에 걸친 네이멍구고원 및 오르도스고원 북서부 등지의 초원지대를 중심으로 양, 소, 말, 낙타, 돼지 등의 사육이 활발하므로 네이멍구자치구는 중국의 주요 목축업 지역이 된다. 본래 유목으로 이루어지던 목축업이 오늘날에는 정착경영으로 바뀌었고, 특히 양털의 생산이 많다. 자치구 남동부의 허베이, 산시 두 성의 경계 부근에서 후허하오터 고원에 걸친 지역과 황허 북안의 허타오 평원 및 오르도스 고원 남동부는 주요 농업지역을 이루며, 조, 수수, 콩, 밀, 깨, 사탕무 등의 생산이 많다. 특히 남동부 지역과 허타오 평원은 일찍부터 한족 농민이 이주하여 개발한 곳이며, 자치구 총면적의 20 퍼센트에 불과한 이 지역에 총인구의 약 80퍼센트가 집중되어 있다. 제2차 세계대전 후 인산산맥 북쪽 기슭의 바이윈어보(白雲鄂摶) 등지의 철광석, 남쪽 기슭의 스과이거우(石拐溝) 및 서부의 우다(烏達) 등지의 석탄, 네이멍구, 오르도스 두 고원의 나트륨, 소금 외에 운모, 석면 등 풍부한 광산자원이 개발되어 자치구 공업이 크게 변모되었다.

네이멍구 초원과 소수 민족

종래의 공업은 모직물, 양탄자, 피혁제품 등 축산가공업이 중심이 되어 왔으나, 최근 풍부한 지하자원을 바탕으로 바오터우(包頭)에 중공업이 발달하였으며, 안산(按山), 우한(武漢) 등지와 더불어 3대 중공업 기지의 하나가 되었고, 그 밖에 우다(烏達), 하이보완(海渤灣) 등지도 신흥 공업도시로 발전하였다. 교통은 징바오(京包)철도(北京~包頭), 바오란(包蘭) 철도(包頭~蘭州) 및 지닝(集寧)에서 얼롄하오터(二連浩特)를 거쳐 몽골, 러시아로 통하는 지얼(集二)철도 등이 있고, 자동차 도로는 후허하오터, 바오터우, 지닝 등지를 중심으로 각지로 연결된다. 황허는 내륙 수로로서 큰 몫을 한다.

③ 톈진(天津)

톈진은 중국 화베이 지방에 있는 중앙 직할시로 진(津)이라는 약칭으로도 불린다. 보하이만(渤海灣)의 경제중심이자 전국 R&D 개발 선진기지이며,

북방 국제물류의 핵심이자 금융혁신 시범운영 지구이다. 톈진은 전국 6대 거대도시 중의 하나이다. 역사적으로 톈진은 1404년까지 직고(直沽)라고 불렸으나, 명 영락제 2년인 1404년 정식으로 축조되어 톈진으로 개명되었다. 톈진은 하늘의 나루라는 의미인데 이는 황제가 이곳으로 들어왔다는 의미에서 지어졌다. 현재 중국 고대의 유일한 도시 건설시기의 기록이 남아 있는 도시가 바로 톈진이다. 면적은 1만 1946제곱킬로미터이며, 인구는 2014년 기준 1516만 명이다.

톈진은 화베이 평원의 하이허(海河)의 5개 지류가 만나는 곳에 위치하며, 동으로는 보하이에 임하고 북으로는 옌산(燕山)과 만나고 있다. 하이허는 톈진 시내 중심부를 관통하여 흘러감으로 톈진의 젖줄로 불리고 있다. 기후는 사계절이 분명한 대륙성 기후로 겨울에는 춥고 건조하며, 여름에는 북태평양 고기압의 영향을 받아 덥고 비가 많이 내린다. 연평균 강수량은 544밀리미터이다.

톈진의 음식은 지리적 특성상 해산물이 많이 이용되며, 짜고 맵고 부드러운 질감의 맛이 특징이다. 톈진을 대표하는 메뉴로는 바다완(八大碗)이라고 하는 고기로 된 8가지의 요리를 종합한 것이 있다. 톈진에는 여러가지 간식거리가 발달한 것으로 유명한데 거우부리 바오쯔(狗不理包子)는 속이 찬 뜨거운 만두로써 전국에 유명하며 우리나라의 꽈배기와 같은 마화(麻花)도 많은 이들이 좋아한다.

현재 톈진의 빈하이경제특구(瀕海經濟新區)는 중국 경제의 제3성장축으로 불리고 있으며, 매년 여름 다보스 포럼을 개최하는 도시로 명성이 높다.

④ 허베이(河北)

중국 화베이 지방 북부에 있는 성으로 면적은 20만 제곱킬로미터, 인구는 2014년 기준 약 7383만 명이다. 허베이는 중화민족의 문명이 태동한 곳으로 성급 이상 문물보호 단위가 930여 곳에 달하여 전국 1위를 차지한다. 완리창청(萬里長城)과 칭둥링(淸東陵), 칭시링(淸西陵) 3곳의 세계 문화유산을 보유하고 있다. 성도는 석가장(石家庄)으로 허베이 평야 북부에서 네이멍구 고원 남동부에 걸친 지역을 차지한다. 약칭으로는 지(冀)를 쓴다. 청대에는 직례성(直隷省)이라고 불렀고, 신해혁명(辛亥革命) 후 1928년 허베이성이라고 고쳤다. 한족 외에 후이족, 몽골족이 약간 살고 있다.

허베이성은 네이멍구 고원의 일부를 구성하는 장베이(張北) 고원, 쉬안화(宣化) 분지, 지산(冀山) 산지, 타이항(太行) 산지, 허베이 평원의 5개 지형구로 나뉘는데, 옌산(燕山) 산맥의 능선 위를 완리창청이 뻗어 있고 그 안밖을 남북 교통로가 통과한다. 동쪽 사면이 급경사를 이루는 타이항 산맥에도 산시성(山西省)에 이르는 타이항 팔경(太行八)이라는 통로가 나 있다. 허베이 평원은 허베이 평야의 일부로, 대부분이 하이허수계(海河水系)의 유역이다. 이들의 여러 하천은 톈진 부근에서 합류하여 하이허라고 부른다.

이 지역은 대륙성 기후를 이루어 여름에는 기온이 높아지나 연평균 강수량이 500밀리미터 내외에 불과하다. 상품작물은 목화 생산이 전국 제1이고, 그 밖에 땅콩, 참깨, 잎담배를 비롯하여, 산록지대에서는 복숭아, 사과, 포도, 대추 등 과수재배가 성하다.

광산자원은 옌산산맥, 타이항산맥 산록부에 석탄과 철이 매장되어 있는데, 룽옌(龍烟), 우안(武安)의 철, 카이롼, 징싱, 펑펑의 탄전이 유명하다. 제2차 세계대전 전에는 톈진, 탕산(唐山)에 외국 자본으로 운영되는 약간의 공장이 있을 뿐이었으나, 그 후 급격한 발전을 이룩하였다.

도로·내륙수로도 발달하였으며, 톈진은 중국 북부 지역 최대의 무역항이자 내륙수운의 집중 지점이다. 장자커우(張家口)는 네이멍구 자치구와의 교역 중심지이자 2022년 동계 올림픽 개최지이다.

청더(承德)와 친황다오(秦皇島)의 베이다이허(北戴河)는 휴양지로서 유명하다. 허베이성은 관광지로서 많이 알려지지 않았지만 꼭 들러볼 만한 곳이 있다. 완리창청이 시작되는 동쪽의 산하이관, 청나라 황제의 피서별장이 있는 청더 등이 그곳이다.

화중(華中): 후베이(湖北), 후난(湖南), 허난(河南)

화중 지역은 일반적으로 중국의 중동부 양쯔장(揚子江) 중류와 그 지류 지역을 일컫는다. 후베이, 후난, 허난의 3성이 이에 해당하며, 온난다습하고, 평야가 많아 벼농사가 성행하며 광공업과 상업이 발달하였다. 대표적인 도시로는 우한(武漢), 창샤(長沙), 정저우(鄭州) 등이 있다.

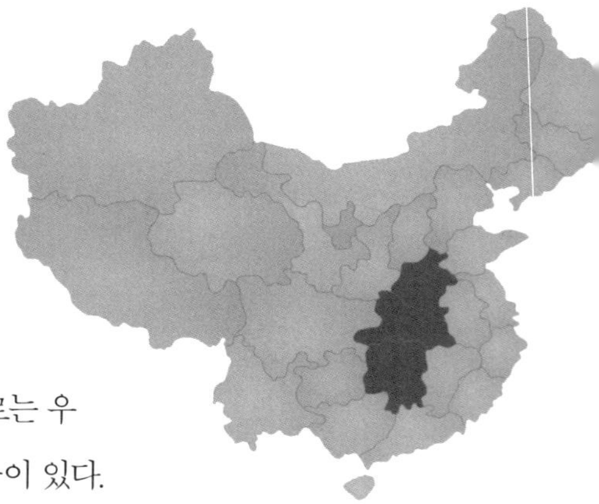

① 후베이(湖北)

후베이성은 중국 중앙부에 위치한 성으로 면적 18만 5900제곱킬로미터, 인구는 2014년 기준 약 5816만 명이다. 성도는 우한으로 양쯔장 중류 유역에 있다. 원래 후난성과 합해서 후광성(湖廣省)이라고 불렸던 곳이나, 1667년에 둥팅후(洞庭湖)를 경계로 남북으로 나뉜 것이 기원이다. 일찍이 춘추전국시대에는 초(楚)나라의 영역이었기 때문에 초성(楚省)이라고도 불렸고, 초나라의 악왕(鄂王)이 지금의 우한에 도읍을 둔 것에 연유하여 어성(鄂省)이라고도 불린다. 따라서 간략히 어(鄂)로도 불린다.

후베이는 중국의 혁명전통을 상징한다. 우창봉기와 신해혁명 그리고 신중국의 성립까지 후베이는 중국 혁명 승리에 커다란 공헌을 하였다. 신민주주의 혁명시기에 두 명의 국가주석과 200여 명의 장군을 배출해 내기도 하였다. 후베이는 또한 전국에서 과학, 교육, 문화 실력이 뛰어난 고등교육 기지로 평가받는다. 실제로 후베이는 국가 과학기술 상 획득종목이 7년 연속 전국 4위 안에 드는 빼어난 성과를 보여주었다.

지리적으로 후베이는 동쪽 성계(省界)에 다베산(大別山) 등의 구릉성 산지가 있으나, 중앙에는 후광(湖廣) 평야, 장한(江漢) 평야 등으로 불리는 대평원이 있다. 남쪽 성계 부근을 횡단하여 양쯔장이 관류하며, 그 최대 지류 한수이(漢水)강은 북서쪽에서 남동쪽으로 흘러 우한시에서 본류에 흘러든다. 양쯔장이 심하게 곡류하여 흐르는 사시(沙市)에서 웨양(岳陽)까지의 사이는 진장(荊江)이라 불리는데, 과거에는 심한 수해지구로 알려져 있었다. 이 지구의 홍수를 막기 위하여 양쯔장 남안에 진장펑훙(荊江分洪)이라는 유수지를 만들었다.

후베이성은 중국의 대표적인 농업지역의 하나로, 수도(水稻) 이모작을 거두는 외에 밀, 옥수수, 목화, 차, 유채, 저마, 잎담배 등을 생산한다. 양잠도 활발하며, 서부 산지에서는 목재 외에 동유(桐油)와 칠을 생산한다. 호소, 수로에서는 담수양어도 활발하다. 지하자원도 풍부하여 다예(大冶)의 철, 석탄, 이창(宜昌) 서쪽의 탄전 외에 석고, 암염, 구리, 인(燐)의 매장도 많다. 이들 지하자원을 기초로 하여 공업도 발달하여, 무한은 최대의 공업중심지를 이룬다.

한수이강에는 단장(丹江)과의 합류 지점에 단장 댐을 완성하여 홍수의 조절과 수리, 수운에 큰 기능을 발휘하고 있다. 중국 수륙 교통의 중심지로 증수기에는 우한까지 1만 톤 급의 외양기선이 거슬러 올라갈 수 있으며, 이

후베이 창장 싼샤(三峽)의 아름다운 풍광

창까지 8000톤 급의 선박이 운항한다. 남북으로는 창장대교(長江大橋)를 지나는 징광철도(京廣鐵道: 北京~廣州)가 달리고, 우한에서 남동쪽의 황스시(黃石市)와 북서쪽의 쥔셴(均縣)으로 통하는 2개의 철도가 분기한다. 우한은 항공로의 중심이기도 하다. 성도 우한 외에 공업 도시인 황스시, 상공업 도시인 사시, 이창, 상판(襄樊), 스옌(十堰)의 5개 시가 있다.

② 후난(湖南)

후난성은 화중 지방의 양쯔장(揚子江) 중류의 남쪽 연안에 위치하고 있으며, 예로부터 샤오샹(瀟湘), 후샹(湖湘), 샨샹(三湘)이라 불리웠다. 후베이, 구이저우, 충칭, 장시, 광시, 광둥 등 지역과 인접해 있다. 후난성의 면적은 약 21만 제곱킬로미터로 전국 10위의 규모이다. 인구는 2014년 기준 6737만 명이며, 성도는 창사(長沙)이다. 모두 14개의 시와 122개의 현을 보유하고 있다.

후난은 예로부터 인재가 끝이지 않는 곳으로 유명한데 대표적인 인물로는 청대 명신인 쩡궈판(曾國蕃)과 쭤쭝탕(左宗棠), 신해혁명에 이바지한 쑹자오런(宋教仁), 중국 공산당 지도자인 마오쩌둥, 류샤오치, 펑더화이 등이 있다.

춘추, 전국 시대에는 초(楚)나라에 속하였고 원, 명 때는 후베이와 합쳐 후광(湖廣) 행성(行省)이 설치되었다. 둥팅후 남쪽에 해당하므로 후난이라 명명되었으며, 최대의 지류 샹장(湘江)의 이름을 따서 샹성(湘省)이라고도 칭한다. 동·서·남쪽의 3면이 산으로 둘러싸였고, 중앙의 둥팅후 연안과 여러 하천 유역에 평야가 발달해 있으며, 그 밖에는 500미터 이하의 구릉으로 형성되어 있다. 중앙 구릉 중에 솟아 있는 헝산(衡山)은 중국 5악(岳)의 하나로 남악(南岳)으로 알려져 있다. 구릉과 산지는 성 면적의 3분의 2를 차지한다. 주요 하천으로는 샹장, 위안장(沅江), 리수이장, 쯔수이(資水)의 4대 하천이 있으며, 둥팅후로 유입된 뒤 양쯔장으로 흘러든다.

둥팅후는 중국 최대의 담수호인데, 오랜 동안에 걸쳐 양쯔장의 홍수 조절 기능을 맡아왔으므로, 토사의 퇴적이 현저하고 계절에 따라 면적의 변동이 심하다. 기후는 온난습윤하나 대륙성기후에 가까우며, 강우량은 1400~2000밀리미터이고, 이 중 절반은 4~7월에 내린다. 서쪽과 남쪽에는 먀오족(苗族), 티완족, 퉁족, 야오족(瑤族), 후이족 등의 소수민족이 살고 있다.

예로부터 후난성은 삼향일지(三鄕一地, 생선, 쌀, 광물의 고향)로 불렸다. 재배작물로는 벼와 고구마가 많다. 상품작물로는 모시풀, 사탕수수, 목화, 콩, 유채, 차, 잎담배 등 상당히 다양하며, 특히 모시풀의 생산액은 중국 제일이다. 산림은 성 면적의 22퍼센트를 차지하며, 동백기름(전국 1위, 중국 총생산량의 50퍼센트)과 동유(桐油: 전국 2위)를 생산한다. 양돈과 둥팅후를 이용한 담수양어도 활발하다.

③ 허난(河南)

허난성은 예로부터 중원이라고 불리던 지역으로 간단히 위(豫)라고 부르기도 한다. 대부분 지역이 황허 이남 지역에 있기 대문에 허난으로 개명하였다. 허난성은 황허 중하류 지역, 황화이 평원(黃淮平原)의 서남부에 자리잡고 있으며, 안후이, 산둥, 허베이, 산시(山西), 산시(陝西), 후베이성과 경계를 같이 한다. 2014년 말 현재 허난성은 17개의 지급(地級) 시와 1개의 성 직할 현급시를 보유하고 있으며 성도는 정저우(鄭州)이다. 인구는 9436만 명이며, 전체 면적은 16.7만 제곱킬로미터에 달한다. 허난성은 중국 제일의 인구를 가진 성 가운데 하나로, 농업이 발달한 성이며, 신흥공업과 노동 밀집형 산업이 발달한 지역이다.

허난성의 기후는 온대와 아열대지역에 위치하여 날씨가 따뜻하고 연평균 기온은 13~15도이다. 사계절이 뚜렷하고 강우량이 충분하다. 카이펑(開封), 뤄양(洛陽)등의 고도와 쑹산(嵩山), 다베산(大別山) 등의 유명한 산들이 있다. 허난성은 서고동저의 지형으로 북, 서, 남 삼면이 산으로 둘러쌓여 있으며, 동쪽에는 평원이 펼쳐져 있다. 황허, 화이허(淮河), 웨이허(衛河), 한수이(漢水) 등이 흐르고 있고, 이를 중심으로 넓은 경작지가 펼쳐져 있다. 예로부터 허난은 농업도 활발하여 중국 최대의 밀 생산지이며, 상품작물로 목화, 땅콩, 참깨 등을 재배한다. 서쪽의 산지에서는 임업과 과수재배가 이루어진다.

허난성은 황허문명의 중요한 발원지로, 역사상 20여 개의 고대도시가 이곳에 건설되었다. 9개의 왕조가 도읍을 정했던 뤄양, 중국의 7대 고도 중 하나인 안양(安陽), 카이펑, 상추(商丘), 난양(南陽)의 5개 도시는 중국 국가급 역사문화 도시로 지정되어 있다. 특히 중국 최고의 사찰인 바이마쓰(白馬寺), 중국 3대 석굴 중 하나인 룽먼석굴(龍門石窟), 삼국지의 명장인 관우를 묻어

놓은 관린(關林)과 북송의 수도 카이펑의 옛 송나라 때 거리인 쑹두위자(宋都御街) 등 허난성의 역사문화 명승지와 유적은 헤아릴수 없을 만큼 많다.

이 밖에 허난성의 자연경관은 4개 지역으로 구분할 수 있다. 타이항(太行)산맥 자연경관구, 푸뉴산맥(伏牛山脈) 자연경관구, 중국 오악 중 중악(中岳)인 쑹산(嵩山)과 황허 자연경관구 및 다베산, 통바이산(桐柏山) 자연경관구이다.

화둥(華東): 상하이(上海), 장쑤(江蘇), 저장(浙江), 안후이(安徽), 장시(江西), 푸젠(福建), 산둥(山東)

화둥 지역은 양쯔장 하류지역의 광대한 지역을 의미한다. 중국 중동부의 장쑤, 저장, 안후이 지역과 상하이, 장시, 산둥 지방이 여기에 해당된다. 넓은 의미에서 화중 지방에 포함되기도 한다. 토양이 비옥하고 온난다습하기 때문에 대표적인 곡창지대이며, 상하이, 항저우, 난징, 쑤저우 등의 상공업 도시가 밀접해 있는 중국 최대의 경제지역이다.

① 상하이

상하이는 중화인민공화국의 직할시로 중국의 국가 중점도시이며 경제, 금융, 무역, 항만의 중심지이다. 지리적으로 양쯔장이 바다로 들어가는 길목에 있으며, 동중국해와 일본의 규슈섬을 사이에 두고 바라본다. 남쪽으로는

상하이의 스카이 라인

항저우 만에 접해 있으며, 서쪽으로는 장쑤와 저장 두 개의 성과 이어져 있다. 상하이의 면적은 6340킬로미터²이고, 인구는 2014년 기준 상주인구가 2475만 명이다. 상하이는 충적평야 지대이고, 평균 해발고도는 4미터로 지세가 평탄하고 산맥이 적으며 지대도 낮다.

상하이라는 도시 명칭의 의미는 크게 두 가지로 나뉜다. 첫 번째는 지역 기관에서 일관되게 주장하는 '바다보다 더 높은'이라는 의미이다. 이 외에 한자 그대로 바다 위로 나아가다라는 의미도 폭넓게 받아들여지고 있다. 상하이 시는 행정구역상으로 15개의 직할구와 1개의 현이 존재하며, 기후는 아열대의 습윤한 계절풍 기후이다. 사계절이 뚜렷하지만, 봄과 가을이 비교적 짧고 겨울은 따뜻하고 여름은 시원하다. 1월의 평균 기온은 4도 정도이며, 7월의 평균 기온은 28도 정도이다. 이 밖에 일조량과 강수량이 풍부하다.

일찍이 송나라때부터 상하이라는 명칭이 있었지만, 상하이가 본격적으로 발전하게 된 것은 아편전쟁이 끝난 후 상하이가 영국과의 난징조약을 통해 중국의 5대 대외 무역항으로 개방되면서부터이다. 특히 상하이는 19세기 말과 20세기 초 뉴욕과 런던 다음가는 세계적인 금융 중심지로 발전하였다. 개혁개방 이후 1992년 상하이는 재개발되기 시작하였고 현재는 초기 경제특구였던 선전과 광저우를 능가하며 중국 경제를 이끌어가고 있다. 최근에는 2010년 상하이 엑스포와 상하이 국제 예술 페스티발, 상하이 국제 영화제 등을 성공적으로 개최한 바 있다.

상하이는 중국의 경제·교통·과학기술·공업·금융·항만의 중심지로 2014년 GDP 총량이 중국에서 1위, 아시아에서는 2위를 기록하였다. 상하이는 중국 대륙 최초의 자유무역지대이며 현재 저장, 장쑤, 안후이 지역과 공동으로 장창 델타지대를 형성하여 세계 6대 규모의 도시 반열에 올랐다.

② 장쑤(江蘇)

장쑤성은 동쪽으로 황허, 서쪽으로 안후이, 북쪽으로 산둥, 동남쪽은 저장, 상하이와 인접하여 있다. 중국의 동부 양쯔장 하류에 있는 성으로, 성도는 난징(南京)이다. 전체 면적은 10만 2600제곱킬로미터로 1인당 평균 국토면적은 중국에서 가장 작은 지역이나, 대부분의 지역이 평원으로 구성되어 있어 평원의 면적이 전체 성의 70퍼센트를 차지하여 전국에서 가장 넓은 면적을 보유한다. 2014년 기준 상주 인구는 대략 7960만 명이고, 2014년 장쑤성에 속한 13개 도시의 GDP가 중국 100대 도시에 진입한 바 있으며, 1인당 평균 GDP는 8만 1874위안으로 중국 최고 수준을 기록하고 있다.

난징은 춘추시대 오(吳)나라의 도읍지였으며, 장제스(蔣介石)의 국민당 정부 때에도 수도였던 역사적인 도시이다. 지역상으로는 원래 상하이도 성역

쑤저우의 전통 다리

(省域)에 포함되었으나 행정상으로는 중앙 정부의 직할시이기 때문에 장쑤성의 구역에서는 제외된다. 지형은 평탄하며 약간의 구릉이 솟아 있을 뿐이며, 대부분 해발고도 50미터 이하의 평야이고 하천이 많이 분포한다.

장쑤성은 창장 삼각주에 위치하여 평원이 위주이다. 주요 평원으로는 쑤난(蘇南) 평원, 장화이(江淮) 평원, 황화이(黃淮) 평원이 있으며, 자연조건이 우월하고 경제기초가 비교적 튼튼하다. 평야는 양쯔장, 화이허(淮河)를 경계로 쉬화이(徐淮), 장화이(江淮), 장저(江浙)의 세 평야로 나뉘는데, 장저평야는 해발고도 5미터 이하로 가장 낮고 평탄하며 장화이 평야와 함께 수로망이 그물처럼 펼쳐지는 수향지대(水鄉地帶)이다. 화이허는 송나라 때 하류 부분이 양쯔장에 침식당한 이후 지류가 없는 하천으로 변하여 좁은 수로를 따라 양쯔장으로 배수될 뿐이어서 수해가 자주 일어났다. 유명한 호수인 타이후(太湖)가 자리한 쑤저우가 있는 곳이기도 하다.

③ 저장

중국 동남부에 위치한 저장성은 동해를 면하고 있으며 면적이 10만 5500제곱킬로미터로 전국에서 가장 면적이 좁은 성 가운데 하나이다. 저장성 인구는 2014년 기준 약 5508만 명이며, 항저우 닝보와 같은 부성급 도시 2개를 포함하여 모두 11개의 도시와 35개의 구, 55개의 현을 보유하고 있다. 약칭으로는 저(浙)를 쓴다. 남쪽으로는 푸젠성, 서쪽으로는 안후이성, 장시성과 경계를 이루고 있으며, 북으로는 장쑤성, 상하이와 인접하여 있다. 지리적으로 북아열대 지역에 위치하여 토지가 비옥하고 자원이 풍부하다. 성도는 상유천당 하유소항(上有天堂 下有蘇抗), 즉 위로 천당이 있다면 아래로는 쑤저우, 항저우가 있다는 의미로 쑤저우와 더불어 중국 2대 풍도로 꼽히는 항저우이다.

지형적으로는 북부평원과 남부 구릉지대로 구별되며, 70퍼센트가 구릉성 산지에 속한다. 북부평원은 타이후에서 첸탕장(錢唐江) 하류에 걸친 평야와 항저우만 남안의 닝보, 샤오싱(紹興) 평야로 이루어지며, 저장평야라고도 하는데 해발고도 20미터 이하로 수로망이 발달하였다.

남부에는 구릉외에 톈무산(天目山), 모간산(莫干山) 등의 산지가 있으며, 남단의 산들은 해발고도 1500미터를 넘는다. 항저우 이남의 해안은 리아스식 침강해안이며, 앞 바다에는 1800여 개의 섬들이 산재한다. 특히 저우산군도(舟山群島)는 저우산섬 등 400여 개의 섬으로 이루어져 있으며, 군도 가운데 푸퉈산(普陀山)은 불교의 4대 명산의 하나로 꼽힌다. 첸탕장은 본성 최대의 하천으로 상류는 신안장(信安江)으로 갈라진다.

기후는 온난다우하며 연강수량은 1000밀리미터를 넘고 남부는 겨울에도 따뜻하다. 식량작물은 쌀, 옥수수, 밀을 주로 하고, 상품작물로는 차, 목화, 삼, 사탕수수, 과수를 들 수 있는데, 과수는 원저우 부근의 귤과 닝보 부근의 복숭아가 대표적이다. 샤오싱의 황주는 전국에 걸쳐 유명하다. 양잠도 항저우, 후저우(湖州), 자싱(嘉興)을 중심으로 활발하며, 차는 항저우 교외의 룽징차(龍井茶)가 유명하다. 연안어업도 성하며, 저우산군도 근해는 중국 최대의 어장으로 선자먼(沈家門)이 대표적인 어업기지이다. 가축은 돼지가 많고 진화(金華)의 햄은 유명하다. 성도 항저우는 시후(西湖)를 비롯하여 관광자원도 풍부하다.

④ 안후이

안후이성은 중국 동부 내륙지구인 창장 하류에 위치하고 있으며, 성도는 허페이(合肥)로 간략히 완(皖)이라고 쓴다. 면적은 13만 9400제곱킬로미터, 인구는 2015년 기준 상주인구가 대략 6912만 명이다. 동쪽으로 장쑤성, 저장성, 북으로는 산둥성, 서쪽으로는 후베이성, 허난성과 인접하여 있다. 창장과 화이허가 성내를 흐르면서 장난(江南), 장화이(江淮), 화이베이(淮北) 세 지역을 형성하였다. 북으로는 화이허, 중앙부는 양쯔장이 같이 흘러 광대한 전원지대를 이루며, 이 두 하천의 연안지대에는 소택지가 널리 분포한다.

안후이성의 기후는 덥고 습기가 많은 여름과 서늘하고 건조한 겨울이 특징인 계절풍 몬순 기후로 중국의 다른 지역과 구별된다. 기온은 1월 평균기온 2.7도, 7월 평균기온 27.9도로 온화한 편이다. 북부지역에서는 강수가 여름철에만 집중하기 때문에 과거에는 종종 범람하였으나 화이허의 대규모 치수공사로 피해는 현저하게 줄어들었다.

안후이성의 북부에는 드넓게 펼쳐진 화베이 평원이 있는데, 양쯔장 유역인 이 성의 남부는 서에서 동으로 뻗어 있는 험준한 산맥들에 의해 북부의 평원과 분리된다. 화베이 평원에는 화이허가 흐르는데, 이 강은 평탄한 평원을 가로지르면서 홍저후(洪澤湖)로 흘러 들어간다.

주화산(九華山)은 국가급 명소로 청양현 서남쪽에 위치해 있으며 총면적은 120제곱킬로미터이며 우타이산(五臺山), 어메이산(峨眉山), 푸퉈산(佛陀山)과 함께 중국 불교의 4대 명산의 하나이다. 산에는 74개의 불각이 있으며, 산 전체를 합하면 6400여 개의 불상이 있다. 절의 건립은 당대에 시작해서 전성기에는 300채 남짓의 절이 있었다고 전하지만, 현재는 82개의 사찰, 6000여 개의 불상, 300여 명의 비구와 비구니들이 있다. 또한 차(茶)의 명산이기도 해서 산지와 구릉에서는 산꼭대기까지 계단을 형성하며 올라가는 차밭으로 한눈에 안후이성이 차의 고장임을 알 수 있다.

⑤ 장시

장시성의 성도는 난창(南昌)으로 동으로는 저장, 푸젠, 남으로는 광둥, 서로는 후난, 북으로는 후베이, 안후이와 인접하여 있다. 간략히 간(贛)이라고 부르기도 한다. 북쪽의 창장은 위로는 우한 삼진(三鎭), 아래로는 난징, 상하이, 동남으로는 연해개방 도시를 연결시켜준다. 2014년 기준 상주인구 4542만 명이며, 16만 6900제곱킬로미터의 면적을 보유하고 있다. 산지가 전성에서 차지하는 면적은 36퍼센트, 구릉은 42퍼센트, 그 밖에 평원, 수면 등이 22퍼센트를 차지하고 있다.

장시성은 사계절이 분명하고, 봄철은 따뜻하고 비가 많으며, 여름은 무덥고, 가을은 시원하고 비가 적게 내리며, 겨울은 춥고 건조하다. 주요도시로는 난창, 징더전(景德鎭), 핑샹(萍鄕), 주장(九江), 신위(新余) 등이 있다.

⑥ 푸젠

푸젠성은 중국의 남동부에 위치한 성으로 타이완 해협에 면하고 있다. 성도는 푸저우(福州)다. 전체 면적은 12.4만 제곱킬로미터이고, 2014년 기준 상주 인구는 3806만 명이다. 산이 많은 지역으로 면적의 대부분이 산지와 구릉이다. 성의 서쪽 경계에 우이(武夷)산맥이 뻗어 있고 성내에도 이 산맥과 나란히 북동, 남서 방향으로 달리는 다이윈산(戴雲山) 등의 지루산지(地壘山地)가 많다. 해안은 굴곡이 심한 리아스식 해안이며, 해안선의 길이는 280킬로미터나 된다. 앞 바다에는 둥산섬(東山島), 진먼섬(金門島)을 비롯한 섬들이 많이 분포해 있다. 하천은 지루산지 사이를 흐르는 짧고 작은 것이 많고 하류에는 작은 삼각주를 형성한다.

성내에 가장 큰 강은 민장(閩江)이며 유역면적은 성 전체의 33퍼센트 이상을 차지한다. 특히 하천이 산지를 횡단하는 지대에는 경치가 뛰어난 곳이 많다. 기후는 전형적인 몬순기후이고 겨울에도 눈이 내리지 않는다. 연평균기온은 20도, 연평균 강수량은 1200~2000밀리미터이다. 해안지대는 타이완 산맥이 비를 가리는 구실을 하기 때문에 오히려 내륙지대의 산지 쪽에 비가 많이 온다. 여름에 비가 많고, 태풍이 몰려오는 경우도 잦다.

산이 많기 때문에 경지면적은 적으며, 계단식 경지가 많다. 옛날에는 식량이 수요에 못 미쳐 많은 해외이민을 내보내기도 했으나 최근에는 농업이 발달하여 수입 의존에서 벗어났다. 주요 작물은 벼인데, 연안지대에서는 이모작도 가능하다. 상품 작물은 사탕수수, 차, 잎담배, 모시가 많고 사탕수수는 남부 지방, 차는 북부 지방의 구릉지대에서 많이 생산되며, 산지에서는 죽순이 많이 난다.

이 밖에 해안지대에서는 어업이 성하며 싼두아오(三都澳), 샤먼(厦門)이 어업의 중심지이다. 둥산 염전을 비롯한 염전도 많다. 지하자원도 풍부하여 석탄, 철, 망간, 알루미늄, 구리, 흑연, 몰리브덴이 생산된다. 근래 공업건설이 추진되어 싼밍시(三明市)의 제강소를 비롯하여 철강, 마방직, 제지, 전기, 의약, 농약, 화학, 제당, 제다(製茶) 등의 근대공업이 발달하였다. 푸저우, 샤먼,

취안저우(泉州), 장저우 등이 공업도시화 되었다.

지형적 장애 때문에 육상교통이 발달하지 못하였으나 근래 잉샤(鷹厦) 철도와 그 지선 와이푸(外福) 철도가 개통되어 샤먼, 푸저우에서 장시성 잉탄(鷹潭)을 거쳐 다른 성과의 연락이 잦아지게 되었다. 철도가 개통되기 전에는 하천이 중요한 내륙 교통로였는데, 예로부터 해운이 활발하여 푸저우, 샤먼, 취안저우, 싼두아오 등은 연안항로 이외에 홍콩, 동남아시아와도 긴밀한 관계를 유지했다.

⑦ 산둥

산둥성은 중국 본토의 동부연해, 황허의 하류, 태항산의 동쪽에 자리잡고 있다. 연해부분은 보하이, 황하이에 접해 있고 내륙부분은 허베이성, 허난성, 안후이성, 장시성과 이어져 있다. 성도는 지난(濟南)이며, 인구는 2014년 현재 9789만 명이고, 총면적은 15.8만 제곱킬로미터이다. 산지의 비중이 33.5퍼센트이고, 구릉의 면적이 13.2퍼센트이며, 평원의 면적은 50퍼센트를 차지한다.

산둥 지방은 유교문화의 발원지로 유가 사상을 일으킨 공자와 맹자뿐 아니라 묵가 사상으로 유명한 묵자, 강태공, 관중, 포숙 등 중국 역사를 대표하는 인물들을 배출한 곳이다. 산둥은 중국의 경제를 대표하는 성으로 국내총생산량이 전국 3위를 차지하는데, 이는 중국 전체 GDP의 9분의 1 수준이다. 2013년 광둥, 장쑤 지방과 함께 중국에서 종합 경쟁력이 가장 뛰어난 지역으로 선정되었다.

기후는 봄과 가을이 비교적 짧고 겨울과 여름이 길며 성내 각 도시 간 기온 차이가 크다. 산둥반도는 중국 산둥성 동부에 뻗어 나온 반도로 길이는 350킬로미터이고, 최대 너비는 130킬로미터이다. 황하이와 보하이만을 갈라 놓는 반도로 대체로 구릉성 산지가 많고, 남쪽 해안은 따뜻하나 북쪽 해안은 추위가 심하다. 연안은 중국에서 손꼽히는 어장이며, 칭다오, 웨이하이 등의 항구가 있다. 농산물로는 밀, 목화, 담배 등이 많이 나고, 석탄, 철 등의 지하 자원도 풍부하다.

산둥성은 우리나라와 인연이 많은 곳인데 현재 한국에 들어와 있는 화교의 대부분이 산둥성 출신이다. 이 밖에 중국에서 가장 인기가 있는 칭다오 맥주를 원산지에서 맛볼 수 있다.

화난(華南): 광둥(廣東), 하이난(海南), 광시(廣西)

화난 지역은 중국 남동부의 광둥성, 하이난성, 광시 좡족 자치구를 포함하는 지역이다. 중국에서 가장 고온다습한 지역으로 아열대 기후에 연평균 강수량이 1500밀리미터 이상이다. 광저우와 선전을 중심으로 공업과 상업이 발전하였으며, 하이난성은 중국의 개혁개방을 상징함과 동시에 동양의 하와이로 불릴 만큼 대표적인 관광지로 유명하다.

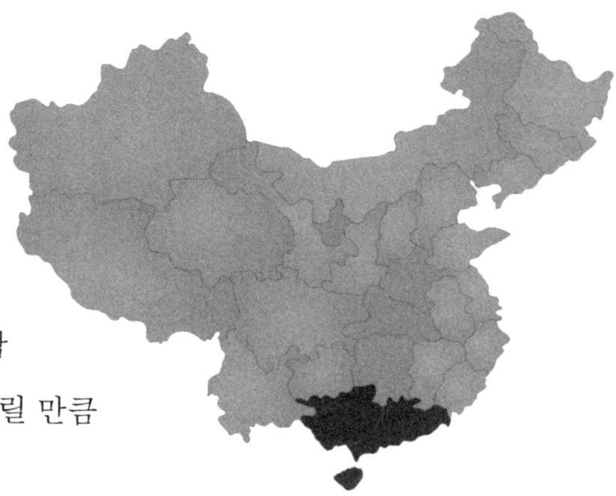

① 광둥

광둥성은 중국 대륙의 남부에 위치하고 있다. 동쪽으로 푸젠성, 북쪽으로는 장시성, 후베이성, 서쪽으로 광시성과 육지로 접해 있으며, 서남쪽으로는 충저우(瓊州) 해협으로 하이난성과 마주하고, 남쪽은 중국의 남해와 면

광저우 타워의 모습

하고 있다. 전체 면적은 17.97만 제곱킬로미터이며, 2014년 말 기준 상주인구는 1억 724만 명이다. 아래로는 21개의 지급 시와 119개의 현급 행정구역을 보유하고 있다. 광둥성은 중국 역사상 상업적인 농업이 처음 시작된 곳으로 중국에서 최초로 자본주의 생산방식을 도입한 곳이기도 하다. 1989년 이래로 국내 총생산량은 전국 30개 성시 가운데 1위을 기록하고 있으며, 전국 경제총량의 8분의 1을 차지한다.

광둥성은 중국 대륙 최남단 성으로 육지는 북고남저(北高南低) 지형을 이루고 있으며, 1600제곱킬로미터에 달하는 많은 도서가 있다. 또한 산지, 평원, 구릉이 복잡하게 산재해 있으며 하천은 대부분 동남쪽으로 흘러 남해로 유입된다. 주요 하천은 주장(珠江), 잔장(湛江), 한장(韓江)이며, 주장은 전장 2129킬로미터로 시장(西江), 베이장(北江), 둥장(東江)의 3대 지류가 합쳐 흐르는 중국에서 세번째로 긴 하천이다. 동남 연해의 주장 델타지역(珠江三角洲), 동북 연해의 한장 델타지역(韓江三角洲) 일대에 토지가 비옥하고 농수산업이 발달되어 있어 물고기와 쌀의 고향으로 불리며 인구가 밀집되어 있다.

기후는 아열대 지역에 위치하고 있으며 북회귀선이 광둥성 중부를 지나고 있다. 아열대 계절풍 기후로 연중 기온이 높고 강수량이 충분하다. 주요 도시는 광저우, 선전, 둥관, 주하이, 산터우, 포산 등이 있다.

② 하이난

하이난성은 간략히 충(瓊)으로 불리며 지리적으로 중국 최남단에 위치한다. 하이난다오를 중국인들은 바오다오(寶島, 보물섬)라고 부르고 있다. 육지면적은 3.54만 제곱킬로미터, 2014년 말 기준으로 상주인구는 903만 명으로 이 중 120만 명은 소수민족이 차지하고 있다. 육지면적은 작지만 해양면적을 포함하면 중국에서 면적이 가장 넓은 성으로 자리한다. 하이난 경제특구는 중국 최대의 성급 경제특구로써 타이완에 이은 중국에서 두번째로 큰 섬에 해당한다. 성 아래 4개의 지급 시와 5개의 현급 시, 4개의 현과 6개의 자치현이 있다.

하이난은 열대 계절풍 기후에 속하며 연평균 기온 섭씨 23.8도, 평균 강우량 1639밀리미터로 혹서와 한랭이라는 말을 찾아 볼 수 없는 생활하기 좋은 지역이다. 섬에는 여러 가지 풍부한 자원이 있다. 먼저 남해의 바다에서 잡히는 물고기, 산호, 진주 같은 수산물이 있다. 그리고 육지에서는 벼, 고구마, 사탕수수, 고무, 야자 목재 그리고 중국에서는 여기서만 재배되는 커피가 있다. 과일은 남국의 특유한 코코야자, 바나나, 파인애플, 리즈, 룽이앤, 망고, 파파야 등이 있다. 그외에 광물도 풍부하여 철광석, 주석, 알루미늄, 구리, 망간, 석탄, 석유가 생산되고 있다.

이곳 섬의 민족구성도 매우 특이하여 원주민인 리족(黎族)과 명나라 때 광시성에서 이주시킨 먀오족(苗族) 이외에 좡족(壯族), 후이족(回族)등이 살고 있다. 하이난다오는 1988년 4월부터 성으로 승격되어 경제특구로서 발전해 나가고 있다.

③ 광시(廣西) 좡족 자치구

광시 좡족 자치구는 중국 남서부에 위치한 성으로 광둥성, 구이저우성, 윈난성과 접한다. 약칭은 구이(桂)이고, 성도는 난닝(南寧)으로, 면적은 23.6만 제곱킬로미터이다. 상주인구는 2014년 기준 4754만 명으로, 지형적으로 3분의 2 이상이 돌산이고 지대가 높아 대부분 해발 1000~1500미터 사이에 위치한다. 이중 먀오얼산(苗兒山)은 해발 2141미터로 성내에서 가장 높다. 진(秦) 나라 때 계림군(桂林郡)으로 나누어진 것이 계기가 되어 줄여서 구이(桂)라고 한다.

광시 자치구는 아열대 계절풍 기후대에 속한다. 봄과 가을이 비교적 길고, 대부분의 지방에는 겨울이 없다. 1월 평균기온은 6~15도이고, 7월 평균기온은 23~28도이다. 연평균 강수량은 1300~2400밀리미터이다. 구성민족은 한족, 투자족(土家), 먀오족, 후이족, 좡족 등이다. 임업자원이 풍부하고 바나나, 용안, 진주, 귤 등이 많이 생산된다.

북서부는 윈구이(雲貴)고원에 속하고, 대부분의 지역은 사암(砂岩), 석회암으로 된 량광(兩廣)산지의 낮은 구릉으로 이루어져 있다. 광둥성과의 경계부근에 험준한 협곡이 있어서 고립지대를 이루며, 주강의 본, 지류의 침식작용으로 형성된 하곡평야(河谷平野)에는 곳곳에 기봉이 솟아 있다.

주요 하천은 홍수이허(紅水河), 류장(柳江) 등이며, 펑황후(鳳凰湖), 난후(南湖), 바이룽후(白龍湖) 등의 호수가 많다. 주요항구로는 우저우를 비롯하여 베이하이(北海), 방청(防城), 난닝 등이 있다. 성도인 난닝과 구이린, 베트남과의 국경에서 가까운 화산풍경구(花山風景區)는 관광명승지로 유명하다.

둥베이(東北): 헤이룽장(黑龍江), 지린(吉林), 랴오닝(遼寧)

둥베이 지역은 중국의 북동부 지역에 자리잡고 있는 헤이룽장, 지린, 랴오닝 성을 지칭한다. 중국에서는 청나라 때부터 이 지역을 동북 3성이라고 불렀고, 일본은 이 지역을 만주라고 불렀다. 과거 중국의 중화학 공업이 집약된 지역으로 하얼빈, 장춘, 선양 등이 대표적인 도시이다.

① 헤이룽장

중국의 북동단에 위치한 성으로 면적은 47만 3600제곱킬로미터에 인구는 2013년 말 기준 약 3835만 명이다. 성도는 하얼빈(哈爾濱)이며 간략히 헤이(黑)라고 부르기도 한다. 행정구역상 12개의 지급 도시와 1개의 지구를 두고 있다. 북쪽과 동쪽은 러시아 연방, 서쪽은 몽골과 국경을 접한다. 옛날에는 숙신(肅愼), 선비(鮮卑) 등의 여러 민족이 살았고, 남동부는 발해(渤海)가 차지한 지역이다. 이 지역은 청 초기까지는 인구가 희박한 미개발지역이었다. 이후 러시아제국의 동방 진출에 대비하여 17세기 후반부터는 청의 군사거점이 설치되어 둔전병(屯田兵)이 주둔하고 교통로가 개척되었다. 20세기 초 둥칭(東淸) 철도가 개통됨에 따라 러시아인 이주자들이 늘어나 러시아제국이 식민지화 정책의 대상으로 삼았다. 이와 함께 한(漢)민족에 의한 개발도 급속도로 진전되어 하얼빈을 비롯한 도시들이 생겨났다. 일본의 책략에 따른 이른바 만주사변 이후에는 일본 제국주의의 지배를 받았으며 광대한 지역이 미개발 상태로 남아 있었다. 이들 미개발지역을 통틀어 북대황(北大荒)이라고 불렀는데 국영농장 등에 의해 개발되었다. 1970년 네이멍구 자치구의 북단지역을 편입하였다.

성의 북부에는 해발고도 1000미터 내외의 소싱안링(小興安嶺)산맥이 가로놓여 있고 남쪽 끝에는 북동쪽에서 남서쪽으로 달리는 완다산(完達山), 장광차이령(張廣才嶺) 등의 병행 산맥이 600~1200미터의 해발고도를 이루며 뻗어 있다. 중부는 둥베이 평야의 북쪽 절반에 해당하는 광활한 평원지대를 형성한다. 이곳은 헤이룽장의 지류인 쑹화장(松花江), 넌장(嫩江) 유역으로 쑹넌(松嫩) 평원이라고 하는 흑토 지대가 전개되며, 쑹넌 평원의 동쪽, 헤이룽장, 쑹화장, 우쑤리장이 합류하는 지점 일대는 싼장(三江) 평야가 펼쳐지는데 해발고도 50미터 이하의 넓은 소택지, 습지대를 형성한다. 헤이룽장은 러시아 연방의 북부 국경을 흐르고 그 지류인 우쑤리장도 역시 러시아 연방의 동부 국경을 이룬다.

헤이룽장은 중국의 최북단에 있기 때문에 겨울은 한랭하고 길며 여름은 짧다. 북부에는 툰드라 지역도 있으나 남부지방은 여름이 더운 대륙성 기후를 나타낸다. 북부지방에서도 여름에는 일조시간이 길어 헤이허(黑河) 지구에서는 벼가 재배된다. 식량작물로서는 옥수수, 밀이 주종이고 그 밖에 조와 수수도 난다. 상품작물로는 콩, 사탕수수, 아마가 재배되고 해바라기도 많이 재배한다.

지하자원으로는 허강(鶴崗), 지시(鷄西), 솽야산(雙鴨山), 자라이눠얼(札賚諾爾)의 4대 탄전 외에 헤이룽장 연안에서는 금이 생산된다. 공산정권 수립

하얼빈의 소피아 교회

후 공업도 크게 발달하여 하얼빈의 중전기, 마직물, 치치하얼(齊齊哈爾)의 수송기계, 이춘(伊春)의 제재, 무단장(牧丹江), 자무쓰(佳木斯)의 제재, 제지를 비롯하여 금속기계, 화학, 제당, 유지 등의 공업이 활발하다.

철도는 빈저우(濱洲), 빈수이(濱綏), 창빈(長濱) 등 국제 급행열차가 달리는 대간선(大幹線) 외에 지방선이 있으며, 하얼빈, 치치하얼, 무단장, 자무쓰는 철도교통의 중심지이다. 이 밖에 쑹화장, 헤이룽장 등의 하천교통도 활발하다. 주민의 대부분이 소수민족인데 조선족을 비롯하여 만주족, 후이족(回族), 몽골족 등이 살고 있다.

② 지린

지린성은 중국 북동부에 위치한 성으로, 면적은 18만 7000제곱킬로미터, 인구는 2014년 기준으로 약 2752만 명이다. 약칭은 지(吉)이고 성도는 창춘(長春)이다. 지린성의 남동부는 북한과 접한다. 기후는 온대 계절풍 기후대에 속하며, 대륙성 기후가 뚜렷한 편이다. 여름에는 고온다습하며 겨울에는 한랭건조하다. 강수량은 동부인 창바이 산지에 많고 서쪽으로 갈수록 적어진다. 청(淸) 말의 광서(光緖) 연간에 성제(省制)가 실시된 이후 헤이룽장, 랴오닝 두 성과 함께 둥베이(東北) 3성이라고 하였다.

지형은 동서로 산지가 있으며, 중앙부가 평원이다. 동부는 창바이(長白) 산지로서 해발고도 1000미터를 넘으며, 주봉 백두산의 화구호 천지에서 제

2 쑹화장(松花江)이 흘러나온다. 서부는 다싱안링(大興安嶺)으로서 해발고도는 1000미터를 넘고, 성내의 최고봉은 라오터우산(老頭山: 1394미터)이다. 중앙부는 둥베이 평원의 일부이며, 북부의 제2쑹화장 유역의 쑹넌(松嫩) 평원과 남부의 랴오허(遼河) 유역의 랴오허 평원 사이에 완만한 구릉이 있어 분수계를 이룬다.

문화대혁명 후에 네이멍구 자치구의 저리무멍(哲里木盟)과 후룬베이얼멍(呼倫貝爾盟)의 남부가 편입되어 성역(省域)이 넓어졌다. 여름의 고온과 고위도의 특징인 일조시간이 적당하기 때문에 농업생산의 자연조건이 뛰어나다. 옥수수, 수수, 조 등의 밭작물 외에 옌볜(延邊)의 조선족 자치주, 퉁화(通化), 지린 등에서 벼 농사도 활발하다.

주요 지하자원으로는 철(通化, 渾江), 석탄(遼源, 通化), 동(天寶山) 등이 풍부하다. 공업으로는 창춘의 자동차, 철도차량, 트랙터를 중심으로 하는 기계 공업, 지린, 쓰핑(四平)의 화학을 중심으로 야금, 화학, 기계, 제지, 제재, 방적, 식품가공 등의 공업이 각지에서 발전한다. 성내를 연결하는 교통은 철도망의 밀도가 높은 것이 특징으로 창빈(長濱: 長春~哈爾濱), 창다(長大: 長春~旅大), 핑치(平齊: 四平~齊齊哈爾), 창투(長圖: 長春~圖們) 등의 간선철도가 달리고 있으며 자동차 노선도 발달하였다.

③ 랴오닝

랴오닝성은 중국 둥베이 지방 남부의 성으로, 면적 14.8만 제곱킬로미터에 2013년 기준 인구는 약 4390만 명이다. 성도는 선양(瀋陽)이며 간략히 랴오(遼)라고 부르기도 한다. 1954년에 랴오시성(遼西省)과 랴오둥성(遼東省) 일부의 합병으로 랴오닝성이 성립되고, 1956년에 러허성(熱河省)의 동부를 병합하였다. 남동쪽으로 압록강을 끼고 한국과 국경을 접하고, 북동쪽으로 지린성, 북서쪽으로 네이멍구 자치구 및 허베이성과 접하며, 남서쪽으로는 보하이(渤海) 및 황하이에 면한다.

지형은 남동부의 산지와 북서부의 구릉, 고원 및 그 중간의 랴오허(遼河) 평원 등 세개 지역으로 구성된다. 랴오허 평원은 랴오허가 형성한 해발고도 50미터 미만의 충적평야로, 랴오허 하구부의 랴오둥만(遼東灣) 연안 일대는 해발고도 2~5미터에 불과하여, 개척이 이루어지기 전에는 저습지를 이루었다. 평원 동쪽은 100미터급의 산봉이 이어지는 창바이 산지이고, 그 지맥인 첸산(千山) 산맥이 500미터 이하의 고도로 남서주(南西走)하여 랴오둥반도를 형성한다.

기후는 전반적으로 대륙성 기후를 보이나, 해안지대는 비교적 온난다우하다. 1월 평균기온은 동부 산지에서 영하 20도, 북부평야에서 영하 15도, 남단부에서 영하 5도이나, 7월 평균기온은 평야부에서 24~26도로 한국과 별 차이가 없다. 강수량은 동쪽에서 서쪽으로 갈수록 적어져서, 동부산지에서 1000밀리미터 이상, 평야부에서 600~700밀리미터, 서부에서 500밀리미터의 연강수량을 보이나, 그 대부분이 여름에 내려, 농업에는 비교적 유리하다.

옛부터 화베이 지방과의 관계가 깊었고, 부여 이래 고구려, 발해의 영토였으며, 고려 이후 한국과 국경을 접하기 때문에 유사 이래 한국과 중국 사이의 정치, 문화 교류는 거의 이곳을 거쳐서 이루어졌다. 주민은 한족을 중심으로 만주족, 몽골족, 후이족 등이 산다.

동부산지의 압록강 및 훈허(渾河) 유역은 삼림지대를 이루어 임업이 성하고, 연안부에서는 다롄(大連), 좡허(庄河), 슝웨청(熊岳城) 및 창산 군도의 여러 어항을 중심으로 어업이 성하며, 랴오둥만 동안에는 염전이 많다. 광업은 안산(鞍山), 번시(本溪), 랴오양(遼陽)의 철광석, 푸순(撫順), 베이퍄오(北票),

푸신(阜新) 등지의 석탄, 다스차오(大石橋)의 마그네사이트 외에 망간, 몰리브덴, 아연, 구리, 유모셰일 등 다종류의 자원 매장량과 생산량이 많다.

시베이(西北): 산시(陝西), 간쑤(甘肅), 칭하이(靑海), 산시(山西), 신장(新疆), 닝샤(寧夏)

시베이 지역은 산시(陝西), 간쑤, 칭하이, 산시(山西), 신장 웨이우얼 자치구, 닝샤 후이족 자치구를 포함하는 중국 북서부 지역을 의미한다. 중국에서 가장 건조한 지역으로 넓은 사막과 초원이 발달되어 있다. 한족 이외에 후이족 등 10여 개의 소수 민족이 살고 있다. 대표적인 도시로는 시안(西安), 타이위안(太原), 란저우(蘭州), 시닝(西寧), 우루무치(烏魯木齊) 등이 있다.

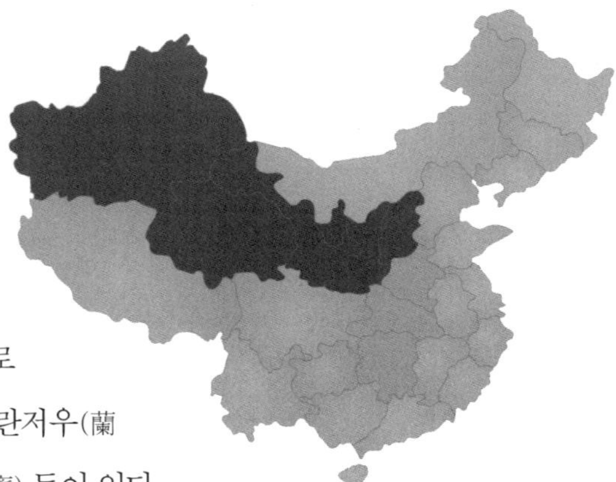

① 산시

산시성은 중국 중서부에 있는 성으로 면적 20.58만 제곱킬로미터, 인구는 2014년 기준으로 3775만 명이다. 성도는 시안으로 황허 중류 유역에 있다. 시안 부근에는 주(周), 진(秦), 한(漢)으로부터 수(隋), 당(唐)에 걸쳐 역대 국도(國都)가 자리잡고 있었으며, 당시 중국의 문화, 정치, 경제의 중심지로서 번영하였다.

주변의 웨이허평원(渭河平原)에는 베이징원인(北京原人)과 함께 란톈원인(藍田原人)의 유적과 시안반포유적(西安半坡遺蹟) 등 원시고대 이래 당대(唐

代)까지의 유적이 많다. 친링산맥(秦嶺山脈)이 성의 남부를 동서로 달리며, 그 남쪽은 양쯔장(揚子江) 수계의 한수이(漢水)의 유역이고, 그 북쪽은 황허 유역에 속한다.

친링에서 성 남단의 다바산지(大巴山地)까지는 친바산지(秦巴山地)로 불리는데, 두 산지 사이에 한수이에 면하여 비옥한 한중(漢中), 안캉(安康)의 양 분지가 있다. 북부의 산베이고원(陝北高原)은 황토고원(黃土高原)의 일부로 해발고도 1000미터 전후이며, 황토층이 두껍게 퇴적되어 있다. 황허는 본성과 산시성 사이를 깊은 협곡을 만들며 남류하고, 본성에서 흘러나오는 우딩허(無定河), 옌허(延河), 뤄허(洛河), 웨이허를 합류시키는데, 이들 지류로부터 대량의 진흙이 유입 되어 황허 흙탕물의 원인이 되고 있으며 현재 물과 흙의 유출을 방지하기 위하여 수토보지공사가 넓은 지역에서 진행되고 있다.

기후는 시안의 경우 1월 평균기온 영하 0.3도, 7월 평균기온 29.71도, 연강수량 490밀리미터이지만, 한중에서는 841밀리미터, 북단의 위린(榆林)에서는 396밀리미터로서 친링 이남은 온난습윤하나 북쪽으로 갈수록 한랭, 건조해진다. 연강수량은 적으나 강우는 집중호우의 형태이기 때문에 수해, 한발 등을 초래하고, 북쪽에서는 모래바람의 피해도 많다.

시안의 빙마용의 모습

농업은 웨이허 평원이 중심이지만 한중 분지에서도 많이 이루어지고 있으며, 최근에는 북쪽에서도 농지 조성이 많이 이루어져 농업이 발전을 보이고 있다. 주요 농산물로는 밀, 옥수수, 수수 등이 있고, 상품작물로는 목화, 콩이 있다. 산베이에서는 양, 염, 소의 사육이 활발하다.

교통은 룽하이 철도(海鐵道: 連雲港~蘭州)가 성의 중앙을 횡단하며, 바오지에서 쓰촨성을 지나는 바오청 철도(寶成鐵道)와 셴양~퉁촨 간 지선도 있다. 시안에는 전국 각지에 대한 항공로도 열려 있다. 성내 교통은 버스 교통을 주로 하며 시안, 한중, 옌안이 그 중심이다. 성도인 시안 외에 셴양, 바오지, 퉁촨, 옌안의 4개 시가 있다.

② 간쑤(甘肅)

간쑤성은 중국 북서부에 위치하고 있는 성으로 성도는 란저우(蘭州)이다. 전체 면적은 45.37만 제곱킬로미터이며, 2014년 현재 상주인구가 2590만 명에 달한다. 황허 상류를 차지하는 네이멍구고원, 황토(黃土)고원, 칭장(青藏)고원의 접촉지대에 해당되며, 가장 낮은 룽시 서쪽의 분지도 해발고도 1000미터를 넘는다. 룽시분지 남쪽은 친링(秦嶺)산맥, 동쪽은 류판(六盤)산맥, 서쪽은 치롄(祁連), 시칭(西傾)산맥 등의 산지이고, 북쪽의 우링(烏嶺)을 넘으면 북서쪽으로 너비 50~70킬로미터, 길이 1000킬로미터에 달하는 좁고 긴 허시(河西)회랑이 뻗어 있다.

허시회랑은 일부의 오아시스를 제외하면 거의 사막지대를 이루나, 옛날부터 중국 본토와 서역(西域)을 잇는 주요 교통로가 되어, 우웨이(武威), 장예(張掖), 주취안(酒泉), 위먼(玉門), 둔황(敦煌) 등 고대 실크로드 이래의 역사적인 도시가 줄을 잇는다. 황허는 성의 남서에서 북동으로 흘러 칭하이성과의 경계에 류자샤(劉家峽)의 협곡을 이루고 유역에 국부적인 소평원을 형성한다. 또 남부에는 자링장(嘉陵江) 상류를 이루는 바이룽장(白龍江)이 흘러, 황허와 더불어 주요 농업용수원이 된다.

③ 칭하이(青海)

칭하이성은 중국 북서부에 위치한 성으로, 면적은 72만 제곱킬로미터이고, 인구는 2014년 기준 583만 명이다. 성도는 시닝으로, 북서쪽은 신장, 북쪽과 동쪽은 간쑤성, 남동쪽은 쓰촨성, 남서쪽은 티베트에 접한다.

티베트 고원 북동쪽에 있어서 쿤룬산맥(崑崙山脈)과 그 지맥인 아얼진(阿爾金), 기련(祁連) 등의 높고 험한 산맥이 뻗어 있고, 그 사이에 황허 유역 평야와 차이다무(柴達木) 분지 등이 있어 평균 해발고도는 약 3000미터이다. 고원 내부와 차이다무 분지에서 볼 수 있는 것처럼 내륙 하천, 담수호, 염호가 많고, 시닝 서쪽의 칭하이는 중국 최대의 염호이다.

기후는 대륙성의 건조한 기후이지만, 북동부의 황허 유역과 남부 등지는 여름철 계절풍의 영향으로 연평균 강수량이 300~500밀리미터이다. 고원, 산중턱, 하곡 등의 초원을 주로 하여 성 내의 약 90퍼센트에 해당하는 지역에서 몽골족과 티베트족 등이 목축을 하며, 고원 지구와 차이다무 분지에서는 양, 소, 염소, 칭하이 지구에서는 야크, 그 밖의 지역에서는 말, 낙타 등을 사육하여 양털 등을 생산한다.

농업은 북동부의 시닝 부근의 하곡 평야에서 이루어지며, 밀을 비롯하여 보리, 옥수수, 콩, 평지씨, 아마 등 외에 복숭아, 배 등의 과수도 재배한다.

지하자원은 시닝 북쪽의 다퉁(大通)과 차이다무 분지 북쪽의 석탄을 비롯하여 철광석, 유색 금속 등이 있으며, 1954년부터 석유를 개발하였다. 렁후(冷湖), 유사산(油沙山), 유취안쯔(油泉子), 다차이단(大柴旦) 등을 중심으로 하는 이 유전은 커라마이(克拉瑪依), 위먼(玉門)과 함께 북서 지구의 중요한 석유 기지이다. 또 수 많은 염호에서 생산되는 소금도 중요한 자원으로 저장량은 260억 톤 이상으로 알려져 있다.

공업은 중공 정권 수립 이후 시닝을 중심으로 발전하여 철강, 화학비료,

금속가공, 양모가공, 요업 등이 영위된다. 중공 집권 후에 건설한 간쑤성의 성도 란저우에서 시닝까지의 철도와 시닝에서 간쑤, 신장, 티베트 등지로 이어지는 공로 등 교통이 발달하였다. 주민은 한족이 약 52퍼센트이고, 그 밖에 티베트족, 후이족, 싸라족, 카자흐족 등 소수 민족이 살고 있다. 칭하이성은 중국 북서부에 있는 성으로서 그리 특별한 볼거리가 있는 것은 아니지만 중국 최대의 담수호인 칭하이후와 푸른 초원이 아름답다. 여행자가 이곳에 들르는 이유는 티베트에 들어가기 위해 칭하이성의 꺼얼무로 가기 때문이다.

④ 산시(山西)

산시성은 중국 동부에 있는 성으로, 면적은 15.7만 제곱킬로미터, 인구는 2014년 기준 3647만 명이다. 성도는 타이위안(太原)으로 간략히 진(晋)이라도 부른다. 동쪽은 타이항(太行)산맥과 우타이(五臺)산맥, 서쪽과 남쪽은 황허 중류의 협곡, 북쪽은 완리창청으로 둘러싸여 있어 각각 허베이, 허난, 산시의 각 성 및 네이멍구 자치구와 접한다. 황토고원(黃土高原)의 일부이며, 평균 해발고도는 600~3000미터이다.

경지는 약 25퍼센트로 적으며, 가뭄에 견디는 옥수수, 수수를 재배하고 관개용수가 완비된 곳의 경우 밀이 주산이다. 최근에 이르러서는 수리시설의 건설, 황토 유실방지가 진척되어 황토고원 특유의 계단상(階段狀) 지층을 교묘하게 계단밭으로 이용하여 경지를 넓혀가고 있고, 경작기술의 개량을 꾀하고 있다. 특히 시양현(昔陽縣) 다자이(大寨)는 성공한 예로서 전국의 모범이 되어 있다.

또한 지하자원이 풍부한데 석탄은 다퉁(大同), 시산(西山), 타이위안(太原) 등이 중국 제일의 매장량을 자랑한다. 철도 양취안(陽泉), 진청(晉城) 등지에서 개발되고 있다. 이런 자원을 기반으로 철강, 기계, 합성화학 등의 중화학공업이 발달했고, 타이위안을 중심으로 지역생산 콤비나트가 형성되어 있다.

산시성은 중국의 두 개 문명이 만나는 지역에 놓여 있는데 북쪽은 기마민족인 몽고족의 영향을 받았고, 남쪽으로는 황허문명의 접경지로 진나라 이후 남방문화를 받아들였다. 그러나 당나라가 장안으로 도읍을 옮기자 이 지역은 변방이 되었다. 주요 볼거리로는 중국 불교 4대 명산의 하나로 수려한 고산 자연풍경과 찬란한 불교 문화예술로 유명한 우타이산과 중국 고대 3대 석굴 예술 보고의 하나인 윈강석굴이 볼 만 하다. 그 밖에 펀양을 중심으로 펀주(汾酒)라는 술이 유명하다.

⑤ 신장(新疆) 웨이우얼 자치구

신장 웨이우얼 자치구는 중국 서북 변경지대에 자리하고 있으며, 면적은 166만 제곱킬로미터, 인구는 2010년 기준 상주인구 2181만 명이다. 주도는 우루무치(烏魯木齊)이다. 톈산(天山)산맥이 자치구의 중부 지역을 동서로 뻗어내리면서 남, 북으로 양분하는데, 남부 신장의 중앙 지역에는 50제곱킬로미터가 넘는 타리무(塔里木)분지가 광활하게 펼쳐지고 톈산, 쿤룬, 아얼진, 카라코람 등 여러 산맥들이 둘러싸고 있다. 분지의 중앙에는 타클라마칸 사막이 전개되어 남서에서 북동 방향으로 경사를 이루고, 가장 낮은 지대(해발고도 760미터)에는 뤄부보후(羅布泊湖)가 있다. 평균 해발고도 3000미터가 넘는 톈산산맥의 봉우리들 사이에는 산림과 수초가 무성한데, 특히 투루판(吐魯蕃)분지는 해면 아래 154미터에 해당하며, 중국에서 가장 낮은 지대이다.

최대 하천은 타리무 분지의 타리무장으로 내륙 하천인데, 뤄부보후로 흘러든다. 그 밖의 하천도 대부분 주변 산지에서 눈이 녹아 흐르는 물을 수원

신장의 고산지대

으로 하는 내륙 하천이다. 호수 역시 거의가 함수호인데, 자치구의 북쪽 끝에 있는 이르티스강(額爾齊斯江)은 오비강의 상류에 해당하며 유일한 외양 하천(外洋河川)이다.

기후는 전형적인 대륙성기후이며, 북부 신장의 강수량은 150~350밀리미터, 남부 신장은 100밀리미터 이하이다. 기온의 연교차는 30도가 넘는다. 여름과 겨울은 참기 어려울 정도로 덥거나 추운데, 여름에는 40도까지 올라가고, 겨울에는 영하 10도까지 떨어지기 때문에 거주하기에는 적당치 못한 지역이다. 우리나라가 예로부터 서역이라고 부른 지역의 일부로, 동서교통의 요충지였다. 타클라마칸사막 주변에는 도시 국가들이 늘어서 있으며, 물과 목초를 찾아온 유목민족들이 나라를 세우고 이곳을 지배하였다. 이 밖에도 타리무 분지 남쪽의 허원(和蚊), 샤처(莎車) 등지에서 양잠이 성하며, 톈산이나 아얼타이 등의 고산지대에는 산림도 무성하다.

⑥ 닝샤(寧夏) 후이족 자치구

닝샤 후이족 자치구는 중국 5대 소수민족 자치구 중의 하나로 중국 서부의 황허 상류지역에 위치한다. 간략히 닝(寧)이라고 부르며, 면적은 6.6만 제곱킬로미터, 인구는 2015년 기준 661만이다. 주도는 인촨(銀川)으로 주민은 한족, 후이족, 몽골족 등으로 구성되어 있다.

1957년 옛 닝샤성의 동부와 간쑤성의 일부를 합쳐서 자치구를 설립하고, 1970년 네이멍구(內蒙古) 자치구의 바옌나오얼맹(巴彦爾盟)의 일부를 병합하였다. 북쪽으로 몽골과 국경을 접하고, 동쪽으로 네이멍구 자치구와 산시성(陝西省), 남쪽과 서쪽으로 간쑤성에 접한다.

연강수량 200밀리미터의 건조지대임에도 불구하고 닝샤 평원은 일찍이 진, 한 시대부터 황허의 물을 끌어대는 관개수로가 열려 풍부한 농업지대를 이루어, 밀과 쌀의 생산이 많다. 또 농업지대 주변은 목축지대로 양 사육이 활발하다.

제2차 세계대전 후 허란산맥에 있는 스쭈이산(石嘴山)의 석탄, 금, 은, 철 등 지하자원이 개발되고, 닝샤 평원 남부의 칭퉁샤(青銅峽)에 댐이 건설되어 인촨, 스쭈이산, 칭퉁샤, 우중(吳忠) 등지에 식품가공, 방직, 제철, 농기구 등 공업이 활발하다. 또 동부의 옌츠(鹽池), 북부의 지란타이(吉蘭泰) 옌츠에서는 소금이 생산된다. 자치구 중앙을 바오란철도(包蘭鐵道: 包頭~蘭州)가 황허의 물길을 따라 달리고, 황허는 주요 내륙수로의 구실을 한다.

시난(西南): 쓰촨(四川), 윈난(雲南), 구이저우(貴州), 시짱(西藏), 충칭(重慶)

중국 남서부의 쓰촨, 윈난, 구이저우, 시짱, 충칭에 이르는 지역으로, 쓰촨 분지, 윈구이고원, 횡단산지의 세 부분으로 형성된다. 횡단산지는 티베트 고원의 여러 산맥이 남북으로 뻗어 있으며, 윈구이 고원은 여름에 서늘하고 겨울에 추운 기후를 형성한다. 쓰촨분지는 땅이 비옥하여 전국에서 식량생산으로 1위를 차지한다. 청두(成都), 충칭(重慶), 구이양(貴陽), 쿤밍(昆明) 등의 대표도시가 있으며 총 인구의 20퍼센트 이상이 소수민족으로 구성된다.

① 쓰촨

쓰촨성은 중국 남서부 심장지역의 양쯔장 상류에 있는 성으로 성도는 청두(成都)이며 간략히 촨(川) 또는 수(蜀)라고 부른다. 전체 면적은 48.4만 제곱킬로미터에 달하며, 인구는 2014년 말을 기준으로 8140만 명이다. 양쯔장, 민장(岷江), 퉈장, 자링장(嘉陵江)의 4대 강이 성내를 흐르기 때문에 쓰촨이라는 명칭이 붙었다. 한족 이외에 이족(彝族), 창족(藏族), 먀오족(苗族), 후이족(回族), 창족(羌族) 등 여러 종족이 살고 있다.

쓰촨성은 동쪽의 쓰촨분지와 서부고원으로 크게 나눌 수 있다. 쓰촨분지는 적색 토양으로 구성되어 있어 적색분지라고 부르기도 하는데, 분지 주위에는 해발고도 1000~3000미터의 다량산(大凉山), 민산(岷山), 다바산(大

巴山), 우산산(巫山山) 등의 산지와 고원이 펼쳐진다. 분지의 바닥은 500미터 이하로, 광대하고 비옥한 선상지인 청두 평원도 있으나, 고원의 대부분은 파상지를 이루고 있다. 칭창고원(青藏高原) 남동쪽의 서부고원은 원래 시캉성(西康省)의 주요 지역으로 대부분이 해발고도 3000미터 이상이다. 산맥이나 하곡은 북서쪽에서 남서쪽으로 향하고 있는 것이 많고, 하곡은 깎아지른 듯한 협곡을 이루는가 하면 궁가산처럼 1년 내내 눈이 덮여 있는 7000미터에 달하는 산도 있다.

하천은 모두 양쯔장 수계에 속하고 양쯔장의 본류가 우산산을 횡단하는 성의 경계에는 예로부터 험하기로 이름난 싼샤협이 나타난다. 동부 분지에서는 겨울이 따뜻하고 여름에 극심한 무더위가 계속된다. 강수량은 1000밀리미터 내외이며 촉(蜀)의 개는 해를 보면 짖는다는 말이 있을 만큼 안개가

쓰촨성 주자이거우의 아름다운 풍경

잦다. 반면 서부고원은 서늘하고 건조한 기후를 나타낸다. 식량 생산량과 쌀 생산량 모두 전국 제1위이고 밀, 옥수수, 보리도 많이 생산되는데 특히 청두 평원에는 두장언(都江堰) 등의 관개시설이 정비되어 있다.

상품 작물로는 목화, 저마, 차, 유채가 주로 재배되고 양잠업도 성하며 과일 나무도 많다. 사육 돼지, 소의 숫자도 전국 제1위를 차지하고 서부고원의 광활한 초원에서는 야크, 염소, 면양이 사육된다.

지하자원은 종류나 매장량이 모두 풍부한데 중요한 것으로는 석유, 천연가스, 석탄, 철, 금, 구리, 알루미늄, 소금 등이 있다. 소금은 쯔궁(自貢) 일대의 염정에서 퍼올린다. 석유, 천연가스는 쓰촨분지의 중부에 널리 분포하고 탄전은 성의 동부와 남부에 많다.

바오청(寶成), 청위(成威), 촨첸(川黔)의 3개 철도가 개통된 뒤에는 싼샤협 항로가 정비되어 육상 및 수상 교통이 모두 편리하게 되었다. 주요 도시로는 청두, 쯔궁, 충칭, 난충, 완셴(萬縣), 두커우(渡口), 네이장, 루저우(瀘州), 이빈, 몐양(綿陽), 다셴(達縣) 등이 있다.

② 윈난

윈난성은 중국 서남 지역의 윈구이고원(雲貴高原)에 위치하고 있으며 동쪽으로는 광시성과 구이저우성과 접해 있고, 북쪽으로는 쓰촨성, 서북쪽으로는 시짱, 서쪽 및 남쪽은 미얀마, 라오스, 베트남과 국경을 접하고 있다. 성도는 쿤밍이며, 전체 면적은 39만 제곱킬로미터이고, 인구는 2010년을 기준으로 4596만 명이 있다. 간략히 윈(雲)이라고 부르기도 한다.

원래 이곳에 타이족의 남소국(南詔國)과 대리국(大理國)이 있었는데, 13세기경부터 중국 중앙정부의 지배를 받게 되고, 17세기 말인 청대에 윈난성이 설치되었다. 쿤밍 분지 등 고원의 작은 분지와 하곡평야 등지에서 이모

윈난성 리지앙 구 시가지

작의 쌀을 비롯한 밀, 옥수수, 콩, 고구마, 잎담배, 차, 목화, 과수 등이 재배되고, 남부에서는 바나나, 파인애플, 커피, 고무 등의 열대작물도 재배된다. 산지가 많기 때문에 임산자원도 풍부하여 티크재(材), 동유(桐油), 칠(漆) 외에 각종 약재가 생산된다.

높은 산 깊은 계곡 등의 복잡한 지형으로 각양각색의 다양 기후를 보이고 있는데, 대체로 연중 기후 차이는 심하지 않으나 일교차가 비교적 큰편이다. 건조 기후와 습윤 기후의 차이도 많아 연간 강우량은 적지 않으나 계절별 지역별로 강우량의 차이가 많은 고원 계절풍의 기후이다. 서부를 남동쪽으로 흐르는 위안장(沅江)을 경계로 동부는 윈구이고원 서부를 이루는 해발고도 1500~2000미터의 뎬둥고원, 서부는 여러 줄기의 산맥과 그 사이를 누장(怒江: 살윈강 상류), 란창장(瀾滄江: 메콩강 상류), 진샤장(金沙江) 등이 흐르는 협곡이 나란히 뻗어 뎬시 종곡 지대로 나뉜다. 또한 서부 등지에서는 아직도 단층 작용이 계속되기 때문에 이곳은 지진 빈발지역에 속하며, 아열대지만 고도가 높아 겨울은 온난하고 여름은 서늘하여 날씨가 1년 내내 봄과 같다. 우기는 5~10월이며, 동일지역에 한대, 온대, 아열대, 열대기후를 보일 정도로 기후의 수직변화가 심하여 "一山有四季, 十里不同天, 한 개의 산에 계절이 있고 십 리를 가면 기후가 다르다"라는 말이 있을 정도이다.

연간 강수량은 서남지역은 2000밀리미터 이상이나, 중, 북부지역은 500~600밀리미터 정도로 다소 적은 편이며, 윈난성의 수도인 쿤밍은 춘성(春城)으로 불리워질 만큼 사계절 기후변화가 크지 않는 겨울철의 휴양지로 유명하다.

③ 구이저우(貴州)

중국의 서남부에 위치한 구이저우성은 북쪽은 쓰촨성, 서쪽은 윈난성, 남쪽은 광시성, 동쪽은 후난성과 각각 인접해 있는 내륙성으로, 바다를 접하지 않는 특징이 있다. 전체 면적은 17.6만 제곱킬로미터이며, 상주인구는 2015년 말 현재 3520만 명이 있다. 간략히 첸(黔) 또는 구이(貴)라고 부르기도 한다.

지형을 살펴보면 서쪽이 높고 동쪽이 낮은 지세를 이루고 있고, 석회암 지대이기 때문에 복잡다기한 침식지형을 이루고 있다. 산지가 성 면적의 87퍼센트를 점하는 등 성 전체가 대부분 산악지형이다. 또한 고원지대로 서부는 평균 해발고도 1500~2800미터, 중부는 1000미터, 북·동·남부는 500미터 이하이다. 내륙 지역임에도 불구하고 동부지역은 아열대 계절풍 기후에 속한다. 3일 계속 맑은 날이 없다고 할 정도로 우기가 길고 흐린 날이 많아 상대적으로 일조량이 적다. 서부지역은 대륙성 기후에 가까운 기후를 보인다.

④ 시짱(西藏)

시짱 자치구는 중국 칭짱고원의 서남부에 위치하며 주도는 라싸(拉薩)이다. 한국에서는 흔히들 티베트라고 부른다. 전체 면적은 120만 제곱킬로미터로 중국 전체 면적의 8분의 1에 해당하며, 이는 자치구 중에서 신장 다음이다. 현재 상주하는 인구는 2014년 기준으로 317만 명이다. 남으로는 인도, 네팔, 부탄, 미얀마 등과 국경을 이루고, 남동쪽은 윈난성, 동쪽은 진사장(金沙江)을 경계로 쓰촨성과 나뉘며, 북쪽은 신장에 접한다.

티베트 라싸의 potala 궁전

시짱은 지구상 최대·최고의 고원인 시짱고원에 자리잡고 있으며, 이 고원의 대부분을 차지한다. 따라서 대부분의 지역이 해발고도 4000미터가 넘어 파미르 고원과 함께 세계의 지붕이라고 불린다. 고원의 주위에는 높은 습곡산맥이 뻗어 있고, 빙하가 발달하여 다른 지역과의 경계를 이룬다. 고원의 남쪽 가장자리에 있는 히말라야 산맥은 길이 2400킬로미터, 평균 해발고도 6000미터가 넘고, 에베레스트산을 비롯한 7000미터급 봉우리도 무려 40개를 헤아린다. 북쪽 가장자리는 쿤룬산맥이, 약간 남쪽에 쿤룬의 지맥인 탕구라(唐古拉)산맥이 달리고, 탕구라산맥의 동반부는 칭하이성과 경계를 이룬다. 또한 시짱의 중부에는 카일라스산맥이 동서 방향으로 뻗어 짱베이(藏北)고원과 짱난(藏南) 곡지의 경계를 이루고 있다. 쿤룬산맥 외의 여러 습곡산맥은 시짱 동부지역으로 몰렸다가 갑자기 방향을 남북으로 바꾸고 거기에서 여러 개의 높은 산맥과 깊은 협곡이 엇갈리면서 고산 협곡지구를 이루는데, 이것을 횡단(橫斷)산맥이라고 부른다. 시짱의 내부 역시 복잡한 지형을 나타내며 카일라스산맥 이북, 쿤룬산맥 이남은 통틀어 짱베이고원이라 불리는 5000미터급 전후의 광활한 고원을 이룬다. 이 고원은 기복이 비교적 완만한 산지와 분지로 구성되며 분지 안에는 많은 함수호(鹹水湖)가 형성되어 있다.

자치구 내의 주요 하천은 창푸장이나, 동쪽 끝에는 진사장을 비롯하여 살윈강, 메콩강 상류가 깊은 협곡을 이루면서 흐르고 있다. 호수는 모두 빙하의 침식과 퇴적으로 이루어진 것으로 대부분이 함수호인데 그중 나무후(納木湖)가 가장 크다. 시짱은 북위 27~37도 사이에 위치하여 위도상으로 별로 높지 않지만 지형이 높고 험준하며 높은 산으로 둘러싸여 있기 때문에 한랭건조한 기후를 나타낸다. 특히 쿤룬산맥에는 식생이 전혀 없는 고산한랭지역이 있다. 1월 평균 기온은 0도 이하이며 7월에도 대부분의 지역이

20도를 넘지 않는다. 또한 일교차가 크고 강풍이 부는 날이 많다. 특히 짱베이고원은 연평균 기온이 영하 5도 안팎이고 연평균 강수량도 200밀리미터 이하이다. 짱난 곡지는 동부의 창푸장 골짜기로부터 계절풍이 불어오기 때문에 연평균 기온 10도 안팎이고 연평균 강수량도 1000밀리미터가 넘는 지역이 많다.

⑤ 충칭(重慶)

충칭은 간략히 바(巴) 또는 위(渝)로 불리는 중화인민공화국의 직할시이자 국가 중점도시이고, 거대 도시이자 세계적인 온천 도시이며, 창장 상류 지역 경제의 중심지이다. 전체 면적은 8.24만 제곱킬로미터이며, 23개의 구와 11개의 현, 4개의 자치현으로 구성되어 있다. 2014년 말 기준 상주인구는

충칭의 도시 모습

2991만 명이다. 1997년까지는 쓰촨성에 속한 부성급 시였으나 1997년 3월 14일 행정구역 개편과 함께 독립된 직할시가 되었다. 과거 1929년 중화민국 시대 충칭은 직할시가 된 바 있다. 그리고 1939년부터 1945년까지 국민당 정부의 임시 수도로서 많은 발전을 이루었지만 1954년 마오쩌둥에 의해서 현급 시로 강등되는 굴욕을 맛보기도 하였다.

지리적으로는 동쪽으로 후베이성, 남으로는 후난성과 구이저우성, 서쪽으로는 쓰촨성, 북쪽으로는 산시성과 접한다. 도시는 언덕이 많은 지역으로 중국에서 유일하게 자전거가 얼마 없는 곳이 바로 충칭이다.

충칭의 기후는 아열대 습윤대에 속한다. 분지 지형으로 여름에는 무덥고 겨울에는 온화한 특징을 보이며 연중 내내 심하게 안개가 끼기도 한다. 연평균 기온은 18도이며, 1월 평균 기온은 8도, 8월 평균 기온은 29도이다. 중국에서는 난징, 우한과 더불어 전국 삼대 찜통으로 불리기도 한다.

경제적으로는 1997년 상대적으로 낙후한 서부 지역 개발을 위한 서부대개발 정책의 일환으로 쓰촨성에서 분리되어 직할시가 되었고 이에 최근 급속한 공업화와 도시화가 진행되고 있다.

특별행정구: 홍콩(香港), 마카오(澳門)

특별행정구란 본국의 지방 행정제도와는 다른 행정기관이 설치되어 독자적인 법률이 적용되는 등 대대적인 자치권을 가지는 지역을 의미한다. 현재 중국은 1997년 영국으로부터 반환받은 홍콩과

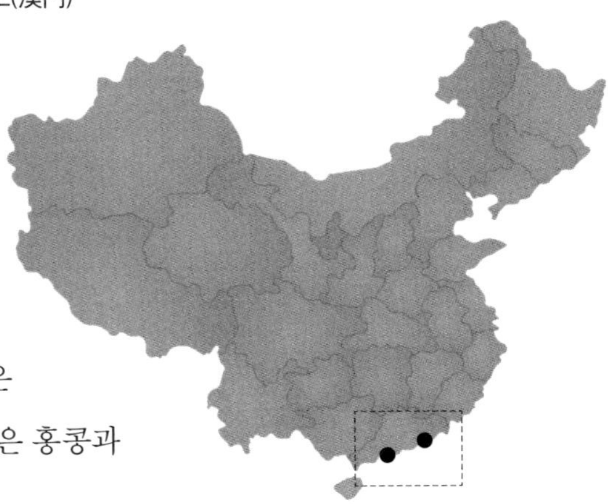

홍콩의 도시 야경

1999년 포르투갈로부터 반환 받은 마카오 두 곳을 일국양제(一國兩制: 한 국가에 두 가지의 제도를 실시하는 것) 체제의 특별행정구로 지정하고 있다.

① 홍콩(香港)

홍콩은 화난 지방에 위치하는 중화인민공화국의 특별행정구 가운데 하나이다. 면적은 1104제곱킬로미터이고 인구는 2014년 말을 기준으로 726만 명이다. 북으로는 광둥성과 선전시에 접하고 서쪽으로는 주장과 마카오 특별행정구, 주하이, 중산시와 주장을 마주보고 있으며 나머지 두 면은 바다와 접하고 있다.

홍콩은 세계적으로 발달한 국제적인 대도시이며, 홍콩섬과 구룡반도, 신계의 세 구역으로 구성된다. 작은 섬에 726만 명이 살고 있어서 인구 밀도는 세계 3위를 기록한다. 1840년 이전 홍콩은 작은 어촌에 지나지 않았다. 그

유럽풍 마카오의 전경

러나 아편전쟁을 계기로 홍콩은 영국의 식민지로 편입되었고, 제2차 세계대전 이후 경제와 사회가 급속하게 발전하였으며, 그 결과 아시아의 네 마리 용 가운데 하나가 되었다. 1997년 중국 정부는 홍콩에 대한 주권을 회복하고 홍콩을 특별행정구로 지정하였다. 현재 홍콩은 뉴욕과 런던에 이은 세계 3대 금융도시이며 아시아에서 경쟁력 있는 항만도시로서 21년 연속 경제 자유도 지수 세계 1위를 기록하고 있다.

② 마카오(澳門)

마카오는 중화인민공화국의 특별행정구로써 북으로는 광둥성의 주하이시와 접하고, 동으로는 홍콩과 바다를 넘어 마주하며, 남으로는 중국의 남해를 바라보고 있다. 전체 면적은 32.8제곱킬로미터이며, 상주인구는

2014년을 기준으로 63만 명이다.

마카오의 역사는 1553년 포르투갈 사람들이 마카오 거주권을 획득하면서부터다. 그리고 1887년 12월 1일 청 정부는 포르투갈과 〈우호통상조약〉을 맺고 정식으로 외교문서를 통하여 마카오를 포르투갈의 식민지로 인정하였다. 그리고 100여 년이 지난 1999년 12월 20일 중국 정부는 마카오에 대한 주권을 다시 행사하기 시작하였다. 400여 년이 넘는 유럽 문명의 영향으로 마카오는 동서양 문화가 결합된 독특한 형식의 도시로 거듭나게 되었고 대량의 역사문화 유적을 남기게 되었다. 이에 마카오 지역은 2005년 7월 15일 유엔 세계문화유산으로 등재되었다.

현재 마카오는 국제 자유 무역항이자, 세계에서 인구밀도가 가장 높은 지역 중의 하나이며, 세계 4대 도박 도시 가운데 하나이다.

2) 중국의 경제적 지역 구별

중국에서는 인문, 지리, 역사적 관점에서 지역을 구별하는 방법 이외에 최근 들어서는 정치·경제·문화적 영향력에 따라 지역을 1선·2선·3선·4선·5선 도시로 구분하고 있다. 중국에 1선·2선·3선 도시의 분류에 관한 법적 기준이 있는 것은 아니다. 중국 주택 및 도시건설부의 발표에 따르면 각 도시의 정치적 역량과 경제 규모, 도시 전체 규모, 그리고 다른 지역에 미치는 영향력이 중요한 기준이 된다. 중국의 경제 주간지인 〈디이차이징저우칸(第一財經週刊)〉은 각 도시의 GDP 규모, 연평균 소득, 포브스 500대 기업 분포도, 211 고등교육기관 분포, 국제선 항공 취항률, 외국 대사관, 영사관의 수 등을 분류의 기준으로 삼고 있다. 이 기준에 따르면 1선 도시는 19개, 2선 도시 36개,

3선 도시 73개, 4선 도시 76개, 5선 도시 200개가 분포한다.[7] 그러나 1선, 2선, 3선 도시의 숫자는 분류 기관과 기준에 따라 다르며 구체적으로 정해진 바는 없다. 1선 도시는 흔히들 3개에서 5개로 구분하는 것이 일반적인데 다음을 통해 1선, 2선, 3선 도시의 분류 기준을 좀 더 자세하게 살펴보도록 하자.

1선 도시

1선 도시는 중국에서 정치와 경제가 최고로 발달된 거대 도시를 의미하며, 기존에는 베이징, 상하이, 선전, 광저우를 꼽아 왔다. 베이징은 정치문화의 중심으로 상하이는 경제의 중심으로 1선 도시 중에서도 강의 위치에 자리한다. 그리고 선전과 광저우는 중국 남부의 대표적인 경제도시로서 1선 약의 위치에 자리한다. 이 밖에 2014년부터 톈진도 준1선 도시로 분류하는 추세이다. 일반적으로 1선 도시는 인구 1000만 명 이상의 거대도시로 주로 연해지역에 분포하며 부유층이 29.1퍼센트, 준부유층이 47.6퍼센트, 중류층이 17.1퍼센트를 차지한다.

2선 도시

2선 도시는 각 성에서 인구 500만 명 이상, 면적 100제곱킬로미터, 지역 GDP 2000억 위안 이상, GNP 1만 4000위안 이상, 건물 평균 판매가 3000위안/제곱미터 이상의 조건을 만족하는 도시이다. 2선 대표 도시는 대부분 중국의 중동부 지역에 분포하는 성도로서 항저우, 난징, 지난, 다롄, 닝

---

7 http://baike.baidu.com/link?url=_wcoSshw3W1w7Jez3NBvSckWDvPpF92VpSCTWaFrQJg-drQTK-CXGgmQz9o3kfnpQucd05rZy9NmUV7gUeb4Vn_

보, 칭다오, 충칭, 샤먼 등이 있다. 2선 도시 역시 연해지역에 분포하는 비율이 많으며, 부유층이 18.5퍼센트, 준부유층이 45.9퍼센트, 중류층이 24.8퍼센트를 차지한다.

3선 도시

3선 도시는 전략적 의미가 있으면서 비교적 발달한 경제 총량을 가진 중등 규모의 도시를 일컫는다. 3선 도시 대부분은 중동부 지역의 중심에 분포하고 있으며, 일부 서부지역의 성도를 포함한다. 3선 도시는 일반적으로 인구가 100만 명이 넘고 고정적인 산업과 소비기반을 가지고 있으나 종합적인 경쟁력에서는 아직까지 부족한 상황이다. 3선 도시는 부유층이 5.3퍼센트, 준부유층이 27.2퍼센트, 중류층이 37.2퍼센트를 차지하는 것으로 나타난다. 다퉁(大同), 옌청(鹽城), 푸톈(莆田), 자오좡(棗庄), 타이안(泰安), 샹판(襄樊), 하이커우(海口), 구이양(貴陽), 란저우, 우루무치(烏魯木齊), 친황다오(秦皇島), 한단(邯鄲), 바오딩(保定), 청더(承德), 창저우(滄州) 등이 대표적인 3선 도시이다.

2. 중국의 지역별 지역인의 특징

1) 베이징

베이징은 중국의 정치·역사·문화의 중심지로 수백 년에 걸쳐 중국의 수도 역할을 해왔다. 이에 베이징 사람들은 수도 시민이라는 자부심이 강하며,

베이징 톈안먼 광장

국가와 나라를 자신의 일처럼 중요시하고 대의를 논하는 것을 다른 어떤 지역 사람들보다 좋아한다. 베이징 사람들의 특징은 다음과 같다.

- 정치에 관심이 많다.
- 전반적으로 입담이 좋다.
- 상대를 존중하고 우정을 중요시 한다.
- 베이징 사람들의 독설은 진지하게 받아들일 필요가 없다.
- 문화오락 활동을 중요하게 여긴다.

베이징 남자들은 대부분 가정적이고 헌신적이며 절약이 몸에 배어 있다. 반면에 여자들은 격조를 따지고 낙천적이며 현모양처형이 많다.

2) 쓰촨성

쓰촨 사람들의 특징은 다음과 같다.

- 쓰촨 사람들은 대부분 강인한 성격을 가졌다.
- 쓰촨 사람들은 대부분 부지런하고 적극적이다.
- 쓰촨 사람들은 솔직하고 화끈하며 성격이 대부분 외향적이다.
- 쓰촨 사람들은 한담을 즐기며 개방된 마인드를 가지고 있다.

쓰촨 남자는 진취성과 보수성, 유머 속의 슬픔, 부지런함과 한가함, 순박함 속의 기민함을 보유하고 있어 다양하면서도 모순된 성격을 가지고 있다는 평가를 받으며 이에 반해 쓰촨 여자들은 톡 쏘는 성격을 가진 것으로 평가받는다.

3) 산둥성

산둥 사람들의 특징은 다음과 같다.

- 산둥 사람들은 공자의 후손이라는 자부심이 강하다.
- 이에 산둥 사람들은 근검절약하고 부지런하며 안빈낙도하는 경향이 있다.
- 산둥 사람들은 솔직하고 직설적인 성격을 가지고 있다.
- 또한 산둥 사람들은 활발하고 북방인의 열정이 있으며 의리가 있다.
- 산둥 사람들은 이치를 따져 바른 말을 하는 것을 원칙으로 여긴다.

상하이를 지나는 황푸장의 모습

- 산둥 사람들은 부자든 가난하든 손님을 융숭하게 대접한다.

4) 상하이

상하이 사람들의 특징은 다음과 같다.

- 상하이 사람들은 똑똑하고 치밀하다.
- 상하이 사람들은 계산적이다.
- 상하이 사람들은 원칙을 중요시한다.
- 상하이 사람들은 합리적이고 실리를 추구한다.
- 상하이 사람들은 거절해도 직접적으로 표현하지 않는다.

- 상하이 사람들은 자신들을 우월한 존재로 여긴다.

흔히들 상하이 사람들은 두 가지 측면을 가졌다고 말한다. 첫째는 비즈니스 측면으로 상하이 사람들은 경제적 이익이 목적이며, 상도덕과 법규를 준수하는 경향이 있고 지나치게 꼼꼼하여 상대의 인내심을 불러 일으킨다. 두번째로는 소시민적인 근성으로 상하이 사람들은 손해를 보지 않기 위해 수완과 요령을 동원하며 영악하고 교활하다는 평가를 받기도 한다.

5) 푸젠성

푸젠 사람들의 특징은 다음과 같다.

- 푸젠 사람들은 다른 지역의 사람들에게 구두쇠라는 인상을 준다.
- 푸젠 사람들은 청결을 중요시한다.
- 푸젠 사람들은 말은 거칠지만 솔직한 편이다.
- 푸젠 사람들은 아무것도 두려워하지 않는다.
- 푸젠 사람들은 쉽게 남을 동정하고 이해하는 경향이 있다.
- 푸젠에는 여성을 중시하고 남성을 경시하는 풍습이 있다.

푸젠 남자들은 속마음은 연약하지만 외형적으로 강인한 모습을 가지고 있고, 현실적이며 자기 보호의식이 강하다. 반면에 푸젠 여자들은 일반적으로 게으른 편이고 집안일보다는 바깥 일에 관심이 많다.

6) 후베이

후베이 사람들의 특징은 다음과 같다.

- 후베이 사람들은 일반적으로 부정적 의미의 구두조(머리 아홉 개 달린 새)라고 불린다.
- 후베이 사람들은 총명하고 변화에 유연하게 대처한다는 평가를 받는다.
- 후베이 사람들은 북방인의 솔직함을 겸비하고 있다.
- 후베이 사람들은 성미가 조급하고 용두사미식의 일처리를 한다고 평가받는다.

후베이 우한 지방 사람의 경우 외향적이며 걸핏하면 화를 내고 습관적으로 욕을 한다는 특징이 있다.

7) 후난성

후난 지역 사람들의 특징은 다음과 같다.

- 후난 사람들은 화끈한 성격이다.
- 후난 사람들은 순박하면서도 싸움을 잘한다.
- 후난 사람들은 완고하면서 의리를 중요시 한다.
- 후난 사람들은 존엄성을 중요시하면서 애향심이 강하다.
- 후난 사람들은 희생정신이 타 지역에 비해 뛰어나다는 평가를 받는다.

후난의 남자들은 솔직하고 불 같은 패기를 가지고 있으며 좋고 싫음이 분명하고 후난의 여자들은 정이 많다는 특징을 가지고 있다.

8) 광둥성

광둥 사람들의 특징은 다음과 같다.

- 광둥 사람들은 다른 지역과의 비교를 거부한다.
- 광둥 사람들은 경쟁을 두려워하지 않는다.
- 광둥 사람들은 쉽게 포기하지 않으며 고독을 잘 견디고 기회를 포착할 줄 안다.
- 광둥 사람들은 배타적이지 않다.

일반적으로 광둥 지역 남자들은 허세를 부리지 않는 실리주의적인 특징을 가지고 있으며, 지키지 못할 약속은 쉽게 하지 않는다. 또한 광둥 남자들은 여자에게 온화하고 친절하며 금전 감각을 중요하게 생각하는 경향이 있다. 이에 반해 광둥 여자들은 보수적이고 나서지 않는 편이며, 애정과 물질을 똑같이 중시한다고 한다.

9) 둥베이

둥베이 지역 사람들의 특징은 다음과 같다.

- 둥베이 사람들은 호탕하고 말투가 시원시원하다.
- 둥베이 사람들은 우정을 목숨보다 중요시하며 그들에게 의리는 다소 과격한 방식으로 표출된다.
- 둥베이 사람들은 자신을 우월하다고 믿는다.
- 둥베이 사람들은 솔직하고 주저 없이 행동하며 공격적인 성향을 가진다.
- 둥베이 사람들은 친근한 호칭을 사용하고 언어적 유머감각이 두드러진다.
- 둥베이 사람들은 남의 눈치를 보지 않고 있는 그대로 마음을 드러낸다.
- 둥베이 사람들은 모험심이 부족하고 현 상화에 대해 만족해한다.
- 둥베이 사람들은 술로 손님을 극진하게 대접한다.

10) 홍콩

홍콩 사람들의 특징은 다음과 같다.

- 홍콩 사람들은 변화에 잘 적응하고 현실적이다.
- 홍콩 사람들은 유연한 머리를 가지고 있다는 평가를 듣는다.
- 홍콩 사람들은 원대적 문화적 이상이 없다.
- 홍콩 사람들은 착실하게 현실을 살아가며 재산을 불린다.
- 홍콩 사람들은 모험심이 강하다.

11) 타이완

타이완 사람들의 특징은 다음과 같다.

- 타이완 사람들은 비교적 서구화되었다는 평가를 받는다.
- 타이완 사람들은 순박하고 보수적이다.
- 타이완 사람들은 모든 일에 최선을 다하고 검소한 생활 태도를 가지고 있다.
- 타이완 사람들은 투철한 도덕관념으로 무장되어 있다.
- 타이완 사람들은 충동적이고 주관이 부족하다는 평가를 받는다.
- 타이완 사람들은 속마음이 좁고 소탈하지 않다.
- 타이완 사람들에게는 낭만적 정취가 남아 있다.
- 타이완 사람들은 인의예지를 숭상하며, 충효 사상이 중요한 덕목으로 자리잡고 있다.[8]

8 『넓은 땅 중국인 성격지도』, 왕하이팅, 새빛에듀넷, 2010.

제3부

중화제국의 몰락

03 중화제국의 몰락과 아편전쟁(阿片戰爭)

과거 중국은 당나라와 송나라 때에 이미 세계적인 강대국으로 자리 잡고 있었다. 실제 북송 시기에 중국인의 일인당 평균 GDP는 2280달러였다고 하는데, 당시 서유럽의 일인당 평균 GDP는 불과 427달러에 불과했다. 또한 이후 건륭제가 다스리던 청나라는 1750년 당시 전 세계 GDP의 32퍼센트를 차지하는 세계 최강대국이었다. 그러나 영국과의 무역을 계기로 서구와의 접촉을 시작한 중국은 아편전쟁을 계기로 불과 몇십 년 만에 몰락을 길을 걷게 된다. 세계 최강국의 지위를 박탈당하고 반식민지 국가로 전락한 중국은 특히 서구 제국주의 국가에 경제적으로 종속되기 시작하여 1949년 중화인민공화국이 성립된 해에는 전 세계 GDP의 2.9퍼센트만을 차지할 정도로 약소국이 되어 있었다.

이런 맥락에서 이 장에서는 중국의 전통적 중화질서가 무엇이었고, 아편전쟁을 통해 이 중화질서가 몰락하게 된 과정과 중국의 반봉건, 식민지화 과정에 대해 살펴보고자 한다.

1. 전통적 중화사상(中華思想)

중국의 전통적 자부심을 대표하는 것에는 중화사상, 조공(朝貢), 삼괘구고두(三跪九叩頭)가 있다. 이 세가지는 중국이 세상의 중심이라는 우월의식 아래 주변과의 관계를 정립하고 유지해나가는 가장 기본적인 질서라고 할 수 있다.

1) 중화사상

중화사상이란 중국이 자국의 문화와 국토를 자랑스러워하며 타민족을 배척하는 사상이다. 여기서의 중화는 세상의 중심이 되는 우수한 나라라는 뜻이며, 이에 중국 밖의 나라는 오랑캐로 여겨 천시한다. 따라서 화이사상(華夷思想)이라고도 한다. 이 사상은 춘추전국시대부터 진(秦), 한(漢) 시대에 걸쳐 형성되었다. 특히 한대의 공양학(公羊學)에서 두드러졌다. 송나라 때는 한족의 문화 전통을 지키겠다는 취지에서 불교를 배척하고 유교 사상을 강화하였는데, 이것이 바로 주자학(朱子學)이다.

그 후 만주족(滿洲)이 중국을 통치하며 청나라가 건국되었고 반만사상(反滿思想)이 재연되었다. 또한 서양 제국과의 외교 교섭을 가지려 하지 않았기 때문에 서양 문화의 수용을 저해하였다. 그러나 차츰 서양 문화의 가치를 인식하게 되었고, 왕조체제의 붕괴와 함께 기존의 중화사상은 사라졌다.

2) 조공(朝貢)

조공은 한 집단이 다른 집단에게 예물을 바치는 행위를 말하며 역사적으로 국력이 약한 나라가 강한 나라에게 군사적, 정치적 목적을 가지고 예물을 바친 행위를 일컫는다. 특히 아시아에서 중국의 역대 왕조를 대상으로 빈번하게 일어났다. 조공은 일종의 정치적 지배 수단으로 해석되기도 하며 동아시아에서는 무역의 수단으로 이용되기도 하였다. 일반적으로 종주국과 종속국 관계로 해석하기 쉬우나 제국과 제후국, 대등한 국가와 국가의 관계에서도 일어났다.

3) 삼괘구고두(三跪九叩頭)

삼괘구고두는 삼궤구고두례(三跪九叩頭禮) 또는 삼배구고두례(三拜九叩頭禮)로 불리며, 중국 청나라 때 황제나 대신을 만났을 때 머리를 조아려 절하는 예속의 하나이다. 삼궤구고두는 본래 신불이나 직계 존친속에게 존경을 표시하기 위하여 행하던 것이었으나, 명나라 때에 이르러서 황제에 대한 일종의 의식으로 발전하였다. 당시에 오배삼고지례(五拜三叩之禮)가 행해졌으며, 번속국의 조공사가 수도에 도착하여 황제를 알현할 때 이 의식이 행해졌다.

청나라가 입관하여 중국을 통치하기 시작한 이후에 명나라 시대의 오배삼고례는 삼궤구고두례로 대체되었다. 신해혁명 이후에 삼궤구고두례는 폐지되어 허리만 가볍게 굽히는 국궁(鞠躬)으로 대체되었다.

2. 아편전쟁

중화사상으로 대표되는 전 세계 최강대국으로 군림했던 중국이 몰락하게 되는 대사건이 바로 아편전쟁이다. 아편전쟁을 통하여 중국은 서구의 과학, 군사기술의 발전상을 목도하였고, 자연스레 서구 제국주의의 경제적 침탈의 대상으로 전락하게 된다. 무엇이 중국을 아시아의 변방국가로 몰락하게 만들었는지 아편전쟁을 통해 그 내용을 들여다보자.

1) 1차 아편전쟁

1차 아편전쟁의 배경

1793년 서구에서 산업혁명에 성공한 영국은 중국과의 무역을 위해 매카트니 백작을 외교사절을 파견하였다. 매카트니는 영국의 전권사절로 95명의 수행원과 600상자의 예물을 가지고 베이징에 입성하게 된다. 그러나 중국이 내건 조건은 전통적 방식에 의한 조공 형식의 무역은 가능하나 대등한 무역을 불가하다는 입장을 표명하였다. 이 밖에도 황제를 알현하는 것이므로 전통적 신하와 황제의 의례인 삼궤구고두를 요청하였다. 영국의 전권사절인 매카트니가 이를 받아들일리 없어 양국 간의 첫 만남을 불발되었다. 그러나 이후 건륭제가 보통의 예절로 알현을 허락함에 따라 당시 동서양 최대강국 간의 만남이 실현되었다. 첫 만남에서 매카트니는 톈진과 닝보를 무역항으로 개방하고 영국 상선의 유지 보수를 위해 섬을 대여해 달라고 요청하였으나 청은 부족할 게 없다는 이유로 이를 거절하게 되었다.

영국은 산업혁명 후 일찍부터 중국을 교역의 대상으로 삼았으나 실제 이익을 내지는 못하였다. 당시 중국은 영국에 도자기·비단·홍차·난징목면을 수출하였고, 영국은 중국에 모직물·시계·완구류·인도목면·향료 등을 수출하였다. 무역은 기본적으로 일대일 물물교환을 원칙으로 하였지만 차액이 발생할 경우 은으로 대금을 지불하였다. 그런데 18세기 후반에 중국의 홍차가 영국 상류사회의 기호품이 되면서 영국 내에 수입이 급증하게 되고 이에 대량의 은이 중국으로 반출하게 되었다. 심각한 무역역조 현상을 만회하기 위해 영국은 동인도 회사에서 생산된 아편을 중국에 밀수출함으로써 무역상의 손해를 메우고자 하였다. 실제로 중국 내 아편 흡연자는 급속도로 증가하는 추세에 있었다. 영국의 중국에 대한 아편 수출량은 1773년 약 1000상자에서 1821년 6000상자, 1839년 4만 상자로 급증하였는데 아편 한 상자는 100명이 1년간 피울 수 있는 양으로 이는 약 400만 명의 아편 중독자가 있음을 의미하였다.

중국 내에 아편 중독자가 급증하자 1836~38년 아편유입에 대해 청 조정 내 논쟁이 불거졌는데 대략 완화론과 엄금론으로 입장이 나뉘었다. 완화론파는 기선(琦善)을 중심으로 아편의 근절은 현실적으로 어려우니 이 참에 합법화시켜 세금을 걷자는 입장이었다. 이와 반면에 임칙서(林則徐)가 중심이 된 엄금론자들은 아편이 근본적으로 국민의 건강을 해치고 있으므로 엄중한 처벌과 함께 수입을 금지해야 한다는 입장으로 맞섰다. 결국 도광제(道光帝)는 임칙서를 흠차대신[9]으로 임명하여 아편에 관한 전권을 부여하게 된다. 이에 임칙서는 광둥성에 흠차대신으로 부임하여 1939년 아편 2만

9 흠차대신이란 중국 명, 청나라 때의 임시관직으로 특정사건을 처리하기 위해 황제가 자신을 대신하여 전권을 행사할 수 있도록 부여한 관직이다.

2000상자를 호문(虎門)에서 공개적으로 압수한 뒤 바다에 뿌리고 석회를 흘려 소각 폐기하였다.

1차 아편전쟁의 경과

중국의 아편 소각에 대해 영국은 수치스러우며 이에 무력으로 개입하자는 입장이었다. 이에 1840년 6월, 조지 엘리어트(G. Elliot)를 총사령관으로 16척의 군함과 4000명의 해군 파견하였다. 영국군은 마카오를 기점으로 샤먼을 공격하고 다시 북상하여 베이징을 위협하였다. 영국군의 공격에 위기를 느낀 청 정부는 임칙서를 파면하고, 기선을 등용해 온건노선으로 선회하였다. 그 사이 영국군은 광저우, 상하이, 난징을 차례로 공격하였고 결과적으로 중국과 영국 사이에 난징조약을 체결하게 된다. 난징조약을 통해 청나라는 홍콩을 영국에 할양하고, 전쟁 배상금과 아편 보상금으로 2100만 달러를 지급하며, 5개 무역항(광저우, 샤먼, 푸저우, 닝보, 상하이)을 개방하고, 영국에 대등한 무역관계 유지와 무역상의 안전보장에 합의하게 된다. 영국은 난징조약 체결로 대중국 무역이 비약적으로 증가할 것으로 예상하였다. 그러나 자연경제에 가까운 중국의 경제조건 때문에 중국이 상품시장의 기능을 다하지 못하여 당초 기대한 이익을 얻을 수 없게 되자 영국은 무력으로 새로운 특권을 얻고자 다시 전쟁을 시작하게 된다.

2) 2차 아편전쟁

2차 아편전쟁 배경

2차 아편전쟁의 배경은 바로 애로우호 사건이다. 애로우호(Arrow號)는 중국인이 소유한 범선으로 선장은 영국인이지만, 승선 수부(水夫) 14명은 모두 중국인이었다. 1856년 광둥만에 정박 중 해적 혐의로 중국 관리가 수부 12명을 체포한 애로우호 사건이 일어났다. 영국의 광둥영사는 영국 영사관에 이를 인도할 것을 요구하였고, 중국은 애로우호가 중국 국적의 선이라 하여 수부 전원의 인도를 거절했다. 결국 영국이 광둥성에 포격을 가함으로써 2차 아편전쟁이 시작되었다.

2차 아편전쟁의 경과

영국군은 광둥성에 대한 포격을 진행함과 동시에 프랑스와 함께 톈진과 베이징을 위협하고 톈진 조약을 체결하게 된다. 톈진 조약을 통해서 중국은 아편무역을 공인하고, 기독교 선교를 보장하며, 외교관의 베이징 주재를 허용하고, 영국과 프랑스에 각각 400만 냥, 200만 냥의 배상금 지불하고, 10여 개의 연안도시를 개방하기로 약속하였다. 그러나 중국의 톈진조약 이행이 지지부진하자 영국과 프랑스 연합군은 톈진을 점령하고, 베이징 위안밍위안(圓明園)을 불지르게 되고, 이에 청 문종은 러허(熱河)로 피신하게 된다. 이 결과 청과 영국 사이에는 베이징 조약이 체결되었다. 그 내용은 톈진 조약의 기본 안에 구룡반도를 영국에 할양하고, 영국과 프랑스에 배상금을 각각 800만 냥으로 증액하며, 톈진을 개방하고, 천주교의 토지구매 및 건축 활동을 보장한다는 것이었다.

3) 아편전쟁의 결과

아편전쟁의 결과

아편전쟁의 패배로 중국은 자신의 취약성을 그대로 노출하였다. 영국과 난징, 베이징 조약을 체결한 후 미국과는 왕샤(望廈)조약, 프랑스와는 황푸(黃浦)조약을 체결하는 등 수많은 불평등조약을 체결하게 된다. 그 결과 정치 외교적으로 자주권을 상실하고, 반식민지 국가로 전락하게 되었다. 또한 영국 등 자본주의 경제의 진출로 중국의 전통 봉건경제가 점차 붕괴되고, 산업과 무역 등의 경제적 기반을 외국인이 독점하게 되어 중국 상인은 외국 상인의 하청업체 또는 매판 상인으로 전락하게 된다. 이 밖에도 막대한 전쟁 배상금 부담을 국민에게 전가하게 되어 수탈과 착취를 견디지 못한 국민들은 떠돌이 유민으로 전락하게 되었다. 특히 군대와 관료의 무능으로 큰 피해를 당한 광둥 연안지방의 국민들은 정부와 서양인에 대한 적개심이 커져 태평천국 운동과 같은 대규모 농민봉기를 일으키게 된다. 아편전쟁의 결과 중국의 몰락과 서구의 부상을 목도한 일부 학자와 관료들은 낡은 봉건 관료제의 모순을 시정하고 서양의 선진 기술문명을 도입해야 한다고 주장하고 이러한 주장은 양무(洋務)운동의 이론적 근거로 발전하게 되었다.

결론적으로 아편전쟁은 중국의 전통 봉건사회를 해체함과 동시에 각종 불평등 조약을 통해 기형적인 근대 자본주의를 중국에 이식하게 되었고 이를 통해 중국은 반봉건, 반식민지 사회의 나락으로 떨어지는 계기가 되었다.

제4부

공산당의 성립

04 공산당의 성립 배경과 1·2차 국공합작(國共合作)

2014년을 기준으로 중국 공산당 당원은 8670만 명으로 세계 최대의 정당이 바로 중국 공산당이다. 중국은 공산당이라는 엘리트 조직을 통한 국가 지도 체제를 유지하고 있는데, 이는 인구가 무려 14억에 달하는 중국의 특성상 소수의 엘리트 집단을 통한 국가발전 전략이 가장 유효하다는 믿음 때문이다. 실제로 베이징대학 학생들의 공산당 입당율을 보면 1991년에는 5퍼센트에 불과하였지만 2009년에는 10퍼센트로 급증하였다. 이는 공산당 입당이 정치적인 입지뿐 아니라 경제, 사회적인 개인의 입지를 다지는데 효과적으로 작용하기 때문이다.

중화인민공화국의 역사는 바로 중국 공산당의 역사이다. 과거 러시아의 볼셰비키 혁명 성공 이후 제국주의와 봉건주의의 혁파를 목표로 하는 중국 지식인들에게 있어서 공산당과 공산주의는 하나의 복음과도 같은 존재였다. 지금부터 중국 공산당의 창립배경과 2차례에 걸친 중국 공산당과 국민당 간의 협력과 대립의 역사를 살펴보도록 하자.

1. 중국 공산당의 성립 배경

1) 공산당의 창당 과정

1917년 10월 러시아에서 볼셰비키 혁명이 성공하였다. 이는 로마노프 왕조의 제정을 붕괴시키고 공화국을 탄생시킨 2월 혁명에 이은 것으로 2월 혁명의 결과 출범한 입헌 민주당 주도의 임시정부가 무너지고 노동자, 농민 주도의 혁명이 성공한 것을 알리는 것이었다. 이는 즉각 중국의 지식인들에게도 매우 큰 영향을 주게 되었다. 이에 1918년 리다자오(李大釗)를 중심으로 베이징대에 마르크스주의 연구회가 조직되었다. 특히 1919년 5·4운동을 거치면서 중국의 위기를 타파하려는 혁신세력의 공통된 과제는 사회개조로서 이를 위한 다양한 유형의 논쟁이 전개되었다.

이 와중에 1920년 소련 공산당은 제정러시아가 중국에 대해 보유하던 일체의 권익과 불평등조약을 포기한다는 카라한(M.Karahan)선언을 하게 된다. 카라한 선언은 당시 소련 외무인민위원장이었던 카라한 명의의 제언과 각서로 중국 국민과 남북 두 중국 정부에 보내는 제언의 1919년 7월의 1차 선언과 중국 외교부에 보내는 각서의 1920년 9월의 2차 선언으로 나누어 진다. 1차 선언에서 과거 제정 러시아 시대에 강권에 의해 체결되었던 중국의 주권, 영토를 침해하는 일체의 불평등 조약을 폐기한다고 하여 중국에 크나큰 반향을 불러 일으켰다.

러시아의 카라한 선언은 당시 중국 지식인들을 고무시키기에 충분하였고, 이에 본격적으로 중국에 마르크스주의가 수용되기 시작하였다. 1920년 4월 코민테른(Comintern)은 밀사 보이틴스키(G.Voitinsky)를 중국에 파견하고 당시 중국 내 마르크스주의 연구의 대표학자인 리다자오, 천두시우(陳獨秀)

와의 면담을 통해 중국 공산당의 결성을 종용한다. 이후 1921년 7월, 57명의 당원을 대표하여 13명의 대표가 상하이 신천지에 모여 천두시우를 당 총서기로 선출함으로써 마침내 중국 공산당이 정식으로 출범하게 된다.

당시 전 세계 공산당 조직은 공산주의 인터내셔널이라고 불리는 코민테른의 지도를 받고 있었다. 즉 마르크스 레닌주의에 기반해 각각의 나라에 공산당 지부를 두고 혁명운동을 지원한 것이다. 이에 중국 공산당 역시 코민테른의 지령에 따라 전체 공산당원이 개인 자격으로 국민당에 가입하여 국민당 개조에 참여하는 혁명통일전선 전략을 채택하게 된다.

이를 위해 중국 공산당은 먼저 1923년 1월 쑨원-요페(A.A.Joffe) 공동선언을 통해 국민당과의 협력 방침을 확인하게 된다. 쑨원-요페 선언의 핵심은 공산주의 체제는 중국에 적합하지 않으며, 소련은 중국에서 모든 특권을 포기해야 한다는 것이다. 이를 통해 소련은 식민지를 지배하는 서구열강에 대항하고자 중국을 끌어들일 수 있었고, 국민당은 소련의 군사적·경제적 원조를 받을 수 있게 되었다. 소련과 국민당과의 관계가 좋아지면서 국민당과 공산당과의 관계도 자연스럽게 좋아지게 되고, 1923년 6월 중국 공산당 전체 회의를 통해 국공합작 방침을 결정하게 된다. 이후 1924년 1월 중국 국민당 제1차 전국대회에서 공산당과 제휴하여 혁명을 완수할 것이라는 결의를 하고 소련 고문단의 도움으로 황푸군관학교를 세워 혁명군 간부를 양성키로 한다. 소련에서 교육을 받고 돌아온 국민당의 장제스가 군관학교의 교장이 되었으며, 리다자오, 마오쩌둥 등의 공산당 당원들이 국민당에 입당함으로써 국공합작이 정식으로 결성되었다.

2) 쑨원과 국민당의 창당

국민당은 중국의 국부로 추앙받는 쑨원(孫文)이 만든 국민정당이다. 쑨원은 원래 의학을 전공한 외과의사이지만 나라가 처한 현실을 보고 사람의 병을 고치는 의사보다 국가의 병을 고치는 정치가로 자신의 인생행로를 변경하게 된다. 그는 광둥성 출신으로 홍콩에서 의학교를 졸업하였다. 재학 중에 혁명에 뜻을 품고 1894년 하와이에서 흥중회를 조직하고 이듬해 광저우에서 최초로 거병하였으나 실패하고 이후 일본과 유럽 등지에서 망명생활을 하게 된다. 이 과정에서 민족(民族), 민권(民權), 민생(民生)이라는 삼민주의(三民主義)를 제창하게 된다. 1905년에는 일본에서 유학생과 화교를 중심으로 중국 혁명동맹회를 결성하여 반청 혁명을 주도한다.

1911년 신해혁명이 성공함에 따라 쑨원은 1912년 중화민국의 임시대총통이 되었으나 제정으로 다시 돌아갈 수 없다는 신념하에 북양군벌인 위안스카이에게 대총통 자리를 넘겨주게 된다. 그리고 일본으로 망명하여 1913년 중화혁명당을 결성하고 반(反) 위안스카이 운동을 계속한다. 이후 1917년 광저우에서 군정부를 수립하고 대원수에 취임하였으며, 1919년 중화혁명당을 개조하여 중국 국민당을 결성하였다. 1924년 국민당 대회에서 연소, 용공, 농공부조의 3대 정책을 제시하여 1차 국공합작을 실현시켰다. 이어서 북상선언을 발표하고, 국민혁명을 제창, 국민회의를 주장하였으나 1925년 암으로 베이징에서 병사하였다.

쑨원은 중화인민공화국과 중화민국에서 모두 국부로 추앙받는 시대를 뛰어넘는 영웅으로 많은 백성들의 가슴에 자리하고 있다.

2. 1·2차 국공합작(國共合作)

1) 1차 국공합작

국민당과 공산당은 중국 전역에 있는 군벌들을 타도하고 일본 및 서양 열강을 축출하기 위해 상호 간의 협력을 결정하였다. 흔히들 1924년부터 1927년까지 계속된 국민당과 공산당 간의 협력을 1차 국공합작이라고 부른다.

1924년 1월의 국민당 제1차 전국 대표 대회에서 소련과의 연합(聯蘇), 공산당과의 제휴(容共), 노동자와 농민에 대한 원조(農工扶助)의 3대 정책이 채택되어 국공합작을 시작하였다. 1차 국공합작의 형식은 중국 공산당원들이 국민당에 개별적으로 가입하는 형식을 취하였다. 합작 후 공산당은 세력이 크게 성장하였으며, 국민당 역시 소련의 원조로 광둥에서 혁명정부 재건과 대중적 기반을 확보했다. 이후 국민 혁명은 진전되었고, 북벌 과정에서 1927년 우한에 혁명 정권을 수립하였다. 그 사이 혁명 세력 내부의 대립이 심화되어 장제스는 국민당 우파와 결합하고 제국주의 열강, 저장 재벌을 배경으로 반(反) 혁명으로 전환하였다. 즉 국민당이 북벌에 어느 정도 성공하게 되자 공산당을 축출하는 전략을 썼던 것이다. 구체적인 계기는 1927년 4월 12일 장제스가 상하이에서 공산당원과 좌파 국민당원을 살해하는 백색테러를 일으켰기 때문이다. 이에 공산당은 상당히 큰 피해를 겪게 되었고 1927년 7월 13일 공산당 역시 국공합작의 종료를 선언하게 되고 이에 국민당과 공산당은 내전에 휘말리게 되었다.

2) 2차 국공합작

1차 국공합작이 결렬된 후 국민당은 독자적으로 북벌을 계속 진행하여 1928년 최종적으로 북벌을 완성하였다. 북벌을 완성한 후 국민당은 농촌을 근거지로 지속적으로 세력을 키우고 중화 소비에트 자치정부를 수립한 공산당에 대한 토벌을 시작함으로써 국공 간의 내전이 심화되었다. 국민당과 공산당 간의 내전은 국민당 군에 점차 유리한 방향으로 진행되었고, 공산당은 결국에는 중국 대륙 전체를 돌아서 산시성 옌안까지 돌아가는 대장정을 선택하게 된다.

대장정과 쭌이회의

장정(長征)은 중국 공산당의 홍군(紅軍)이 국민당 군대의 포위망을 뚫고 장장 370일 동안 9600킬로미터의 거리를 걸어서 산시의 옌안으로 탈출한 사건이다. 장정을 시작했을때는 8만 6000명이 참여하였지만, 2년 뒤에는 불과 8000여 명만이 살아남았다. 따라서 군사적으로는 실패한 작전이라고 말할 수 있지만 중국 전역에 홍군의 이념을 널리 알리고 이 과정을 통해 농민들의 지지를 얻게 되는 효과도 있었다. 또한 주요 핵심 지도자급 인물들이 생존했으며 홍군의 전략 전술 발전에 크게 기여한 사건이었기에 중국 공산당 발전의 중대한 계기로 받아들인다. 장정을 통해 홍군의 전략이 정규전에서 게릴라전으로 바뀌었고 마오쩌둥이 핵심 지도자로 부상하였다.

쭌이회의(遵義会議)는 대장정 도중인 1935년 1월 중국 구이저우성 북부의 도시 준이에서 열린 중국 공산당 중앙정치국 회의를 말한다. 장제스의 제5차 공산 토벌전에서 패배하여 괴멸직전 도주하던 중국 공산당은 장시성을 출발해 북서쪽으로 퇴각하는 장정을 단행했는데 이 회의는 이 과정에서 열

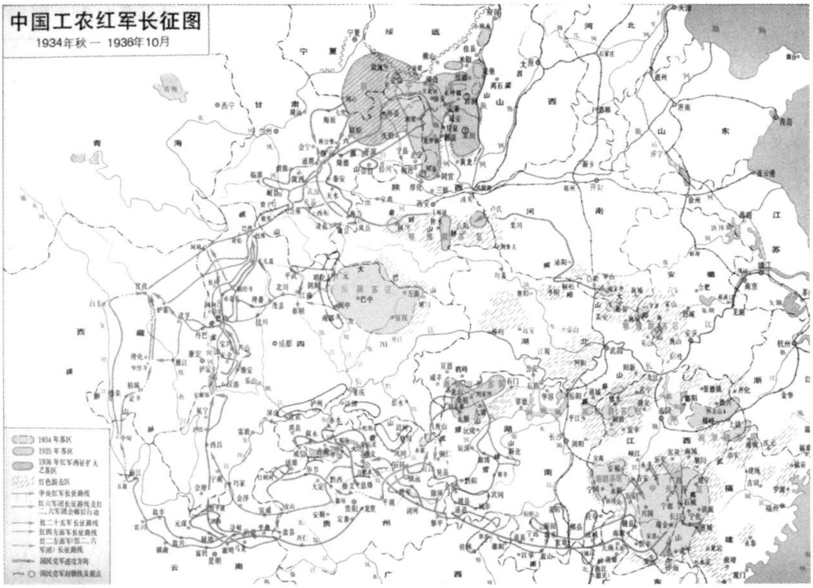

대장정 노선

렸다. 회의에서는 그때까지 공산당의 권력을 장악하던 28인의 볼셰비키 그룹의 보구와 오토 브라운 등 친소련파의 노선이 비판당했고 국민당과의 전투에서 실패한 책임을 물었다. 회의 결과 반대파이자 당초부터 농민을 기반으로 한 유격전술을 주장하던 마오쩌둥이 권력을 잡게 되었고 당권과 군사 지도권을 장악하고 장정을 이끌게 되었다. 회의에서는 또한 장정의 목표지역을 서북지역으로 설정하는 결정이 내려졌다.

시안 사건

중국 공산당 홍군의 대장정은 제2차 국공합작의 계기가 된다. 당시 옌안에 있던 몰락한 군벌 출신 장쉐량은 공산당의 항일 주장에 동조하는 모습을 보였고, 일본의 중국 침략이 확실시 되는 상황에도 불구하고 공산당과의 연대를 시도하지 않는 국민당에 심한 불만을 가지고 있었다. 이런 와중에 시안 사건이 발생하였다. 시안 사건은 1936년 12월 12일 동북군 총사령관 장쉐량이 국민당 정권의 총통 장제스를 산시성의 시안 화청지에서 납치하여 구금하고 공산당과의 내전을 중지하고 일본 제국주의의 침략에 맞서 함께 싸울 것을 요구한 사건이다. 이 사건으로 국민당군과 홍군은 국공 내전을 중지하고 제2차 국공합작이 이루어져 함께 대 일본 전쟁을 수행하는 계기가 되었다.

중일전쟁

중일전쟁은 1937년 7월 7일 일본의 중국 대륙 침략으로 시작되어 1945년 제2차 세계대전이 끝날 때까지 계속된, 중국과 일본제국 사이의 전쟁이다. 중일전쟁은 20세기 아시아 최대 규모의 전쟁이었다. 1931년 이후로 두 나라 사이에 간헐적으로 교전이 있었으나, 전면전은 1937년 이후로 시작되었으며, 일본의 연합국에 대한 항복과 함께 1945년 9월 2일 종료되었다. 전쟁은 수십 년간 계속되어 온 일본의 제국주의 정책의 결과였으며, 원료와 자원을 확보하기 위해 중국을 정치·군사적으로 지배하려는 속셈에서 비롯되었다. 중국의 민족주의와 민족자결주의는 전쟁을 중국의 승리로 이끌었다. 1937년 이전에는 양쪽이 다양한 이유로 소규모, 국지적 전투를 벌였다. 1931년 9월 18일 일본은 만주 사변을 일으켰고, 그 연장에서 일어난 1937년의 루거우차오 사건(盧溝橋事件, 노구교 사건)으로 두 나라 간의 전면전이 시작되었다.

2차 국공합작

시안사건과 연이은 중일전쟁의 발발은 국민당과 공산당 간의 2차 국공합작이라는 결과를 가져왔다. 1차 국공합작과는 달리 제2차 국공합작은 국공 양당이 대등한 입장에서 정책 협정이라는 형태를 취하였다. 중일전쟁 기간 동안 국민당은 오지에 충칭 정부를 세우고 공산당의 변구(邊區) 정부를 포위할 태세를 취하였으나, 중국 공산당은 게릴라 전을 전개하면서 일본군의 배후에 항일 근거지를 확대해 갔다. 1945년 이 같은 전선 배치를 그대로 유지하면서 국공 양당은 태평양 전쟁의 종결을 맞이하였다. 2차 대전이 끝난 후 쌍방은 정부 구상을 위한 합의에 이르기도 하였으나 결국에는 국민당이 이 합의안을 번복하고 공산당을 공격함으로써 중국 대륙을 놓고 최후의 한 판 승부를 벌이게 되었다. 초기에는 국민당 군대가 공산당의 본거지인 옌안을 점령하는 등 유리한 고지에 오른 것처럼 보였으나 일부 전투에서의 무리한 전략적 오류, 국민당 지도부의 심각한 부채, 국민당 집권지역에서의 경제난 등으로 민심이 이탈하였고 1949년 공산당 군이 만주에서 군사적으로 큰 승리를 쟁취함으로써 국공내전은 막을 내리게 된다.

내전이 끝난 1949년에 국민당 정부는 타이완으로 건너갔고, 대륙에는 중화인민공화국 정권이 수립되었다.

제5부

신중국의 성립

05 신중국의 성립과 50·60년대 중국

문화대혁명 기간 동안 마오쩌둥은 "옛것은 모조리 숙청하라. 문화, 교육, 정치, 너희들의 부모까지도"라는 말을 통해 모든 것을 바꾸고자 하였다. 이에 따라 종교는 착취계급이 이용하는 도구이므로 말살해야 한다고 해서 성당이 파괴되고 성경이 불태워졌고, 중국 고대 문화를 온전히 보전하고 있던 베이징 성은 5년에 걸쳐 파괴되었으며, 사부와 사제 관계가 봉건적이라 하여 중국 무술을 탄압해 소림사의 명맥이 끊어지기도 하였다. 그뿐 아니라 과거 청나라 황실 요리로 알려진 만한전석의 모든 레시피와 절차, 예식이 말살되었고, 공자 역시 봉건 신분제를 옹호한 대표적인 인물로 비판을 받았다. 그렇다면 중국의 전통적 질서와 가족제도는 과연 사회주의와 병존할 수 없었던 것일까? 아니면 극단적 군중 운동의 광기로 인한 시대의 희생물이었을까?

이번 장에서는 현대 중국을 대표하는 인물인 마오쩌둥에 대해서 살펴보고, 이어서 신중국의 성립과 1950년대 삼면홍기(三面紅旗) 운동의 배경, 1960~70년대 문화대혁명이 현대 중국에 미친 영향에 대해 살펴보고자 한다.

1. 현대 중국의 인물 (1) – 마오쩌둥(毛澤東)

20세기 현대 중국에 가장 큰 영향을 미친 인물을 한 명만 꼽으라면 단연코 마오쩌둥이라고 할 수 있다. 그는 중국의 봉건제도가 무너지는 장면을 두 눈으로 목도하고 온몸으로 공산주의를 신념으로 받아 들인 후 두 차례에 걸친 국공합작을 통해 군벌을 타도하고 항일전쟁을 수행한 후 마침내 사회주의 중화인민공화국을 건설하였다. 계급제로 대표되던 중국에 인민의 유토피아를 건설하고자 했던 마오쩌둥의 인생을 지금부터 따라가보자.

마오쩌둥은 1893년 12월 26일 후난성 샹탄(湘潭) 출신으로, 자(字)는 룬즈(潤之), 필명은 쯔런(子任)이다. 마르크스주의자이자 무산계급 혁명가이고, 중국 공산당과 인민해방군의 창시자이자, 유명한 시인이다. 1949년부터 1976년까지 중화인민공화국의 명실상부한 실질적인 지도자로서, 인민들에게는 마오주시(毛主席, 모주석)라는 별칭으로 더욱 친근하며, 〈타임〉지 선정 20세기 세계에 가장 큰 영향을 미친 100인 가운데 한 명으로 선정되었다.

마오쩌둥은 부유한 농민의 가정에서 셋째 아들로 태어났다. 집이 유복한 관계로 어려서부터 서당에 다녀 유교경전을 접하였고 중국의 전통 사상에 심취하게 되었다. 이후 학교를 다니면서 유년기에는 민족주의 사상을 접하게 되고 자연스레 반청 사상을 가지게 되었다.

1911년 신해혁명이 발발하자 그는 혁명군에 반년 동안 복무했다. 그리고 1914년에서 1918년까지 후난의 제1사범학교에서 수학하였다. 이곳에서 그는 중국의 봉건사상을 비판하던 교사 양창지(楊昌濟)를 만나게 되고 그로부터 많은 영향을 받았다. 1917년 졸업을 앞둔 시점에 그는 차이허썬(蔡和森) 등 개혁성향의 학생들과 혁명단체인 신민학회(新民學會)를 조직하였는데 이는 훗날 후난성 혁명의 모태가 되었다. 사범학교를 졸업하고 베이징에 온 그는 베이징대학 도서관에서 사서로 근무하면서 5·4운동을 전후하여 마르크스주의를 접하게 된다. 이후 그는 1920년 후난으로 돌아와 교육사업의 중요성을 깨닫고 창사 사범학교 부속 초등학교의 교장이 되었다. 또한 스승 양창지의 딸인 양카이후이와도 결혼하게 된다.

1921년부터 그는 공산주의에 심취하게 되었다. 이에 1921년 7월에는 중국 공산당 제1차 전국대표대회에 참가하였다. 이때 참석한 멤버 중 중화인민공화국 성립 때까지 중국 공산당에 남아 있던 사람은 마오쩌둥과 동비우(董必武) 두 사람뿐이다. 1923년 6월에는 중공 3차 대회에 출석하여 중앙 집행위원에 당선되어 중앙 업무에 본격적으로 참여하게 된다. 1924년 1월 국공합작 이후에는 국민당 1·2차 전국 대표회의에서 중앙집행위원 후보로 선출되었고, 1926년 11월에는 중공중앙 농민운동 위원회 서기가 되었다.

1927년 국공합작이 결렬된 후 그는 1927년 8월 중공중앙의 긴급회의에서 무장혁명 만이 정권을 탈취할 수 있다는 의견을 제기하여 중앙정치국 후보위원에 당선되었다. 회의 후 그는 후난, 장시 등 변경지역으로 가서 농민들의 추수폭동을 조직하고 이어서 의용군을 데리고 징강산(井岡山)으로 가서 토지혁명을 단행하여 중국내 최초로 농촌 혁명근거지를 만들었다. 이후 마오의 군대와 공산당 지도자인 주더(朱德)의 군대가 합쳐지면서 중국 공농홍군 약칭 홍군(紅軍) 제4방면군을 형성하였다.

1932년부터 홍군은 영향력을 점차 확대하여 중화소비에트공화국이라는 과도정부를 구성하였다. 이에 9만 명의 정규군과 4만 명의 민병대를 보유할 정도로 규모가 커졌다. 그러나 장시 소비에트에 국민당의 체포와 탄압을 피해 들어온 소련 유학파가 몰려 들어오면서 이른바 28인의 볼셰비키 그룹이 당권을 장악하게 되었고 코민테른의 지시를 받은 이들은 유격전 중심의 마오쩌둥의 전술을 버리면서 공산당 세력은 급격히 쇠퇴하게 된다.

이에 1934년 10월 공산당 지도부는 장시 소비에트를 버리고 산시성의 근거지로 옮기려는 계획을 세우는데, 이것이 이른바 대장정(大長征)이다. 중국공산당은 무려 1만 킬로미터를 도망쳐 마침내 산시성의 옌안에 도착하였다. 장정 도중 1935년 1월에 열린 쭌이(遵義) 회의를 통해 마오쩌둥은 마침내 실권을 획득하게 된다. 1936년 국민당의 영수인 장제스는 공산당 주둔지 근처에 있던 군벌인 장쉐량에게 공산당의 토벌을 명하고 이를 격려하기 위해 시안을 방문하게 된다. 공산당에 동정적이었던 장쉐량은 일본군의 대응에는 무관심한체 공산군만을 소탕하려는 장제스를 감금하게 되는데 이것이 이른바 시안사건이다. 장제스는 시안에서 풀려나는 조건으로 항일을 위한 제2차 국공합작에 동의하게 된다. 이로써 공산당의 홍군은 자력으로 살아날 기반을 마련하게 되었고 일본이 점령하였던 화베이 지역을 중심으로 점차 세력을 확장하였다.

1945년 제2차 세계대전이 막을 내림에 따라 중국에서도 국민당과 공산당 간의 연합정부 구성을 위한 협상이 진행되었다. 그러나 양자 간의 합의를 이루는데에는 실패하게되고 다시금 중국 대륙은 국공 간의 내전 상태에 빠지게 되었다. 초기에는 병력면에서 우세한 국민당이 주도권을 잡았지만 국민당은 전선이 확대됨에 따라 병력이 분산되고, 내부적으로 총체적인 부패 상황이 심화되고, 인플레이션에 따른 경제 붕괴 등으로 주도권을 공산당에 내어주게 되었다. 결국 국공 간의 내전은 공산당의 승리로 마감되고, 1949년 10월 1일 마오쩌둥은 중화인민공화국 정부의 수립을 선포한다.

신중국 성립 후 중국은 1953년부터 소련의 차관과 기술 원조를 받아 1차 5개년 계획을 진행하게 되고 이에 농업생산의 진전과 공업발전을 위한 기초산업을 형성하였다. 이에 체제가 어느 정도 안정되었다고 판단한 1956년 공산주의 사상과 언론의 자유를 보장하는 백화제방, 백가쟁명 방침을 내세우게 된다. 그러나 이러한 사상의 자유가 자신의 권위에 대한 도전의 양상으로 나타나자 1957년에는 당내 사상의 자유를 억압하는 반우파 투쟁을 벌이게 되었다. 그리고 1958년부터 시작된 제2차 5개년 계획을 통해서 중국을 공업 국가로 발전시키고자 대대적인 사회주의 대개조 운동인 대약진 운동을 시작하게 된다. 그러나 기술의 미비와 농업에 대한 경시, 그리고 기록적인 기후 이상으로 수많은 사람이 아사하는 등 국가 경제는 마비 상태에 빠지게 된다.

1959년 대약진 운동에 대한 비난이 확대되자 마오쩌둥은 국가주석직을 사임하고 류샤오치와 덩샤오핑 등이 경제개혁을 진행하게 된다. 류샤오치와 덩샤오핑의 개혁은 어느정도 성과를 거두게 되고 마오쩌둥은 점차 상징적인 존재로 변해갔다. 이런 국면을 개선하기 위해서 마오쩌둥이 실권을 장악하기 위해 진행한 것이 바로 문화대혁명이다. 문화대혁명으로 마오쩌둥은 다시 권력의 전면에 나섰으나 그 피해는 실로 처참하였다. 대략 2000만에서 3000만 명이 학살되었고, 전국의 문화유적이 파괴되었으며, 국민들의 삶은 피폐의 수준을 넘어 처참한 상황이 되었다.

마오쩌둥은 1972년부터 병으로 고생하였고 문화대혁명에 대한 반대의 시위가 커져가던 1976년 9월 9일 향년 84세를 일기로 사망하였다. 1981년 덩샤오핑이 정권을 잡고 난 뒤 마오쩌둥의 문화대혁명은 크나 큰 과오였다고 밝힐 만큼 그 피해와 영향은 심각하였다.

그렇지만 마오쩌둥은 중국이 과거의 봉건제도에서 벗어나 사회주의의 길을 걷고 사회주의 체제를 형성하는데에 크나큰 공헌을 하였다. 아울러 국민이 주인되고 평등한 세상이 되는 기반을 마련했다고 볼 수 있다. 그는 중국 내에서 공산당의 지위를 공고히 하였고, 중국이 국제사회에서 대국의 지위를 인정받고 자주독립 외교노선을 구축하는 데 큰 역할을 하였다는 평가를 받고 있다.

2. 신중국의 성립과 50년대 삼면홍기(三面紅旗) 운동

1) 신중국의 성립과 1950년대 초 사회개조 운동

신중국의 성립

1949년 10월 1일 신중국 성립을 선포하는 마오쩌둥

공산당과 국민당 간의 20여 년에 걸친 투쟁은 1949년 10월 1일, 공산당이 주도하는 중화인민공화국 성립 선포로 막을 내리게 된다. 건국 당시 중국은 장기간의 내전으로 피폐 상태에 있었고, 공산당의 지지세력은 여전히 소수였으며 반공세력이 다수를 차지하였다. 이에 마오쩌둥을 위시한 공산당 정부는 국가체제 정비와 경제건설에 총력을 기울인다.

먼저 토지개혁 운동을 전개하여 1952년까지 90퍼센트 이상의 농민들을 대상으로 토지개혁을 실시하였다. 이에 2000명 지주의 토지를 3억 명의 농민에게 배분하여 농업생산성을 배가하는 효과를 거두었다. 대외적으로는 한국전쟁 발발에 따른 항미원조(抗美援朝) 운동을 진행하고 이에 따라 타이완 수복을 위한 군사작전 계획은 일정기간 보류되었다.

50년대 초 사회개조 운동

신중국 정부는 도덕성을 고취하고 지도체제 안정을 위해 1951~52년에 걸쳐 3反5反 운동을 전개하였다. 여기서 3反이란 반부패, 반낭비, 반관료주의를 의미하며, 5反이란 반뇌물, 반탈세, 반국가 재산절취, 반산업 물자횡령, 반경제 정보절취를 말한다. 앞선 토지개혁을 성공적으로 수행함에 따라 신중국 정부는 1953년 과도시기의 총노선 정책을 제시하고 2가지의 장기 발전 목표를 선포한다. 또한 경제개발을 위한 5개년 계획을 수립하게 된다. 3차의 경제개발 5개년 계획(1953~68년)을 통해 사회주의 공업화를 점진적으로 실현하고 농업, 공업, 수공업을 사회주의식으로 개조한다는 목표도 세웠다.

중국 정부는 이러한 3대 개조가 원래 목표보다 12년 빠른 1956년에 일차적으로 완성되었다고 발표하여 체제에 대한 자부심을 표현하였으나 이러한 과신이 이후의 쌍백운동과 같은 내부적 비판에 직면하게 되는 계기가 되었다.

2) 중소분쟁의 시작과 교조주의·수정주의 논쟁

중소분쟁의 시작

중소분쟁은 1956년 소련 공산당 제20차 대회 이후 소련 공산당과 중국 공산당 사이에 공산주의 이념의 원칙적인 여러 문제에 관해 벌인 분쟁을 말한다. 논쟁의 발단은 1958년부터 시작되는 중국의 제2차 5개년 계획에 적극 후원하겠다던 소련이 실천에 옮기지 않았다는 점, 중화인민공화국이 타이완 해협 위기에 직면했을 때 소련은 겉으로 중국 공산당 측을 옹호하였으나 실질적으로는 전혀 관여하지 않았다는 점, 중국과 인도 사이에 국경분쟁이 일어났을 때 소련이 중립적 입장을 취한 점 등에 대해 중공이 오랫동안 축적된 불만을 표면화함으로써 발생하였다.

교조주의와 수정주의

교조주의(敎條主義)란 특정한 사상이나 종교 경전을 역사적 배경을 생각하지 않고 무비판적으로 해석하는 것을 말한다. 교조주의를 마르크스주의에서는 마르크스의 사상을 마르크스가 살던 시대의 역사적, 정치적, 경제적, 사회적 배경을 생각하지 않고, 어디에나 적용시키는 행태를 비판하는 말로 쓴다. 실제 마르크스주의 역사학자들은 왜 마르크스가 모든 인류의 역사를 계급투쟁의 역사라고 비평한 이유를 다양한 배경에 근거하여 생각하지 않고, 분쟁이 일어나면 무조건 계급투쟁이라고 하는 것을 유사 마르크스주의라고 비평한다. 교조주의는 사상과 종교를 무비판적으로 추종하는 것이므로, 학문적 곧 논리적 비평에 대해 대화와 토론으로 극복하기보다는 무조건 거부하거나 탄압하는 전체주의적인 모습을 보일 수 있다.

수정주의(修正主義)는 기존 사상을 해당 사상의 전통적 입지에서 벗어나 다른 방향으로 개량, 변질, 수정하는 행위 또는 그러한 이념을 뜻하는 용어로 쓰인다. 흐루시초프가 서방과의 대결보다는 공존을 외치자 공산주의 진영의 다른 한 축이었던 중화인민공화국의 마오쩌둥은 이를 규탄하고, 흐루시초프를 수정주의자라고 비난하였다. 이 때문에 양국관계는 급속하게 냉각되었으며, 전 세계의 공산국가들이 친 소련과 친 중국 국가로 나뉘는 계기가 되었다. 마오쩌둥은 흐루시초프의 낙관적인 평화공존론으로 대미 유화정책이 대두되고 있다고 비판하였다. 중국은 또 수정주의에 대해 비난을 가하였고, 레닌주의의 정당성을 신봉해야한다고 주장했다.

3) 쌍백운동과 삼면홍기(三面紅旗) 운동

쌍백운동(雙白運動)

쌍백이라 함은 백화제방(百花齊放), 백가쟁명(百家爭鳴), 즉 '누구든 자기의 의견을 피력할 수 있다.'는 뜻을 가진 중국의 정치구호이다. '온갖 꽃이 같이 피고 많은 사람들이 각기 주장을 편다.'는 뜻으로 해석되며, 1956년 당시 중국 공산당 선전부장인 루딩이(陸定一)가 한 연설에서 쓴 말이다. 약칭이 바로 쌍백방침(雙百方針)이다. 1956년 당시 마르크스주의가 다른 사상 중에서 지도적 지위를 차지한다 해도 처음부터 유일무이한 절대적 사상으로 강요되어서는 안 된다고 설명되었다. 마오쩌둥은 체제에 대한 자신감을 바탕으로 누구든 자유롭게 의사를 표현할 수 있다고 하였지만 이것이 체제에 대한 비판으로 이어질 지는 예상하지 못하였다.

삼면홍기 운동의 개념

삼면홍기란 세 개의 붉은 기라는 뜻으로, 1958년에 중국 공산당이 마오쩌둥의 지도 아래 팔전(八全) 대회에서 결정한 사회주의 혁명의 기본 노선을 이르는 말로써 사회주의 총노선(總路線), 대약진(大躍進), 인민공사(人民公社)를 의미한다. 마오쩌둥은 삼면홍기 운동을 통해 이전의 쌍백운동에 따른 사상의 자유화 경향을 경계하고 사회주의 개조를 통해 수년 내에 자본주의 선진국을 따라잡을 수 있을 것으로 판단하였다.

삼면홍기 운동의 경과

중국의 통계에 따르면 첫해인 1958년의 농공업생산 총액이 전년 대비 48퍼센트 증가를 보이고 그 후 계속 비약적인 신장을 보였다고 하나 이는 과

장된 보고에 의한 것으로 드러났다. 실제 1959년부터 3년간 자연재해가 발생하여 농업생산량은 1958년 2억 2500만 톤에서 1960년 1억 8000만 톤으로 급격히 감소하였고 이에 대해 자연재해가 겹치면서 수천만의 아사자가 속출하였다.

이 밖에 중국 정부는 삼면홍기 운동을 통해 강철생산량이 15년 내 영국을 초과할 것이라 장담하고 수만 개의 제철소를 만들었지만 가정의 밥짓는 솥마저 가져갈 정도로 생산의 양과 질은 모두 수준이하였다. 또한 소련이 60년 이래로 경제원조를 전면적으로 중단하면서 대약진 운동은 중도에 좌절하였다.

삼면홍기 운동의 결과

기록적인 자연재해와 소련의 원조 중단, 사회주의 집단생산의 비효율의 결과 경제가 참혹하게 추락하자 60년부터 류샤오치와 저우언라이가 나서서 조정노선을 채택하였다. 이에 극좌적 사회주의 개조를 도모했던 마오쩌둥은 이에 대해 책임을 지고 일시적으로 권좌를 물러나게 되었다.

3. 1960·70년대 문화대혁명(文化大革命)

1) 문화대혁명의 배경

1965년 11월 당시 마오쩌둥은 대약진 운동의 실패를 국내 수정주의자들과 우파들의 음모라고 생각하였다. 이에 마오쩌둥의 아내 장칭(江青) 등 4인방인 왕훙원(王洪文), 장춘차오(張春橋), 야오원위안(姚文元)이 마오쩌둥의 생각을 현실화하여 문화대혁명을 일으켰다.

하이루이파관(海瑞罷官)은 원래 1960년 중국의 베이징시 부시장인 우한(吳晗)이 쓴 극본으로, 1961년 베이징에서 공연되어 호평을 받았다. 하이루이는 명(明)나라 때의 관리로 청렴강직하여 탐관오리를 처벌하고 억울한 사람의 원한을 풀어주지만 황제에게 잘못 보여 마침내 파직당한다는 내용이다.

1965년 마오쩌둥은 중국 공산당 중앙위원회 정치국 상임위원회에서 우한을 비판해야 한다고 하고《하이루이파관》의 해독은 바로 파직에 있다고 지적하였다. 즉 가정황제(嘉靖皇帝)가 하이루이의 관직을 파직시킨 것은 1959년 우리들이 펑더화이(彭德懷)의 관직을 면직시킨 것과 같다는 것을 묘사한 것이라고 비난하였다. 1965년 11월 장칭의 지도하에 야오원위안이 상하이의《원후이바오(文匯報)》에 〈신편 역사극 하이루이파관을 비판한다〉라는 글을 발표하여 문화대혁명의 막을 열게 되었다.

펑더화이는 중국의 국방부장으로서 마오쩌둥의 삼면홍기 정책과 인민전쟁 사상을 비판하여 반당집단의 우두머리로 몰려 숙청당하였고, 일반 주민들은 마오쩌둥의 극좌적인 정책을 혐오하고 있을 때였으므로 펑더화이를 하이루이로 묘사한 것은 주민들의 커다란 공감을 불러일으켰다.

2) 키워드로 알아보는 문화대혁명

주자파(走資派)

자본주의의 길을 걷는 무리라는 의미로 문화대혁명 시기 실용주의 노선을 걷는 덩샤오핑 등을 축출하기 위한 구호로 사용되었다. 마오쩌둥은 연설

문화대혁명 시기의 군중운동

을 통해 계속혁명론을 주장하고 류샤오치와 덩샤오핑을 중심으로 추진되고 있던 신경제정책의 수정주의적 경향성에 대해 경고하고 자본주의의 길을 걷는 주자파(走資派)의 등장을 경고한다.

조반유리(造反有理)

모든 반항과 반란에는 나름대로 정당한 도리와 이유가 있다는 것을 이르는 말이다. 문화대혁명 당시 마오쩌둥이 홍위병과 학생들을 부추기기 위하여 내세운 구호로, 문화대혁명과 마오쩌둥을 비판할 때 자주 인용된다. 마오쩌둥이 권력 투쟁 과정에서 정적들을 숙청하기 위해 젊은이의 반항을 합리화시켜 주는 이 구호를 내세움으로써 문화대혁명 기간 중에 유행하였다.

4인방(四人幇)

사인방은 문화대혁명 기간 동안 무소불위의 권력을 휘둘렀던 4명의 중국 공산당 지도자를 뜻한다. 마오쩌둥의 부인이었던 장칭을 비롯하여 정치국 위원이었던 야오원위안, 중국 공산당 중앙위원회 부주석 왕홍원, 정치국 상임위원 겸 국무원 부총리 장춘차오를 가리킨다. 1976년 9월 마오쩌둥이 사망한 지 한 달 만에 이들 사인방이 체포되면서 문화대혁명은 일단락되었다.

4구 타파(四舊打破)

4구 타파는 오래된 네 가지 구습인 구사상·구문화·구풍속·구관습을 모조리 타도하자는 슬로건을 걸고 기존의 가족질서, 고적, 문물 등을 닥치는 대로 파괴한 문화대혁명 시기의 대표적인 대중운동이다. 실제 4구 타파 운동을 통해 중국 고대의 문화문물에 대한 대규모 파괴가 이루어졌으며, 중국 사상의 원류라 일컫는 유교 사상도 신분질서를 옹호하였다고 하여 동시에 비판받았다.

비림비공운동(批林批孔運動)

문화대혁명 중기 중국에서 마오쩌둥에 이어 2인자로 군림하였던 린바오(林彪)와 기존의 예속질서를 대표한다는 공자의 사상을 공격하였던 운동이 바로 비림비공운동이다. 비림정풍(批林整風)운동과 비공(批孔)투쟁을 결합시킨 말로 공자의 극기복례(克己復禮)는 노예제도를 복귀시키려는 것이고, 린뱌오의 반혁명 수정주의 노선 역시 극기복례를 통하여 지주, 자산계급의 전제(專制)를 복귀시키려는 것이라고 공격하였던 운동이다. 이 운동은 당내의 반마오장칭집단(反毛江青集團)에 대한 사인방 등 문화 대혁명파의 반격으로, 새로운 적대세력을 제거하고 권력을 공고히 하려는 데 목적이 있었다.

3) 문화대혁명의 결과

문화대혁명은 사상의 우경화를 반대하고 만민평등과 조직타파를 부르짖은 무산계급의 혁명으로 진행되었지만 많은 문제점만을 남긴 채 결국에는 실패로 돌아갔다. 이 운동으로 약 300만 명의 당원이 숙청되었고, 경제는 마비 상태에 빠지고 전국에 걸쳐 혼란과 부정부패가 만연하였다.

1981년 6월 중국 공산당은 '건국 이래의 역사적 문제에 관한 당의 결의'에서 문화대혁명은 당과 국가 그리고 인민에게 가장 심한 좌절과 손실을 가져다준 마오쩌둥의 극좌적 오류이며, 그의 책임이라고 규정하였다.

제6부

중국의 개혁개방

06 덩샤오핑과 80·90년대 개혁개방(改革開放)

중국 개혁개방의 아버지라 불리는 덩샤오핑의 별명은 바로 오뚝이라는 뜻을 가진 중국어 부다오웡(不倒翁)이다. 중국의 2세대 지도자 덩샤오핑은 키가 150센티미터 남짓 하지만 모진 역경이 닥칠 때마다 불굴의 의지로 고난을 헤쳐 나와 보란 듯이 일어났기 때문에 붙여진 별명이다. 실제 덩샤오핑은 인생의 중요한 시기마다 무려 세 번에 걸쳐 실각과 복권을 반복하였다. 첫 번째는 1927년 프랑스 유학 후 귀국한 후 홍군 제7군 정치위원과 장시성 선전부장 시절 반소(反蘇) 계열인 마오쩌둥을 지지하다가 직무를 정지당한 것이다. 두 번째 실각은 중국 공산당 정권 수립 이후인 1966년 문화대혁명 시기 반(反) 마오쩌둥 노선의 주자파(走資派: 자본주의의 길을 걷는 무리라는 의미)로 몰리면서 실각했던 것이다. 그리고 1976년에도 저우언라이 총리가 죽고 그해 4월 저우언라이 총리를 추모하는 톈안먼 사건이 발생하자 그는 배후로 의심되어 4인방에 의해 또 다시 실각한 바 있다. 특히 문화대혁명 시기인 1969년부터 국무원 부총리로 복권되는 1973년까지는 하방(下放)되어 장시성 신젠현의 기계수리 공장에서 강제노역에 동원된 경험도 있었다. 이렇게 그는 총 세 차례에 걸친 실각과 복권을 반복하면서도 오뚝이처럼 일어나 결국에는 사회주의 중국의 개혁개방을 이끌었던 장본인이다. 오늘날 세계적인 경제대국 중국이 존재하는 데 가장 중추적인 역할을 한 인물이 덩샤오핑이라는 사실을 부인하기는 어렵다.

이번 장에서는 마오쩌둥과 더불어 중국 현대사에 가장 큰 영향을 미친 인물인 덩샤오핑에 대해 알아보고, 덩샤오핑이 주도한 중국의 1980~90년대의 개혁개방 정책의 핵심 개념과 집행과정에 대해 살펴보기로 한다.

1. 현대 중국의 인물 (2) – 덩샤오핑(鄧小平)

덩샤오핑은 1904년 8월 22일 쓰촨성 광안(廣安)에서 태어났다. 원명은 덩셴셩(鄧先聖)으로 아버지가 아들이 공자보다 더 나은 사람이 되라는 의미로 지어준 이름이다. 샤오핑이라는 이름은 1927년 그가 우한의 중공중앙에서 일하게 되면서부터 사용하게 되었다. 당시 장제스 등은 4·12 사건을 일으켜 전국에 걸쳐 백색테러 공포가 퍼져 있었다. 이에 당시 국민정부의 소재지인 우한 역시 이를 피할 방법이 없었는데 백색공포 하에 비밀업무를 수행할 필요에 의해서 이름을 샤오핑으로 바꾸었다.

어려서부터 덩샤오핑은 아버지가 지주였던 관계로 부족함이 없는 원만한 성장환경을 가지고 있었다. 이를 바탕으로 낙관주의적인 태도를 가지게 되어 주위에 적이 거의 없었다. 고향에서 초등학교를 졸업하고 충칭에서 공부하던 덩샤오핑은 1920년에 근공검학(勤工儉學, 근면하게 일하고 아끼며 공부한다는 의미)의 방법으로 프랑스 유학을 떠나게 된다. 유학생 시절 덩샤오핑은 르노 자동차에서 트랙터를 만드는 금속 노동자로 일하면서 사회주의와

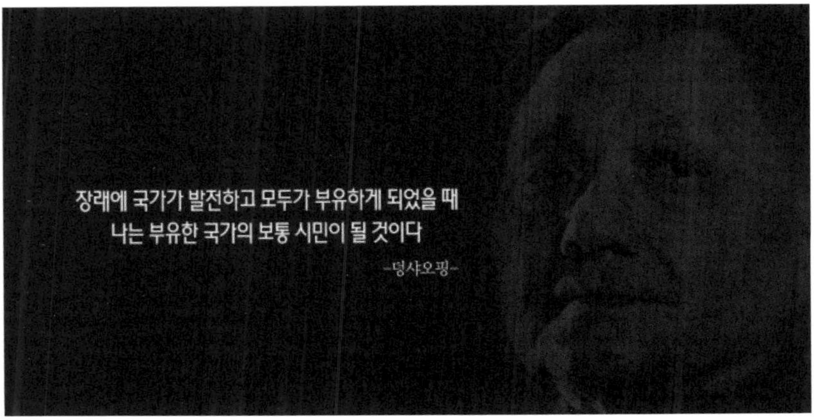

중국 개혁개방의 아버지 덩샤오핑 (출처: http://sjqnrdl.tistory.com/m/post/18)

노동운동에 눈을 뜨게 된다. 이후 1924년 중국 공산주의 청년동맹 유럽지부에 들어가게 되고, 여기에서 자신의 인생의 멘토라 할 수 있는 저우언라이를 만나게 된다. 그러나 프랑스의 공산주의 청년동맹에 대한 탄압 때문에 이내 어쩔 수 없이 거처를 소련으로 옮기게 된다. 이에 1926년 모스크바 중산대학에서 수학하고 공산당에 정식으로 입당하고 1927년 중국으로 돌아왔다.

중국으로 귀국한 후 줄곧 혁명에 종사하던 덩샤오핑은 1933년 공산당 내의 소련파와 마오쩌둥파 사이의 당권경쟁에서 마오쩌둥 편에 서게 되고 인생에 있어서 첫번째 실각을 맛보게 된다. 그러나 1934년 대장정에 참가하게 되고 마오쩌둥이 대장정 도중에 열린 쭌이회의에서 당권을 잡게 되면서 덩샤오핑 역시 복권이 되었다. 덩샤오핑은 2차 세계대전이 끝나던 해인 1945년에는 중국 공산당의 정치위원으로 활동하였다. 특히 1946년부터 1949년 마지막 국공내전 시기에는 시난지방, 즉 쓰촨 · 구이저우 · 윈난 · 시짱을 다스리는 제1서기가 되었다. 이후 정무원 부총리, 재정부장, 당 정치국 상무위원 겸 중앙서기처 총서기, 중소 회담 중국 대표단장직을 맡았다.

1957년 덩샤오핑은 반우파 투쟁에서 마오쩌둥을 공식적으로 지원하여 중국 공산당 비서장이 되었고 이에 국가의 일상 업무를 관장하게 되었다. 그러나 1958년 대약진 운동의 극좌적 노선이 실패로 돌아감에 따라 마오쩌둥이 권력에서 물러나게 되고 이에 실용주의 노선을 주장하는 류샤오치와 덩샤오핑이 권력의 전면에 나서게 된다. 이들의 이러한 실용주의적인 움직임은 마오쩌둥 자신으로하여금 권력에서 소외될지 모른다는 걱정에 놓이게 하였다. 결과적으로 이는 권력의 누수를 걱정한 마오쩌둥에 의해 문화대혁명이 발발하는 계기가 된다. 이로써 덩샤오핑은 두 번째 실각을 맛보고 당직에서 은퇴하게 된다. 이후 그는 1974년 저우언라이에 의해 다시 복권되고 중화인민지원군의 총참모장이 되지만 1976년 재차 실각되는 비운에 울게 된다. 결국 1976년 저우언라이와 마오쩌둥이 차례로 세상을 떠나게 되자 그는 장칭을 비롯한 마오쩌둥의 추종자들과 한판 권력투쟁을 벌이게 되고 마침내 1978년 최고 권력을 획득하게 된다.

덩샤오핑은 집권과 더불어 서방과의 관계를 개선하였다. 1979년 미국을 방문하였고 이에 미국의 카터 대통령은 마침내 유엔 안전보장이사회에서 중화인민공화국을 유일한 합법 정부로 인정하게 된다. 또한 개혁개방 정책과 일국양제(一國兩制) 정책을 차례로 추진하면서 중국의 현대화와 국가통일의 기반을 마련하였다.

덩샤오핑은 중국 공산당 2세대 핵심 지도자로서 중국 사회주의 개혁개방과 현대화 건설의 총설계자이자 덩샤오핑 이론의 주창자이다. 그가 주장한 개혁개방과 일국양제의 정책이념은 20세기 후반의 중국의 면모를 완전히 일신시켰으며, 전 세계에도 많은 영향을 미쳤다. 이런 연유로 미국의 「타임지」는 1978년과 1985년 두 차례에 걸쳐 덩샤오핑을 올해의 인물로 선정한 바 있다.

2. 덩샤오핑의 개혁개방 사상

개혁개방이란?

개혁개방이란 1978년 12월 중공 제11기 3중 전회를 통해 중국이 실시를 결의한 대내 개혁과 대외 개방 정책을 의미한다. 중국의 대내 개혁은 먼저 농촌부터 진행되었다. 1978년 11월 안후이성 펑양센(鳳陽縣) 샤오강춘(小崗村)에서 농촌가정 책임 생산제를 실시함으로써 대내 개혁의 서막이 올랐고, 대외 개방은 중국의 기본 국책으로서 중국 국제투자신탁공사(CITIC)를 설립하고 경제특구와 경제기술개발구 설치를 통해 화교나 구미자본을 유치하기 시작하면서 본격화되었다.

덩샤오핑의 개혁개방을 이해하기 위해서는 몇 가지 핵심개념을 이해할 필요가 있다. 덩샤오핑 사상의 핵심 키워드를 통해서 개혁개방 정책을 이해해보도록 하자.

1) 흑묘백묘론(黑猫白描論)

원래 흑묘백묘라는 말은 "부관흑묘백묘, 착도로서, 취시호묘(不管黑猫白猫, 捉到老鼠, 就是好猫)"의 줄임말이다. 그 뜻은 검은 고양이든 흰 고양이든

쥐를 잡는 고양이가 좋은 고양이라는 뜻이다. 중국의 개혁과 개방을 이끈 덩샤오핑이 1979년 미국을 방문하고 자본주의의 발전상을 직접 목도한 뒤 돌아와 이 같은 주장을 하면서 유명해진 말이 바로 흑묘백묘론이라고 한다. 즉 고양이 색깔이 검은색이면 어떻고 흰색이면 어떠하랴? 고양이는 쥐만 잘 잡으면 그놈이 최고이듯이, 자본주의든 공산주의든 제도에 상관없이 중국 인민을 잘살게 하면 그것이 최고라는 주장이다. 흑묘백묘론은 부유해질 수 있는 사람부터 먼저 부유해지라는 뜻의 선부론(先富論)과 함께 덩샤오핑의 경제정책을 가장 잘 대변하는 용어이다. 그 뒤 흑묘백묘론은 1980년대 중국식 시장경제를 대표하는 용어로 자리잡았고, 덩샤오핑의 이러한 개혁개방 정책에 힘입어 중국은 비약적인 경제발전을 거듭하였다.

2) 실사구시론(實事求是論)

1976년 마오쩌둥이 사망하면서 중국 내부는 덩샤오핑을 중심으로 하는 실사구시파와 화궈펑(華國鋒)을 중심으로 하는 범시론파의 이념 논쟁이 벌어졌다. 화궈펑을 중심으로 하는 무리들은 범시론(凡是論), 즉 마오쩌둥의 말이라면 무조건 옳다는 논리를 펼친 반면에 덩샤오핑을 중심으로 하는 실사구시파는 이론이 실제를 검증하는 도구로서의 의미를 강조하였다.

이 와중에 1978년 4월 광밍르바오(光明日報)에 '실천은 일체의 진리를 검증하는 표준이다'라는 글이 실렸다. 이 글을 본 공산당 중앙당교(中央黨校)의 이론연구실은 '실천은 진리를 검증하는 유일한 표준이다'로 제목을 바꾸고 당교 기관지에 광밍르바오의 글을 게재했다. 이어 여러 매체가 이를 추종 보도했다. 의미는 간단했다. 이론은 실천에 의해서만 검증받을 수 있다는 말이다. 다시 말해 이론은 실천에 의해서만 검증될 뿐 기존에 진리라고 여겨진 것이 이론이 될 수 없다는 것이다. 이 글은 어떤 책이나 경전, 누구의 말을 무조건 옳다고 떠받드는 것은 올바른 견해가 아니라는 비판이 숨어 있었다. 이때부터 실천과 경험을 바탕으로 하는 실용주의 노선이 중국 사회의 주류로 자리 잡기 시작하였다.

3) 선부론(先富論)

선부론은 1985년부터 덩샤오핑이 주창한 개혁개방의 기본 원칙이다. 그 내용은 "능력 있는 사람부터 먼저 부자가 되어라. 그리고 낙오된 사람을 도와라"라는 것이다. 즉 중국은 국토 면적이 크고, 인구가 많으며, 지역에 따른 발전조건이 너무도 상이한 관계로 동시에 경제적 발전을 똑같은 규모와 속도로 진행하기는 어렵기 때문에 상대적으로 개발이 쉬운 동남연해 지역부터 개발한 뒤에 이 지역의 성공적인 경험을 점차 내륙지역으로 옮기겠다는 주장이다.

선부론은 덩샤오핑의 예상대로 동부 연해지역의 비약적인 경제발전을 가져왔다. 현재 중국의 1선 도시로 평가 받는 베이징·상하이·광저우의 경우 1인당 GDP 규모가 2만 달러에 접근하는 것으로 알려져 있다. 그러나 동남연해 지역은 예상보다 좋은 경제적 성과를 얻었지만, 내륙의 발전은 정체를 거듭했다. 이에 1990년대 이후 중국 사회의 지역 간, 사회 간 불평등 현상은 더욱 심해졌고 경제개발에서 소외된 내륙 사람들의 상대적 박탈감은 더욱더 심해져갔다. 이에 후진타오 정부는 성장보다는 분배에 초점을 맞추고 조화세계론을 내세우는 등 안간힘을 썼지만 결과는 결코 이상적이지 않았다. 서부 대개발 등의 정책은 빈부 격차를 해소하기보다는 빈곤 탈출 정도의 효과만 있었으며 지역 격차는 더욱 심화되고 있다. 특히 도시와 농촌의 소득 격차는 가장 심각한 고민거리를 던지고 있다.

4) 경제특구론(經濟特區論)

개혁개방은 말 그대로 대내적으로는 제도개혁을 통하여 대외적으로는 개방을 통해서 중국 경제를 도약 시키겠다는 구상이다. 그리고 개방의 가장 큰 핵심은 바로 외자도입이다. 중국은 외자도입을 위해 1979년 후반 광둥성의 선전(深圳), 주하이(珠海), 산터우(汕頭) 그리고 푸젠성의 샤먼(廈門)에 경제특구를 설치하였다. 이들 경제특구 안에서는 시장경제가 주가 되고 자본주의적 요소가 유입되었다. 특구의 성격은 행정적으로는 사회주의, 경제적으로는 자본주의의 형식을 차용한다. 1984년에는 다롄, 칭다오, 광저우 등 연안 14개 도시가 특구와 같은 연안개방도시로 지정되었다. 이어 1985년 쑤저우, 우시(無錫), 창저우(常州), 포산(佛山) 등의 11개 도시와 주변 농촌지역이 연안경제개방구로 지정되었고, 1986년에는 장쑤성 쉬저우(徐州)를 중심으로 산둥성, 허난성, 안후이성을 포함하는 준해경제특구(准海經濟特區)가 설치되었다. 그리고 1988년 하이난 섬을 하이난성으로 승격시켜 대외 개방 경제정책을 섬 전체에 실시하였으며, 1989년에는 선전에 입법권을 부여하기도 하였다. 또한 1990년 경제특구에서 외국기업의 토지사용권 취득이 공식으로 인정되었다. 2010년 신장위구르자치구의 카스(喀什)까지 포함하여 모두 6개의 경제특구가 설치되어 있다.

5) 사회주의 초급단계론(社會主義 初級段階論)

사회주의 초급단계론은 중국은 이미 사회주의적인 생산관계를 갖고 있지만 생산력의 수준은 극히 뒤떨어진 사회주의 초급단계에 있기 때문에 이 단계에서 가장 핵심적인 과제는 생산력의 발전에 있다는 이론이다. 따라서 생산력의 발전, 즉 경제건설을 저해하는 모든 제도적 요소는 과감하게 개혁해야 하며 개혁의 내용으로 자본주의 여러 제도를 도입할 수 있다는 것이다.

개혁·개방 방침을 확정한 제11기 3중 전회에서 처음 나온 이 이론은 1987년 10월 전인대회에서 당시 덩샤오핑의 심복이던 자오쯔양(趙紫陽) 총서기가 보고를 통해 본격 제기하고, 1992년 10월 장쩌민 총서기 역시 이 부분을 강조함으로써 중국 개혁개방 정책의 핵심이론으로 부상하였다. 1992년 10월에 거행된 전인대회 정치보고에서 장쩌민 당시 총서기는 생산력 발전을 우선으로 경제건설을 중심으로 삼아야 하며 각 부문에서 업무의 옳고 그름을 ① 생산력 발전, ② 종합국력 증강, ③ 인민의 생활수준 향상 등 3가지에 유리한지의 여부로 판단해야 한다고 주장했다. 장쩌민 총서기는 중국이 장기간 처해 있는 사회주의 초급단계에서는 나날이 증가하는 인민들의 물질문화 욕구와 낙후한 사회생산 간의 모순이 크기 때문에 사회생산력 발전에 힘을 집중해야 한다는 점을 강조하였다.

6) 사회주의 시장경제론(社會主義 市場經濟論)

사회주의 초급단계론에 이어 덩샤오핑의 개혁개방을 뒷받침하는 이론이 바로 사회주의 시장경제론이다. 즉 중국은 지금 사회주의 초급단계로 이러한 사회주의 초급단계에서는 일반적인 사회주의 이론을 구현할 수 없기 때문에 부득이하게 자본주의적 요소들, 즉 시장 메커니즘을 도입할 수밖에 없다는 것이 사회주의 시장경제론의 핵심이다. 개혁개방 초기에 덩샤오핑을 중심으로 한 개혁파들은 현 사회주의 단계에서 중국이 당면한 최대의 문제는 생산력 발전이라고 전제한 뒤 생산력 증강에 기여할 수 있는 것만이 진정한 마르크시즘이라고 강조했다. 이에 따라 생산력 증강과 경제발전을 위해서는 자본주의와 시장경제적 요소도 적극적으로 수용할 수 있다는 논리가 수용되었다.

경제발전과 현대화를 추진하는 과정에서 시장의 기능을 도입해 기존의 계획경제체제를 개혁하기 위해 개혁파들은 1980년대에 사회주의 초급단계론과 사회주의 시장경제론을 제시하였다. 이후 사회주의 시장경제론은 1992년 공산당의 정식 강령으로 채택됐다. 사회주의 시장경제론을 한마디로 요약하면 정치는 사회주의인데 경제는 자본주의라는 것이다.

3. 개혁개방의 발전 과정

1) 개혁개방의 시작

개혁개방은 중화인민공화국의 덩샤오핑의 지도 체제 아래 1978년 12월에 개최된 중국 공산당 제11기 중앙위원회 제3회 전체회의에서 제안되고 난 후 시작된 중국 국내 체제의 개혁 및 대외 개방정책을 말한다. 덩샤오핑은 "가난한 것은 사회주의가 아니다"라고 말하고 그 무엇보다 민생을 안정시키는 데 자신의 모든 역량을 다 바쳤다. 이에 정치적으로 사회주의 체제를 경제적으로는 자본주의 체제를 수행하는 중국 특유의 정치경제 제도가 구축되었다.

2) 농촌개혁과 도시개혁

개혁은 11기 3중 전회(三中全會) 이후 농촌에서 먼저 시작되었다. 중국의 농촌은 공산화 이후 토지개혁과 합작화 운동을 거치면서 비록 매우 큰 변화가 일어났지만, 이후의 경제체제와 경제정책은 갈수록 농촌경제의 발전에 부응하지 못했다. 기존의 농촌에는 다음과 같은 문제가 있었다. 즉 인민공사(人民公社)가 일대이공(一大二公, 공유제가 순수할수록 그리고 공유제의 범위가 클수록 좋다라는 입장)을 강조하여 인민공사를 정부와 경제조직인 공사(公社)로 분리하지 않았고, 관리에 너무 융통성이 없었기에 농촌경제가 경제원리에 따라 운행되지 못하였다. 또한 생산의 집체화를 지나치게 강조하여 경영과 독립채산단위가 지나치게 커져 농민의 생산 의욕을 충분히 고취시킬 수 없었다. 1978년 이후 기존의 농촌 경제체제 중의 폐단에 대하여 국가에서는 일련의 새로운 농업정책을 연속적으로 공포함으로써 과감한 개혁을 단행하였다.

상하이의 동방명주 야경

중국에서 개혁이 농촌부터 시작된

또 다른 이유는 기득권 계층의 극렬한 저항이었다. 기존 국영기업을 포함한 공산당 내부의 격렬한 저항에 마주한 덩샤오핑은 우선적으로 농촌으로부터의 개혁을 주도한다. 초기 농촌개혁의 핵심은 잉여생산물의 자유판매였다. 농민들은 국가가 지정한 양의 곡식 이외의 잉여생산물을 자유롭게 처분할 수 있게 되었고, 이에 노동 의욕이 폭발적으로 증가하면서 농촌 생산력이 폭발적으로 증가하게 되었다.

초기 농촌에서의 성공적인 개혁에 힘입어 덩샤오핑은 1984년부터 개혁과 개방의 범위를 도시 특히 연해도시로 확대한다. 도시 지역에서는 외자의 적극 유치가 장려되어 광둥성의 선전, 푸젠성의 샤먼 등에 경제특구가 상하이, 톈진, 광저우, 다롄 등의 연안 도시에 경제기술개발구가 설치되었다. 또한 화교나 구미 자본을 적극적으로 도입하는 하는 한편 기업의 경영자주권의 확대 등의 경제체제 개혁을 진행하면서 중국 경제의 고속성장의 신화가 본격적으로 시작되었다.

3) 톈안먼 사건과 남순강화(南巡講話)

톈안먼(天安門) 사건

① 톈안먼 사건의 배경

어느 나라든지 마찬가지이겠지만 개혁개방으로 인한 경제수준의 향상은 마침내 국민들의 정치적 참여에 대한 요구로 확대되게 된다. 톈안먼 사건은 1989년 6월 4일 중국 공산당 서기였던 후야오방(胡耀邦)의 사망을 계기로 톈안먼 광장에 모인 학생과 시민들의 민주화 시위를 중국 정부가 무력으로 진압한 사건을 말한다. 중국 공안부는 1990년 7월 10일 제5차 국무원 보고를 통해 민간인 사망자는 875명, 민간인 부상자는 약 1만 4550명이 발생하였으며, 군인은 56명이 사망하고 7525명 가량의 부상자가 발생하였다고 정식 발표하였다.

그렇다면 톈안먼 사건이 발생하게 된 이유는 무엇일까? 덩샤오핑은 개혁개방을 추진하면서 중국 공산당 내 개혁파들인 후야오방과 자오쯔양을 자신의 후계자로 정하고 그들을 정치적으로 후원하였다. 그러나 1982년 공산당 총서기에 취임한 후야오방은 덩샤오핑의 기대와 달리 ① 사상 해방, ② 언론 자유, ③ 개인 자유의 신장, ④ 법치주의, ⑤ 당내 민주화 등 과감한 정치 개혁을 추진하였다. 이러한 정치 개혁은 당내 보수파들의 반발을 불러 일으켰고, 결국 후야오방은 공산당 총서기직에 물러나야 했다. 그런데 1989년 후야오방이 사망하자 그를 추모하던 베이징의 대학생과 시민들이 그의 사망을 계기로 보다 광범위한 개혁과 민주화를 요구하면서 톈안먼 사건의 빌미가 되었다. 중국의 시위 사태가 후야오방의 사망을 계기로 시작되었다고는 하나 보다 근본적인 원인은 덩샤오핑을 중심으로 한 실용주의파가 집권하면서부터 추진해온 개혁개방 정책이 중국인의 생활수준 향상과 더불어 각종 정치, 경제적 부작용도 양산함에 따라 정부에 대한 불만이 누적 되었기 때문이라 할 수 있다. 그 불만은 중국 공산당에 대한 비판으로 이어졌고, 후야오방의 정치 개혁 노선은 많은 이들의 공감을 얻었다. 덩샤오핑은 경제 개혁을 통해서 중국의 근대화와 강대국 도약을 추진하였지만 정작 정치 개혁을 할 의사는 없었던 것이다. 그래서 일반적으로 덩샤오핑을 정치적으로는 사회주의자, 경제적으로는 자본주의자라고 평가하곤 한다.

베이징의 톈안먼

② 톈안먼 사건의 결과 및 영향

톈안먼 사건은 민주화 시위에 대한 군의 무력 진압으로 빚어진 사건이지만 중국의 개혁개방 정책 시행 후 누적된 문제점이 폭발된 것이라고 할 수 있다. 즉 1978년 이후 10년 동안 개혁개방 정책으로 경제 생활은 나아졌지만 대신 특권층의 부패가 만연하여 인민들의 불만이 급증하였다. 더욱이 경제 과열로 인한 인플레와 소득 격차에서 오는 불만감 등으로 인해 급기야 정치 개혁을 요구하는 민주화 시위로 발전하였다.

6·4 톈안먼 사건 이후 중국 당국은 세계 여론의 빗발치는 비난과 경제제재 조치에도 불구하고 반대자들에 대한 체포와 숙청을 단행하였다. 중국 공산당은 6월 23일부터 이틀간 제13기 4중전회를 열고 자오쯔양 지지 세력을 제거하는 권력 개편을 단행하였다. 이에 장쩌민이 자오쯔양의 뒤를 이어 신

임 총서기에 선출되었고 장쩌민과 리펑 체제가 정식으로 출범하였다.

남순강화(南巡講話)

남순강화는 1992년 1월 말부터 2월 초까지 덩샤오핑이 톈안먼 사태 이후 중국 지도부의 보수적 분위기를 타파하기 위해 상하이, 선전, 주하이 등 남방 경제특구를 순시하면서 더욱더 개혁과 개방을 확대할 것을 주장한 담화(談話)이다. 이 담화는 1989~91년 기간 중 서구의 중국 정부에 대한 자본동결과 금수정책 및 중국 정부가 실시한 긴축정책으로 경제가 경색되자 다시 한 번 개혁과 개방으로 경제 활성화를 이루고자 하는 내용이다. 남순강화를 통해 덩샤오핑은 톈안먼 사태로 샤오캉 국면에 접어든 개혁개방에 다시 박차를 가했다. 1992년 덩샤오핑은 톈안먼 사태 이후 발언권이 커진 보수파들을 견제하기 위해 88세의 노구를 이끌고 남부지방 순시에 나섰다.

그는 1992년 설날인 1월 20일부터 21일까지 선전과 주하이 경제특구를

덩샤오핑 1992년 남순강화 경로 (출처: http://news.donga.com/View?gid=43449839&date=20120119/)

방문하고 이렇게 말했다. "개혁개방 정책을 수행할 때 우리가 우려해야 할 것은 다급함이 아니라 주저함이다. 국가는 이 정책이 필요하고 인민은 이것을 좋아한다. 누구든 개혁개방 정책에 반대하는 자는 바로 물러나야 한다."

덩샤오핑의 남순강화는 전 세계를 향해 중국은 개혁개방을 결코 포기하지 않을 것이며, 대외 개방을 통해 지속적인 성장을 원한다는 메시지를 던졌다. 이후 중국의 경제는 또 다시 고속성장 궤도에 진입했다. 1989년 8.4퍼센트, 1990년 3.8퍼센트까지 떨어진 성장률이 1992년 12.5퍼센트, 1993년 13.8퍼센트로 급등했다. 톈안먼 사태 당시 마오보다 더한 독재자라는 비난을 받은 덩샤오핑은 다시금 중국 경제의 아버지로 금의환향하였다.

4) 선부론의 한계와 균부론의 부상

앞서 언급한 바와 같이 선부론은 개혁개방이 본격적으로 진행되던 1985년 덩샤오핑이 주창한 개혁개방의 기본원칙을 말한다. 즉 중국과 같은 커다란 나라를 일시에 똑같이 발전시킬 수 없으니 능력이 되는 사람부터 조건이 되는 연해지방 도시부터 발전시켜 먼저 부자가 되자는 주장이다. 선부론은 평균주의 대신 엘리트주의를 내세워 중국 사회의 신속하고도 압축적인 성장이 가능하게 하였다. 이에 반해 균부론이란 선부론의 기치하에 20여 년간 고속성장을 거듭한 중국 내부 연해도시와 내륙 간의 소득격차가 커지면서 발생한 사회 불안정 요인을 해결하기 위하여 지역 간 계층 간 균형된 발전을 강조하는 후진타오 정부의 발전전략이다. 2002년 균부론은 중국 정부의 공식 정책이 되었고 이를 실현하기 위해 서부 대개발과 같은 국가정책이 본격적으로 실시되고 있다. 실제로 최근 중국의 지니계수(경제적 불평등 지수)

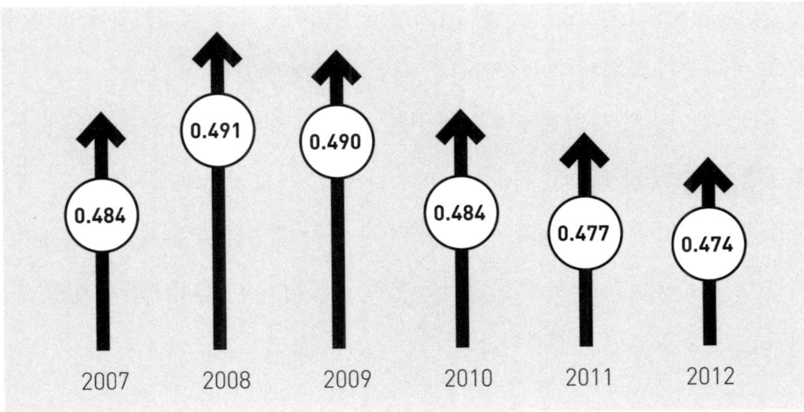

중국의 지니계수 추이 (출처: http://www.etoday.co.kr/news/)

는 미국보다 더 심한 것으로 조사됐다. 2006년 중국의 지니계수는 통상적으로 위험을 경고하는 수준인 0.4를 훨씬 상회하는 0.496으로, 이는 미국의 0.48보다 더 높은 수준이다. 빈부격차로 인한 위화감은 공산당 정권을 붕괴시킬 수 있는 폭발력을 가지고 있다. 그래서 중국 공산당은 먼저 잘살고 보자라는 선부론에서 골고루 잘살자라는 균부론으로 입장을 급격히 선회하였다. 성장이 아닌 분배가 중국 경제의 화두가 된 것이다.

5) 조화세계론(和解世界論)

사회주의 조화사회는 후진타오 정부 1기가 들어선 이후 중국 공산당이 2004년 제기한 일종의 사회발전 전략목표이다. 여기서 조화사회가 의미하는 것은 각계 각층이 화목하고 융화하여 서로 협력하는 사회 상태를 말한다. 2004년 9월 19일 중공 중앙 제16기 중앙위원회 4차 전체회의에서 정식으로 사회주의 조화세계 건설이라는 개념이 제기되었다.

중국이 이렇게 조화세계론을 제시한 것은 내부적으로는 선부론에 의한 지역별, 계층별 불평등 문제를 더 이상 좌시할 수 없었기 때문이다. 외부적으로는 중국의 부상에 따라 서구에서부터 중국 위협론이 본격적으로 제시되는 마당에 중국은 평화적인 발전을 통해 전세계 국가들과 조화를 이룰 수 있다는 입장을 표명한 것이다.

6) 원바오(溫飽), 샤오캉(小康), 다퉁(大同)사회

1979년 12월 6일 덩샤오핑은 일본 수상 오히라(大平正芳)의 방문 때 중국 사회의 삼단계 발전전략(三步走)을 제시하였다. 즉 중국 정부가 중국 사회의 향후 발전 방향을 중국 국민이 먹고 사는 기본 문제를 해결하는 수준인 원바오사회, 중간 단계인 기본적인 걱정이 없는 생활수준인 샤오캉사회를 거쳐, 마지막으로 다퉁사회 건설로 제시한 것이다. 현재 중국 정부는 스스로 원바오사회 목표는 기본적으로 도달하였고, 이에 샤오캉사회를 2020년까지 실현하겠다는 목표를 가지고 있다. 그리고 마지막 목표로 삼고 있는 다퉁사회(완벽한 평등, 안락, 평화가 있는 사회) 건설은 2050년까지 달성하겠다고 공언하였다.

여기서 원바오란 배부르고 등 따신 것을 의미하여 기본적인 의식주가 해결되는 사회를 의미한다. 샤오캉은 예기 예운(禮運)편에서 유래하는데, 작은 편안함을 의미한다. 공자는 샤오캉 사회는 사사로운 가족 단위로 행동하기 때문에 사회가 어지러워질 가능성이 있고, 천자와 제후들이 당연히 세습을 하는 관계로 다퉁(大同) 사회보다 뒤떨어진 단계로 설명하고 있다. 즉 유가의 가장 이상적인 다퉁세계보다 아래 수준의 사회로 의식주 걱정하지 않는 물질적으로 안락한 사회, 비교적 잘사는 중류, 중산층 사회를 의미한다. 이에 반해 다퉁은 말 그대로 완벽히 평등한 모두가 다 잘 먹고 잘 사는 계급이 없는 사회를 의미한다.

제7부

중국의 민족자본가

07 민족자본가와 중국 토종기업가 쭝칭허우 와하하 그룹 회장

우리는 1979년 시작된 중국의 개혁개방 정책의 구체적 진행 과정에 대해 얼마나 알고 있을까? 마오쩌둥 시대 중국의 폐쇄성과 문화대혁명의 영향으로 개혁개방을 시작하던 1979년 중국은 세계에서 가장 낙후한 국가 중의 하나였다. 덩샤오핑이 개혁개방을 외쳤지만 대내적으로는 수 십 년에 걸친 기득권 세력의 저항으로 대외적으로는 국제사회의 중국의 개혁개방에 대한 의심의 눈초리가 사라지지 않았기 때문에 초창기 개혁개방은 순조롭게 진행되지 못하였다. 이에 덩샤오핑은 개혁개방의 성공적인 추진을 위하여 다음의 네 가지 전략을 구사하게 된다.

첫째, 자본주의 경험이 있는 민족자본가에게 대외교섭과 해외자본 유치의 역할을 맡겼다.

둘째, 기존 관료 중 경험과 능력이 있는 사람들에게 창업과 기존 국유기업을 경영할 수 있는 기회를 본격적으로 제공하였다.

셋째, 적극적인 해외 인재 유치 전략을 통해 수 많은 인재를 확보하였다.

넷째, 방대한 해외 화교 네트워크를 통해 초기 개방에 필요한 자본과 경험을 수혈하였다.

이번 장에서는 개혁개방 과정에서 중국에서 민족자본가가 차지하는 독특한 위치와 역할을 살펴볼 것이다. 또한 중국의 대표적인 토종 기업가 쭝칭허우 회장의 특유의 경영비법을 이해하는 과정을 통해 와하하 그룹의 성공 노하우를 체득할 기회를 가져보자.

1. 민족자본가의 개념과 역할

1) 민족자본가의 개념

중국에서 민족자본가의 지위와 역할은 참으로 절묘하다. 먼저 민족자본가란 중국에서 국내의 관료나 국제 자본가와 결탁하지 않고 민족의 독립과 해방을 지지한 자본가를 의미한다. 이들은 서구 제국주의 국가와 직간접적으로 경쟁하며, 민족적 책임감을 가진 기업인이며 중국에 뿌리를 둔 토착기업인이다.

2) 대표적인 민족자본가 룽이런과 그의 역할

대표적인 민족자본가로는 룽이런 일가를 들 수 있다. 룽이런은 중국 근현대사의 풍랑을 모두 인내하고 결국엔 덩샤오핑의 개혁개방이 실질적인 성공에 이르도록 이끈 주역으로 꼽히고 있다.

룽씨 집안은 룽이런을 대표로 하는 중국의 민족자본가 가문이다. 그들은 기업활동을 통해 나라의 번영과 발전 그리고 외세에 대한 항거에 일조하였다. 룽쭝징(荣宗敬)과 룽더셩(荣德生) 형제가 만든 기업은 중국 민족기업의 시조로 평가 받고 있다. 이 두 형제는 중국의 해방 이전에 밀가루 대왕, 면사 대왕으로 불리었다. 1914년부터 1922년까지 룽씨 집안의 밀가루 공장에서 생산한 밀가루양은 전국 생산량의 29퍼센트를 차지하였다. 룽이런은 이 와중인 1916년 장쑤 우시에서 태어났다. 이후 일본과의 항전시기가 되면서 룽씨 집안의 밀가루 공장은 모두 14곳으로 증가하게 되고, 방직공장은 9곳으로 늘게 된다. 1949년 신중국 성립시기를 전후해서 룽씨 집안의 다른 형제들은 국민당 정부와의 마찰과 공산당에 대한 확신이 없는 가운데 브라질과 홍콩 등으로 이주를 하게 되지만 룽더셩과 룽이런 부자는 우리가 잘못한 것이 없는데 고향을 떠날 이유가 무엇인가? 라고 하며 사회주의 중국 땅에 남게 된다. 신중국 역시 이러한 민족자본가를 연합의 대상으로 삼았다. 특히, 신중국 성립 초기 국가는 대출과 원료 등을 제공하며 룽씨 집안의 기업을 위해 적극적으로 지원을 해주었고 룽씨 집안의 공산당에 대한 믿음도 깊어갔다. 이에 1954년 룽이런은 상하이 정부에 그의 재산을 공사합영(公私合營)하겠다고 제안하게 되고 이에 대해 중국 정부는 홍색자본가라는 명예로운 호칭을 수여하게 된다. 이후 룽이런은 1957년에 상하이 시 부시장을 역임하는 등 승승장구하였으나 1960년대 중반에 광풍처럼 불어닥친 문화대혁명의 파고를 넘지는 못하였다. 자본가 출신의 태생적 한계로 인해 그는 문

룽이런

(출처: http://thumb.mt.co.kr/06/2005/10/2005102713361231949_1.jpg)

화대혁명 기간 동안 자본주의를 대표하는 인물로 낙인찍혀 갖은 고초를 겪게 되었다. 이러한 인고의 세월은 1978년 덩샤오핑이 정권을 잡게 됨으로써 전기를 마련하게 된다.

덩샤오핑은 개혁개방 정책의 핵심인 외국자본 투자유치를 위해서 대표적인 민족자본가 출신인 룽이런을 1979년 중국 국제신탁(CITIC) 대표로 초빙하였다. 당시 중국은 해외의 투자가 시급한 상황이었지만 어느 누구도 선뜻 중국에 대한 투자를 쉽게 결정하지 못한 상황에서 룽이런이 해외투자 유치라는 크나큰 임무를 맡게 된 것이다. 그는 1980년 CITIC 설립 1년 만에 홍콩과 타이완을 비롯한 세계 40여 개국 4000여 명의 투자자를 모으는 데 성공했다. 또한 1982년 중국의 화학섬유 산업이 위기에 처하자 일본에서 100억엔 채권발행에 성공하기도 한다. 훗날 덩샤오핑은 특별히 "룽씨 집안은 중국의 민족공업 발전을 위해 크나큰 공헌을 세웠다"라고 그 공을 치하하기도 하였다. 이러한 그의 공로는 1993년 중화인민공화국 부주석의 자리에 오름으로써 재평가되었다.

룽이런 일가는 전 중국인이 존경하는 가장 모범적이고 전형적인 자본가 가문으로 꼽힌다. 그와 그의 가족은 청렴하였고 대를 위해 소를 희생할 줄 아는 용기가 있었다. 그의 평생 신조인 "높은 곳을 지향하되 낮은 곳에 앉으며 넓은 곳을 향하라"라는 말은 여전히 아직까지 우리에게 큰 울림으로 남아 있다.

2. 중국 토종기업가 대표 - 와하하 그룹 쭝칭허우

1) 와하하 그룹과 쭝칭허우 회장

중국어로 어린이의 웃음소리를 본뜬 와하하 회사명

중국을 대표하는 국민 식음료 회사 와하하(娃哈哈) 그룹은 1987년 당시 42세의 쭝칭허우(宗慶後)가 퇴직교사 두 명과 함께 은행에서 14만 위안을 대출받아 아이스크림과 학용품을 판매 배달하는 학교 매점을 열면서부터 시작 되었다. 와하하라는 회사명은 중국어로 어린이의 웃음소리를 본 따 만든 것이다. 와하하 그룹은 13억 거대 인구의 중국 소비시장에서 2013년 기준으로 783억 위안(한화 13조 원 상당) 매출을 올리는 중국 최대의 식음료 업체이자 세계 5대 음료업체이다.

쭝칭허우 와하하 그룹 회장은 1945년 중국 장쑤성 쑤첸시(宿遷市)에서 태어나 중학교를 마친 후 염전에서 소금을 채취하며 사회생활을 시작하였다. 이후 문화대혁명 시기에는 농촌에서 하방 활동을 하였고 개혁개방이 시작된 1979년 고향으로 돌아와 박스 공장에서 영업사원 일을 하면서 근근이 생활하였다. 1980년대 말 그의 어머니가 초등학교에서 퇴임을 하게 되자 그는 어머니를 대신하여 학교에 일자리를 얻게 되고 학교 매점을 열어 아이스

와하하 그룹 회장 쭝칭허우

(출처: http://cfile201.uf.daum.net/320x0/1610D54150A6824E0A37BA)

크림과 학용품을 판매, 배달하기 시작하면서 와하하 그룹이 시작되게 된다.

2) 쭝칭허우 회장의 성공 경영비법

쭝칭허우 회장의 성공 경영비법은 크게 세 가지로 나누어 볼 수 있다.

첫째, 더도 말고 덜도 말고 반걸음만 앞서가라.(領先半步) 먼저 그는 학생들을 대상으로 실시한 설문조사에서 간식을 먹느라 밥을 잘 먹지 않는 도시 아이들이 많아졌다는 점을 파악하고, 저장대 의과대학에 의뢰하여 중국 한방 약재를 위주로 어린이용 건강음료 개발에 착수했다. 쭝칭허우는 부모들이 이 세상에 하나밖에 없는 자녀들을 위해 아낌없이 지갑을 열 것으로 보았다. 당시 중국은 1980년부터 실시한 한 가구 한 자녀 정책을 통해 소황제(小皇帝)라고 불릴 만큼 아이에 대한 관심과 사랑이 높아지고 있었다. 그리고 건강음료를 생산하는 업체는 많으나, 어린이용 건강음료를 내놓은 업체는 단 하나도 없다는 점에서 그는 성공을 확신했다. 자녀를 위해서라면 아낌없이 지갑을 열 것이고 그에 따라 어린이 관련 식품시장이 곧 성장하리라는 그의 예상은 곧 빛을 발했다. 그의 예상대로 목표 시장을 어린이로 특화한 어린이 식욕 증진 음료는 공전의 히트를 쳤다.

"남들 뒤를 쫓아가서는 사업에서 성공할 수 없지만 그렇다고 너무 앞서 나가도 소비자로부터 외면당할 수 있다. 경쟁자보다 반걸음만 앞서나가면 성공할 가능성이 높다." 이것이 바로 쭝칭허우 회장의 첫 번째 사업성공 비결이다.

둘째, 남들이 따라 올 수 없는 자신만의 유통망을 확보하라. 와하하는 성(省)마다 있는 자회사가 1급 도매상에 제품을 직접 공급하고, 이를 다시

1급 도매상 → 2급 도매상 → 소매상의 수직구조로 세분화하여 중국 전역에 100만 개의 판매 네트워크를 촘촘하게 만드는데 성공하였다. 그리고 중간 도매상의 역할을 강조하여 본사가 도매상으로부터 미리 보증금을 받은 뒤 은행금리보다 높게 이자를 쳐서 상품을 공급하고 연말에는 판매수익의 일부를 나눠주는 방식으로 도매상들의 판매성과에 대해 충분히 보상하였다. 오늘날의 와하하를 있게 한 제품은 바로 와하하 순정수와 페이창 콜라이다. 앞에서 언급한 유통망 건설을 통해 와하하 순정수는 중국 내 매출 상위권으로 단숨에 올랐으며, 이후 개발된 페이창 콜라는 기존의 코카콜라와 펩시콜라와는 전혀 다르게 자신들의 유통망을 적극적으로 활용하면서 중국 내 점유율이 폭발적으로 성장하게 된다.

셋째, 신토불이(身土不二) 메이드 인 차이나(Made in China)의 애국심을 자극하라. 와하하 그룹은 1998년 그룹의 주력시장인 생수시장 외에 탄산음료 시장에 진출하였다. 그리고 글로벌 브랜드가치 1위 기업인 코카콜라의 아성에 도전하여 새로운 성공신화를 썼다. 바로 페이창(非常) 콜라의 성공 신화이다. 와하하는 농촌부터 도시를 포위한다는 이른바 마오쩌둥의 혁명전략을 콜라 마케팅에 활용했다. 그리고 중국인 입맛에 맞춘 토종 브랜드라는 감성적인 면도 강조했다. 1998년 페이창 콜라의 시장 점유율은 3퍼센트에 불과했지만 1999년에는 10퍼센트를 넘어서고 코카콜라와 펩시콜라와 더불어 중국 탄산시장을 삼분화하게 되었다. 페이창 콜라의 성공은 앞선 언급한 자체 유통망을 적극적으로 활용한 점과 더불어 애국심 마케팅을 효과적으로 진행한 덕분이다. 페이창 콜라의 사례 외에도 와하하 그룹의 애국심 활용사례로는 다농과의 분쟁사례를 통해 알 수 있다. 실제 어린이 대상 식음료 전문기업이던 와하하가 중국 최대 음료기업으로 발돋움하게 된 계기는 1996년 에비앙 생수로 유명한 세계적 식품회사 다농과 합작을 하면서부터

다. 초기 쭝칭허우 회장은 중국 내 음료시장 진출을 위해 에비앙이라는 세계적인 브랜드를 보유한 다농과의 합작이 효과적이라고 판단하였다. 마침 다농그룹도 중국 진출을 적극적으로 모색하고 있어서 양사 간의 합자법인이 와하하라는 이름으로 시작되었다. 즉 다농그룹과의 합작항목에서만 와하하라는 상표를 쓰고 나머지 부분에서는 와하하 브랜드를 사용할 수 없었다. 그런데 2007년 쭝칭허우의 회사에서 비합작 분야에도 와하하 브랜드를 사용하면서부터 다농과의 갈등이 시작됐다. 결과는 예상 밖이었다. 먼저 계약을 어긴 쪽은 와하하였지만 중국 내 여론은 다농을 중국 기업을 쉽게 인수하려는 악덕 기업으로, 와하하 그룹의 쭝칭허우 회장은 다국적 기업에 부당하게 핍박 받는 중국 기업인으로 미화하였다. 바로 쭝칭허우 회장의 애국심을 기반으로 한 홍보전략이 효과를 발휘한 덕분이다. 다농그룹의 경우 재판이 끝까지 진행될 경우 승리할 가능성은 있었지만 이 과정을 통해 중국 소비자들에게 비쳐질 부정적인 이미지와 중국과 프랑스 간의 관계를 고려하여 결국에는 와하하 브랜드를 중국에 인도하고 만다. 이렇게 양국 간의 분쟁은 중국의 완승으로 대미를 장식하게 된다.

와하하의 대표 상품 페이창 콜라와 와하하 순정수

제8부

관료 출신 기업가

08 관료 출신 대표 기업가 레노버 그룹 류촨즈 회장과 하이얼 그룹 장루이민 회장

세계 생활가전 시장점유율 1위 업체는 어디일까? 삼성? LG? 월풀? 2012년 시장조사업체인 유로모니터의 발표에 따르면 바로 중국의 가전업체인 하이얼이 점유율 8.6퍼센트를 차지하여 LG전자의 5.5퍼센트, 월풀의 4.2퍼센트를 제치고 독보적인 1위를 기록하고 있다.

그렇다면 〈중국 최고 브랜드 가치 순위 연구 보고서〉 선정 13년 연속 브랜드 가치 1위 자리를 차지한 기업은 어디일까? 이에 대한 대답도 역시 하이얼로 하이얼은 2014년 1038억 위안의 브랜드 가치로 중국 최고의 브랜드 가치를 인정받았다. 2015년 비록 최고 브랜드 가치 기업의 자리를 텐센트에게 넘겨주었지만 그래도 하어얼은 세계 최대 생활가전 업체로서의 위상을 굳건히 하고 있다. 이번 장에서는 1980년대 개혁개방 초기 1세대 관료 출신 기업가를 대표하는 류촨즈 레노버 그룹 회장과 장루이민 하이얼 그룹 회장의 성공 비법에 대해 살펴보고자 한다.

1. 레노버 그룹 류촨즈 회장의 경영철학

1) 레노버 그룹과 류촨즈 회장

레노버 그룹 류촨즈(柳傳志) 회장은 1944년 4월 29일, 장쑤성 전장(鎭江)출신이다. 1966년 현재의 시안 전자과학기술 대학을 졸업하고 컴퓨터와 레이저 부문 연구원으로 활동하였다. 1984년 40세의 늦깍이로 국가 지원금 20만 위안으로 11명의 동료 직원들과 레노버(Lenovo) 그룹을 창업하여 2012년 레노버 그룹을 글로벌 PC 생산량 1위 기업으로 올려놓은 입지전적인 인물이다. 2000년 중국 국영방송인 CCTV는 올해의 경제인물로 그를 선정한 바 있으며, 그는 전 세계 25명의 영향력 있는 비즈니스 인물로도 선정되었다. 그가 평생을 바쳐 일군 레노버 그룹은 2012년 3분기 1377만 대의 PC를 출하하여 시장점유율 15.7퍼센트를 기록해 기존의 세계 최대 PC 메이커인 HP를 0.2퍼센트 차이로 따돌리고 글로벌 1위 기업으로 올라섰다.

레노버 그룹 류촨즈 회장 (출처: http://www.asiae.co.kr)

레노버 그룹은 1984년 롄샹(聯想, 레전드 Legend)이라는 이름으로 출발하였다. 사업 초기 TV 제품을 OEM 방식으로 판매하다 갖은 위기에 직면하기도 하였으나, 1990년 류촨즈 대표가 11명 직원과 IBM에 납품함으로써 PC를 첫 자체 생산함으로써 본격적인 컴퓨터 전문기업으로 거듭나게 된다. 이

레노버 그룹 로고

후 레전드 그룹은 지속적인 성장을 하여 1997년 이후 중국 PC시장의 선두주자로 자리매김하게 된다. 2003년에는 그룹명을 레전드(Legend)에서 혁신을 상징하는 레노버(Lenovo)로 바꾸었다. 2005년 레노버는 IBM의 PC사업부를 12억 5000만 달러(약 1조 3000억 원)에 인수하여 글로벌 주요 PC업체로 등장하게 된다. 이후 레노버는 2010년 1월 스마트폰을 출시하고, 2012년 1월 태블릿 PC, 스마트 TV 분야로 사업영역을 확장하였으며, 2012년 10월에는 당시 세계 최대 판매를 자랑하던 HP를 누르고 세계 1위 PC 생산업체에 오르게 된다. 이후 2014년 3월 모토로라 인수로 세계 3위 스마트폰 업체로 도약하는 등 현재 중국을 대표하는 IT업체이다.

2) 레노버 그룹 창립 배경

1979년 덩샤오핑의 지도 아래 개혁개방이 본격적으로 시작되었다. 그러나 기대와는 달리 국가 내부의 창업이 보잘것없는 수준에 머무르게 되고, 이에 중국 정부는 대대적인 창업지원에 나서게 되었다. 중국 정부의 지원 아래 류촨즈는 본격적인 창업의 길에 나섰다. 1984년 그는 동료 연구원 10명과 함께 중국 과학원이 지원해준 창업자금 20만 위안으로 작은 컴퓨터회사를 창립하였다. 이 회사는 설립 이듬해인 1985년 300만 위안, 1986년 1800만 위안, 1987년 7000만 위안의 매출을 올리며 초고속 성장을 거듭하게 된다.

3) 사업 초기의 역경과 교훈

레노버 그룹은 국가 연구원 출신자들이 설립한 기업으로 사업 초기에는 기업경영에 관한 기초 지식이 전무한 상태였다. 이는 결과적으로 여러 문제를 일으켰고, 이를 통해서 레노버 그룹은 기업이 나가야 할 바에 대한 확실한 목표를 세우게 되었다.

1980년대 당시 컬러 TV는 소위 수요가 공급을 훨씬 초과한 상태로 말 그대로 없어서 못 팔 지경이었다. 이에 레노버의 경영진은 수익을 올리기 위해서 원래의 사업계획과는 달리 공장에서 컬러 TV를 대량으로 주문생산하

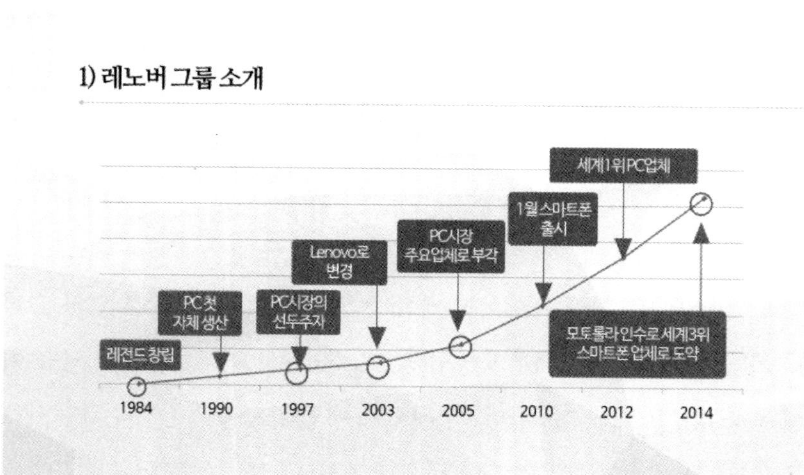

여 적당한 이윤을 붙여서 판매하였고 사업은 그들의 예상처럼 승승장구하는듯이 보였다. 그런데 그들은 사업의 ABC조차 모르는 초짜들이었다. 모든 공산품에는 부가세를 판매가격에 포함하여 판매하여야 한다는 사실을 까맣게 모르고 그냥 판매를 하다가 어느 날 세무서의 세금추징 요구가 들어오게 되었다. 이에 세금을 납부하고 나니 기업은 이익은커녕 엄청난 손실을 입게 되었다. 이 손실을 메우기 위해 교외에서 무·배추와 같은 채소를 사와 계산소 앞에 놓고 직원들에게 판매하였다. 이것으로도 모자라서 나중에는 롤러블레이드와 전자시계까지 판매했지만 결국 모두 실패로 돌아가게 되었고 레노버는 많은 어려움을 겪게 되었다.

레노버는 초기 사업실패를 통해 다음과 같은 세 가지 교훈을 얻었다.

첫 번째, 성급한 성공이나 지나친 이윤을 바라지 말고 오래 달릴 수 있는 기업을 키워야 한다.

두 번째, 기업이 지속적인 성장을 하기 위해서는 국제무대에서 경쟁할 수 있는 규모의 회사를 만들어야 한다.

세 번째, 가장 잠재력 있는 하이테크 회사를 설립하되 돈 되는 일이라고 아무 일이나 해서는 안 된다는 점이다.

4) 류촨즈 경영전략의 핵심개념과 성공경영 비법

레노버 그룹의 류촨즈 회장은 개혁개방 실시 이후 1세대 기업가로서 그만의 독특한 경영철학으로 레보버의 성공시대를 이끌어 내었다. 그의 성공경영 비법은 크게 네 가지로 분류된다.

첫 번째 레노버의 성공비결은 류촨즈 만의 인재관리 비법과 목표관리 방법에 있다. 그는 인재 관리의 핵심은 직원이 제대로 못한다는 판단이 들 때 이를 솔직하게 말하고 개선하도록 만드는 것이라고 보고, 이것이 바로 관리자의 본분이라고 생각하였다. 그는 직접 말할 용기가 없거나 불필요한 갈등을 일으키고 싶지 않다는 귀찮음으로 피드백을 해주지 않는 관리자는 관리자가 아니라고 보았다. 또한 그는 목표경영을 구체화 하였다. 류촨즈의 경영전략은 핵심조직건설(建班子), 전략결정(定戰略), 대오정비(帶隊伍) 세 가지로 요약된다. 핵심조직건설은 전투력이 강한 최고책임자를 중심으로 핵심조직을 세운다는 것이다. 전략결정은 장단기 목표를 명확히 세우고 행군 중에 방향 조정 여부를 판단한다는 것이다. 대오정비는 병사들이 전투를 벌일 수 있는가? 병사들이 적극성을 가지고 있는가? 상벌규정은 합리적인가? 등을 총괄 판단하는 개념이다.

두 번째 레노버의 성공비결은 차별화된 사고방식과 문제접근 방식이다. 류촨즈 회장이 성공을 위해 강조한 것은 시스템적 사고방식이다. 먼저 어떤 일을 추진할 때 고려해야 할 부분이 무엇인지 알아보고, 그중에 어떤 부분을 먼저 해야 하는지 판단해야 한다. 그리고 난 후 중기적인 목표를 세우고 각 단계별로 업무를 나누는 것이다. 어떤 것을 할 것인지 목표달성을 위해 기초를 어떻게 다질 것인지를 생각하고, 단계별로 일을 추진해 나가는 것이다. 다음으로 충분히 의논한 후 결정하고 행동하는 것이다. 사업에서 중요한 것은 어떤 중요한 결정을 하기 전에 최대한 많은 생각을 하고, 확실히 알아본 후에 결정을 하는 것이다. 마지막은 복기의 중요성이다. 복기란 했던 것을 처음부터 그대로 다시 해보는 것을 말한다. 비즈니스에서 충분히 검토하여 결정한 후에 행동하는 능력을 배양하려면 복기가 매우 중요하다. 복기를 통해 어쩔 수 없는 일이었는지, 피할 수 있는 일이었는지, 일의 발단과 원인이 무엇인지를 검토해 봄으로써 같은 실수를 범하지 않을 수 있다. 또한 경험을 통해 획득한 교훈과 실패 사례를 충분히 숙지함으로 차후에 일을 검토하고 결정하는 역량을 강화할 수 있다.

세 번째 류촨즈 회장의 성공경영 비법은 임직원의 주인의식 고취와 동기부여이다. 류촨즈 회장은 재임시절 나눔의 경영으로 임직원과 중국인의 믿음과 존경을 한 몸에 받았다. 1989년 중국 최초로 스톡옵션제를 도입하였고, 1993년에는 종업원 지주제를 실시하였다. 이는 류촨즈 회장의 평소 소신이자 경영철학으로 당시 중국 기업에는 흔치 않던 주인의식을 소유권 개혁이라는 제도의 변화를 통해 몸소 실천한 것이다. 그는 직원들에게 자신의 능력을 발휘할 수 있는 기회와 장소를 제공하고, 직원들의 업무를 명확히 규정하며 책임과 권한, 나중에 가져갈 수 있는 이익을 분명하게 설정 해주면 그 다음은 직원들 각자의 몫이라고 보았다. 여기서 직원들 개개인은 어떻게 하면 일을 더 잘할 수 있을지 스스로 생각하고 노력하게 되는데 그는 이를 레노버의 엔진문화라고 불렀다.

류촨즈 경영의 핵심개념 1 – 엔진문화

류촨즈 회장은 다음의 말로 레노버의 엔진문화를 설명한다. "능력을 발휘할 수 있는 무대를 제공하는 게 가장 중요합니다. 그리고 업무를 명확히 하고, 책임과 권한, 나중에 가져갈 수 있는 이익을 명확히 합니다. 그런 다음부터는 그들의 일입니다. 어떻게 하면 일을 더 잘할 수 있는지 스스로 생각하게 만듭니다. 우리는 이것을 '엔진 문화'라고 부르는데, 간부는 큰 엔진이고, 그 밖의 모든 직원들은 큰 엔진과 함께 돌아가는 작은 엔진이 되어야 합니다. 밑의 직원들이 엔진에 따라 움직이는 기어가 되어서는 안 되죠. 이렇게 해야 원동력이 더 커집니다."

네 번째 류촨즈 회장의 성공경영 비법은 시의 적절한 핵심전략 수립과 집행이다. 류촨즈 회장은 평소 사업 성공의 핵심요인으로 소규모 회사에서는 CEO가 직접 일을 하는 것을, 대기업에서는 인재 관리와 전략 관리가 중요함을 강조하였다. 이와 같은 맥락에서 그의 경영철학을 이야기할 때 빼놓을 수 없는 이론이 바로 나무통(木桶) 이론과 손가락(一個指頭) 이론이다.

류촨즈 경영의 핵심개념 2 – 나무통 이론과 손가락 이론

류촨즈 경영의 핵심개념 중 하나인 나무통 이론은 여러 개의 나무 조각을 이어 붙인 나무통의 경우 가장 약한 나무 조각에서 물이 새어나가는 것처럼 기업의 약점을 보완해야 한다는 논리다. 즉 기업의 성쇠는 가장 약한 부분에 달려 있다는 것으로 나무통 이론은 여러 개의 나뭇조각을 이어 붙인 나무통의 경우 가장 약한 나뭇조각에서 물이 새어나가는 것처럼 기업 역시 자신의 약점을 보완해야 한다는 논리다. 즉 기업이 잘되고 못 되고는 가장 약한 부분에 달렸다는 것이다. 다음으로 손가락 이론은 사업을 손가락에 비유하여 가장 긴 가운뎃손가락이 상대방을 손쉽게 찌를 수 있는 것처럼 기업도 핵심 경쟁력을 키워야 한다는 것이다. 정리하면 기업이 가장 약한 부분을 먼저 보완한 다음에 핵심 경쟁력을 키워야 한다는 것이다.

류촨즈 회장은 천외유천(天外有天)이라는 중국 속담을 늘 가슴에 새기고 있다고 한다. 하늘 위에 또 하늘이 있다는 뜻으로 뛰는 놈 위에 나는 놈 있다는 한국 속담과도 비슷한 의미이다. 겸손과 끊임없는 노력을 강조할 때 쓰이는 말이다. 그는 자신의 몸에 자만의 DNA가 흐르고 있어 조금만 방심해도 우쭐해지기 쉬운 성격이라 자만하지 않도록 항상 자신을 채찍질한다고 한다.

2. 하이얼 그룹 장루이민 회장의 경영철학

1) 장루이민은 누구인가?

하이얼 그룹 장루이민 회장

(출처: http://www.sisamagazine.co.kr/news/articleView.html?idxno=2861)

하이얼 그룹의 장루이민 회장은 1949년 1월 5일 생으로 중국 과학기술 대학에서 MBA를 전공하였으며, 과거 적자 투성이의 문제 기업이던 하이얼을 오늘날 세계 최대의 백색 가전 업체로 키운 신화적인 인물이다. 그는 2002년 중국 올해의 경영자로 선정되었고, 2004년에는 세계 경제에 영향을 미치는 8인으로 뽑히기도 하였다. 2010년에는 중국 CCTV 선정 10년 내 최고의 비즈니스 인물로 평가되었으며, 2015년

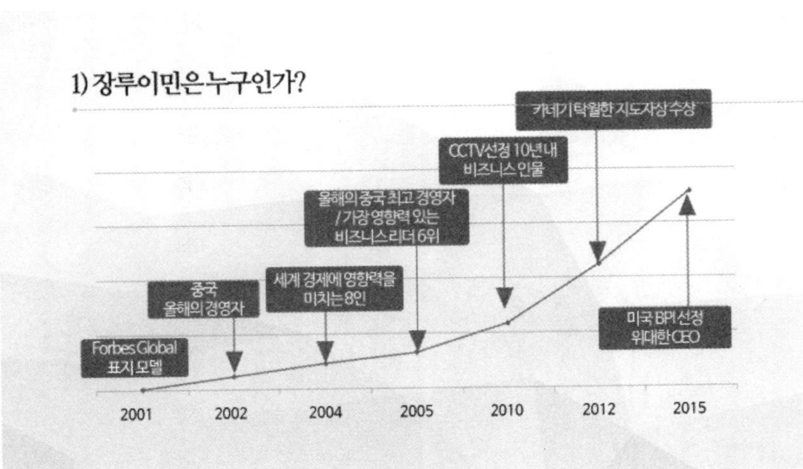

미국 BPI에서 위대한 CEO로 선정하는 등 중국 기업의 혁신과 개혁, 관리를 대표하는 기업가이다.

2) 하이얼 그룹 소개

하이얼은 과거 1984년 동풍전기공장과 청도공구 4공장이 합병하면서 현 CEO인 장루이민을 공장장으로 임명하였다. 그가 취임할 당시 공장은 800여 명에 달하는 종업원의 급여도 지불하지 못하는 실질적인 파산 상태에 있었다. 그러나 장루이민은 근무자세의 확립, 3등급의 임금 차별화, 기준 목표에 의한 업적평가 등 경제 매커니즘을 도입하여 단계적으로 생산성을 제고하는데 성공함으로써 하이얼 그룹의 도약을 이끌어낸다.

현재 하이얼 그룹은 2014년 글로벌 영업액 2007억 위안(환율 1:180 기준 한화 약 36조 원)인 세계 최대의 백색 가전업체이자 2014년 기업 브랜드 가치 1039억 위안(한화 약 18조 원)으로 13년 연속 1위 기업으로 선정되었다. 현재 중국 대학생들이 가장 일하고 싶어하는 기업으로 손꼽히고 있다.

하이얼 그룹 로고

3) 장루이민의 경영철학

하이얼 그룹 장루이민 회장의 경영철학은 인단합일(人單合一), 즉 인간과 기업이 하나가 된다는 말로 정리할 수 있다. 장루이민 회장은 인단합일의 기치하에 기업문화의 혁신이 기업 발전의 핵심임을 주장하였다. 또한 품질과 고객은 기업의 생명줄임을 인식하고, 회사 경영에 있어 능력에 따른 논공행상을 위주로, 창의적 관리와 시스템 관리 원칙을 바탕으로 하이얼을 글로벌 대표 기업으로 성장시켰다. 그 구체적인 내용은 다음과 같다.

첫째, 기업 문화의 혁신이 기업 발전의 핵심이다. 장루이민은 기업에서 눈에 보이는 외형적인 요소보다 기업문화와 같은 무형적인 요소의 중요성을 인식하고, 내부적으로 엄격한 규율과 효율적인 경영방식을 통해 의식개혁을 본격화하였다. 그래서 그가 회사에 부임한 후 첫 번째 지시사항도 바로 아무 데서나 소변을 보지 말라는 것이었다. 그는 기업 발전의 핵심은 기업 문화라고 판단하여, 기업 내에 CCO(Chief Culture Officer, 기업문화 책임자)를 임명하고 전사 차원의 기업 문화 관리를 적극적으로 진행하였다. 그의 기업 문화 관리에 대한 의지는 하이얼이 해외 기업을 합병할 때에도 계속되어 해당 국가에 기업 문화센터 직원까지 파견하여 기업 문화의 통합 작업을 시도하게 된다.

둘째, 품질과 고객은 기업의 생명줄이다. 그는 품질경영을 실천하기 위해 칭다오 냉장고 공장에 부임하자마자 전 직원이 보는 앞에서 클레임이 들어온 불량 냉장고 76대를 직접 쇠망치로 때려 부수었다. 이러한 그의 행동은 직원들에게 품질이야말로 기업의 생명이라는 의식을 몸으로 표현하는 것이었고, 이때부터 하이얼의 품질경영 의식은 점차 현장에 자리 잡기 시작한다. 그의 품질과 고객 우선 경영의 대표적인 사례를 살펴보자. 1996년 쓰촨성에서 하이얼 세탁기에 대한 고객 불만이 쇄도하였다. 이유를 분석해보니 농촌 지역인 쓰촨성에서 다수의 농민들이 세탁기로 고구마를 씻었고, 이러다 보니 고구마에 묻은 흙과 모래 때문에 세탁기가 막히는 경우가 빈번하였던 것이다. 당시 하이얼의 AS 직원들은 세탁기로 옷을 씻지 않고 고구마를 세탁하였으므로 당연히 수리의 의무가 없다는 입장이었다. 물론 다른 세탁기 업체들도 같은 입장을 가지고 있었다. 그러나 장루이민은 고객만족의 입장에서 역발상을 하게 된다. 즉 고객만족과 상품판매라는 두 마리 토끼를 잡을 수 있는 방법 말이다. 이에 그는 고구마를 씻어도 배관이 막히지 않는 이른바 고구마 세탁기 개발을 지시한 것이다. 결국 1998년 4월 세계 최초의 고구마 세탁기가 출시되어 매년 10만여 대가 팔리는 큰 인기를 구가하였다. 고구마 세탁기의 출시로 하이얼은 고객들에게 고객의 입장에서 제품을 생산하고 판매하는 기업의 이미지 제고라는 효과와 더불어 새로운 세탁기 판매시장을 개척하는 효과를 톡톡히 누리게 되었다. 이러한 고객수요에 대한 역발상적인 접근사례를 하나 더 살펴보자. 일반적으로 날씨가 더운 여름은 사람들이 땀을 많이 흘리기 때문에 세탁량이 증가하고 이에 따라 세탁기의 판매 역시 증가하는 것이 정설이다. 그런데 중국에서는 여름철만 되면 오히려 세탁기 판매가 줄어드는 현상이 나타났다. 이에 장루이민 회장은 그 이유를 조사하도록 한다. 조사 결과 당시 대다수 세탁기의 최소 용량은 5킬로그램을 넘고 있어서 여름철 계절의 특성상 소규모 세탁 시 소비자의 입장에서는 불필요하게 수도요금과 전기요금을 낭비하게 됨으로 차라리 손 세탁을 하는 가구의 비중이 높아진다는 사실이었다. 이는 결국 소비자들이 여름철에 오히려 세탁기 사용과 구입을 망설이는 결과로 이어졌다. 장루이민은 이점에서 착안하여 세계 최초로 1.5킬로그램 용량의 소형 세탁기를 출시하였고 다시 한 번 소비자들의 폭발적인 반응을 이끌어 내면서 하이얼은 고객 수요

만족을 대표하는 회사로 성장하였다.

셋째, 능력에 따른 논공행상(論功行賞)은 성공의 필수조건이다. 장루이민의 인사철학은 철저한 능력주의 인사를 기반으로 목표관리경영(MBO, Management by objectives)을 시행한다는 것이다. 다노다득, 소노소득, 불로불득(多勞多得, 少勞少得, 不勞不得: 많이 일한 사람은 많이 받고, 적게 일한 사람은 적게 받고, 일하지 않은 사람은 받지 않는다) 원칙은 장루이민 회장의 목표관리 철학을 대변하고 있다. 어떻게 보면 자본주의보다 더 자본주의적 운영을 하는 사람이 바로 장루이민 회장이라고 할 수 있다. 그는 사업을 100미터 시합에 비유하고, 회사는 최고 경영자부터 말단 직원에 이르기까지 목표를 철저히 세우고 목표 달성을 위해 최선을 다해야 살아남을 수 있다고 생각했다. 그래서 하이얼에서는 급여에서 기본급이 차지하는 비중은 30퍼센트에 불과하며, 목표를 80퍼센트 이상 채우지 못하면 최저 생계비 수준의 급여만을 받는다. 반면 목표에 부합하는 성과를 내면 그에 준하는 성과급 제도를 도입하여 직원들의 사기와 목표의식을 제고하였다.

넷째, 창의적 관리와 시스템으로 생산력을 향상시킨다. 장루이민의 관리이론을 대표하는 것으로 바로 경사지공이론(斜坡球體論)이 있다. 설명하면 시장에서 기업의 위치는 경사면에 놓인 공과 같다는 것이다. 기업이 커질수록 뒤로 밀리는 힘도 커지게 된다. 뒤로 밀리지 않도록 하려면 관리능력을 키워야 한다. 동시에 경사면 위로 공도 올라가게 해야 하는데 이 힘이 바로 창의력이다. 장루이민은 기업의 지속적인 성장을 위해서 창의력의 중요성을 강조하였다. 이 밖에 하이얼은 관리의 시스템화를 통해 비대해진 기업이 안정적으로 정착하도록 심혈을 기울였다. 실제 하이얼은 당일 업무는 당일 완성하고, 마무리는 깨끗하게 하며, 매일매일 점진적인 성장을 지향하는 OCE(Overall every control and clear) 관리모델을 시행하였다. 그리고 80대

20 원칙을 정해 제품이나 공정에서 문제점이 발생하면 해당 라인 관리자가 80퍼센트, 실무자가 20퍼센트 책임을 지게 하여 관리자의 책임을 더욱 강조하였다. 하이얼에서는 삼보법(三步法)이라는 특유의 문제 해결 시스템이 있는데, 이 삼보법은 문제 발생시 긴급조치, 과도적 조치, 근본조치라는 3단계 과정을 밟아 같은 문제가 반복적으로 일어나지 않도록 하는 시스템이다.

다섯째, 세 개의 눈으로 선난후이 원칙을 통해 세계시장을 장악하라. 장루이민의 하이얼은 세 개의 눈 개념을 강조한다. 과거 계획경제하에서는 기업을 보는 하나의 눈만 있으면 충분했지만 시장경제 체제 하에서 기업을 하려면 세 개의 눈이 필요하다는 의미다. 즉 첫 번째 눈은 외부의 시장에 주목해야 하고, 두 번째 눈으로는 내부 직원을 지켜봐야 하며, 세 번째 눈으로는 미래와 기회를 포착해야 한다는 것이다. 장루이민은 하이얼의 핵심 경쟁력은 바로 끊임없이 창조하고 경쟁자보다 한발 앞서 실천하는 것이라 여겼다. 하이얼은 글로벌 일등 브랜드로 도약하기 위해서 세 개의 눈을 바탕으로 선난후이(先難後易, 먼저 어려운 것을 하고 쉬운 일을 마지막에 한다는 의미) 원칙을 본격적으로 도입하였다. 일반적으로 대다수의 후발 기업들의 세계진출 전략은 저가의 제품을 통해 개발도상국 시장에서 일정한 경쟁력을 쌓은 후에 선진국 시장에 진출하는 것인데 장루이민은 역으로 처음부터 선진국 시장에 진출하고자 하였다. 그는 선진국 시장에서 먼저 갖은 어려움을 겪고 이를 통해 경쟁력을 확보한다면 개발도상국 시장은 별 어려움 없이 진출할 수 있다고 판단하였다. 실제로 하이얼은 2002년 미국 노스 캐롤라이나 주 캠든에 냉장고 공장을 지어 미국 시장에 정면 승부를 하였다. 결과는 대성공으로 일반적으로 개발도상국 업체가 선진국 시장에 성공적으로 진출하기 위해 필요한 수십 년의 시간을 단 2~3년으로 단축하는 신기원을 형성하였다.

제9부

하이구이파 기업가

09 90년대 하이구이파(海歸派)의 등장과 IT 기업가 대표 리옌훙

TGIF? TAB? 이라는 말을 들어본 적 있는가? TGIF는 세계 IT업계를 이끄는 트위터(Twitter), 구글(Google), 아이폰(Iphone), 페이스북(Facebook)을 지칭하는 용어이다. 그런데 최근에는 미국의 TGIF를 뛰어넘을 기업으로 중국의 대표 IT 회사들인 텐센트(Tencent), 알리바바(Alibaba), 바이두(Baidu)를 지칭하는 TAB이라는 용어가 더욱 주목을 받고 있다. 과거 전통적 제조업을 기반으로 성장해오던 중국이 IT 업종에서도 급속히 부상하고 있음을 보여주는 대표적인 사례가 바로 TAB이다.

현재 텐센트(텅쉰), 알리바바, 바이두 등 중국 인터넷 기업들이 무섭게 성장하며 전 세계 IT 시장의 판도를 뒤흔들고 있다. 이 중에서 인터넷 대표 검색업체인 바이두는 최근 하드웨어 사업까지 뛰어들며 구글과 경쟁을 예고하고 있다. 이제 세계 IT 기업들은 미국의 TGIF가 아닌 중국의 TAB이 벌이는 영토 확장에 더 주목하기 시작한다. 그렇다면 이러한 중국의 IT 기업은 어떻게 급부상할 수 있었을까? 여기에는 바로 중국의 인재 유치 정책이 큰 몫을 했다고 볼 수 있다.

이에 우리는 해외 유학파 기업가와 학자들을 지칭하는 하이구이의 의미와 개혁개방 시기 중국 정부의 해외인재 유치전략을 살펴보고, 이 중에서 하이구이를 대표하는 기업가인 바이두의 리옌훙 CEO의 경영철학과 성공 비법을 살펴봄으로써 현대 중국의 기업가를 이해할 수 있게 된다.

1. 하이구이의 이해와 중국의 인재 유치 정책

1) 하이구이의 이해

하이구이를 이해하기 위해서는 먼저 개혁개방 이후 중국 기업가의 유형을 살펴볼 필요가 있다. 1979년 개혁개방이 본격적으로 실시되기는 했으나 중국 내부에는 정부의 기대와는 달리 창업이 그리 활발하지 않았다. 그 이유는 기존의 기득권 세력의 강력한 저항이 계속되어 도시에서의 개혁이 예상과 다르게 시간이 걸렸기 때문이다. 또한 개혁개방의 성공 여부에 대해 내부에서조차 확신이 없었다. 자본주의식의 창업에 대한 의식과 경험의 부족은 80년대 초 중국 정부의 정책적 변화를 가져오게 된다. 먼저 중국 정부는 기존의 정부 관료 출신들 중 기업가적인 마인드를 가진 사람들로 하여금 창업 또는 기존 국유기업의 개혁을 이끌도록 유도 하였다. 대표적인 인물로 레노버 그룹의 류촨즈 회장과 하이얼 그룹의 장루이민 회장을 들 수 있다. 이들은 정부 관료 출신 1세대 기업가로 손꼽힌다. 이와 동시에 중국 정부는 해외유학을 적극적으로 장려하였다. 80년대 초 덩샤오핑은 미국을 방문한 후 자본주의의 성취에 큰 충격을 받았다. 그는 해외 유학파가 연어처럼 다시 고국에 돌아오게 하라고 하면서 중국의 발전을 위해서 해외 유학을 본격적으로 허용하였다. 여기서 하이구이란 해외에서 유학하고 중국으로 돌아온 기업가나 학자를 일컫는다. 중국어로 하이구이는 바다를 건너 돌아온다는 의미(海歸)와 바다거북(海龜)이라는 의미가 있다. 바다거북 역시 자신이 태어난 곳으로 돌아와 알을 낳고 죽는다는 측면에서 하이구이는 해외 유학 후 귀국한 인재를 통칭하는 의미로 사용된다.

90년대 중반이 되면 해외파 인재들의 귀국이 본격화 되고 중국은 기존의 전통적 제조업 중심의 발전과 더불어 IT를 비롯한 기술, 정보 중심 기업들의 창업이 봇물을 켜게 된다. 이는 90년대 이후 인터넷의 전면적인 보급과 중국 경제의 급격한 성장으로 인해 해외파 중국인들의 중국 시장의 향후에 대한 기대감이 폭발함과 동시에 중국 정부의 해외인재 유치 전략이 빛을 발했기 때문이다. 이렇게 인터넷 붐을 기반으로 사업을 시작한 기업가의 대표에 바로 바이두의 리옌홍이 있다.

2) 하이구이와 관련된 중국의 인재 유치 정책

80년대부터 중국 정부는 본격적으로 해외유학을 허용하였지만 그 결과는 참혹했다. 중국 정부 입장에서는 이들 해외 유학파들이 선진 기술을 습득하고 고국으로 돌아와 조국을 위해 헌신하기를 기대했지만 결국 그들의 선택은 잔류였다. 생활여건, 업무환경, 보수 등 모든 면에서 그들의 높아진 눈높이를 만족시킬 수는 없었다. 이에 80년대 고국으로 돌아온 해외파 하이구이는 손에 꼽을 정도였다. 90년대에 접어들면서 중국 정부는 해외 유학파 유치를 위해 백인계획(百人計劃)을 내세우게 된다. 백인계획이란 1994년 중국 과학원에 의해 매년 100명 이상의 청년 학술분야 리더급의 해외 유학파를 유치한다는 계획이다. 이를 위해서 중국으로 귀국하는 과학자들에게는 당시 200만 위안(현재 원화 환산 시 대략 3억 6000만 원)이라는 파격적인 지원을 아끼지 않았다. 백인계획은 90년대 인터넷 붐과 더불어 중국 시장의 잠재력을 파악한 해외 유학파들의 귀국길에 마중물이 되었다. 이후 2008년이 되면 중국 정부는 보다 담대한 해외인재 유치전략을 펴게 되는데 그것이 바로 천인계획(千人計劃)이다. 중국 정부의 천인계획에 따르면 중국은 향후 5~10년 동안 세계적 수준의 학자 2000명을 중국으로 유치하는 것을 목표로 삼았다. 이를 위해 중국으로 귀국하는 과학자들에게 100만 위안에 해당하는 경비를 기본으로 지원함과 동시에 연구소 선택권을 주고 연구 경비와 세금 혜택 등의 지원을 마다하지 않았다. 이에 힘입어 중국은 미국을 제치고 특허출원 1위 국가로 자리매김하게 된다. 실제로 개혁개방 정책이 실시된 이후 귀국한 인물들 중에서 33퍼센트는 2008년 이후 귀국한 사람들이며 현재 매년 귀국하는 하이구이는 10만 명 이상이라고 한다. 현재 중국 대학 총장의 77퍼센트, 중국 과학원, 공정원 원사의 80퍼센트가 하이구이라고 하니 현대 중국을 이끄는 원동력을 하이구이라고 해도 지나침이 없을 것이다.

1980년대 초 하이구이를 유치하는데 엄청난 어려움을 겪었던 중국은 글로벌 2대 경제 대국으로 부상한 현재에는 하이구이가 자발적으로 돌아오고자 하는 기회의 땅이 되어 별도의 인재 유치 계획이 필요 없을 지경이다. 많은 전문가들은 만약에 해외 유학파 하이구이들이 없었더라면 문화대혁명의 암흑기를 이겨내지 못하고 인재부족의 어려움 속에서 중국이 오랜 시간 헤맸을 것이라고 평가하고 있다.

2. 하이구이파(海歸派) 기업인 대표 – 바이두 리옌훙

1) 리옌훙은 누구인가?

리옌훙

중국의 하이구이를 대표하는 인물은 단연 전 세계 최대 중문 검색엔진 업체인 바이두를 설립한 리옌훙이다. 그는 1968년 11월 17일, 중국 산시성(山西省) 양취안(陽泉) 출신이다. 시 수석으로 베이징대학에 입학하였고 졸업 후 미국의 버팔로 뉴욕주립대학에서 컴퓨터 공학을 전공하였다. 이후 다우존스의 실시간 금융 시스템을 개발하면서 이름을 얻기 시작한다. 특히 1996년 그가 다우존스에 있을 때 개발한 인터넷 분석 기술인 랭크덱스(Rank Dex)는 미국에서 특허를 받았고, 구글의 페이지랭크 특허 문서에 인용되기도 하였다. 이후 그는 실리콘밸리에서 인터넷 개발 현장을 몸소 체험하기 위해 검색 엔진 업체인 인포시크(Infoseek)로 자리를 옮겼다. 미국 영주권을 가지고 있었지만 1999년 말 중국으로 돌아와 120만 달러의 자금을 밑천으로 사업 파트너 쉬용과 함께 베이징 중관춘의 허름한 호텔 방에서 바이두를 창업하였다.

2) 리옌홍의 인생철학

리옌홍의 경영철학 – 직선철학

리옌홍의 경영철학은 한 마디로 직선철학이라고 할 수 있다. 즉 목표를 정했으면 바로 행하고, 시류에 흔들리지도 말고 동요하지도 말라는 이야기다. 그는 2010년 대학생들을 대상으로 한 강연에서 다음과 같은 말을 남겼다.

"인생은 자기 마음 속의 직선을 따라가야 한다. 다만, 우리 마음 속에 있는 타협, 염려, 굴복이 종종 가고자 하는 원래 궤도에서 벗어나게 만들고 시간을 낭비하게 만든다. 신념은 강한 것이다. 누구든 자기가 좋아하고 전문적인 일을 하고, 시대의 조류에 휩쓸리지 않기를 바란다. 이것이 내가 여러분에게 제안하는 것이다."

리옌홍의 인재관

리옌홍의 인재관은 크게 세 가지로 나누어 볼 수 있다.

첫째는 진취적인 사고이다. 그는 IT 기업의 특성상 진취적인 사고의 중요성을 강조하였다. 그는 안정만 생각하는 소시민은 회사를 떠나라고 하였다. 여기서 그가 말하는 소시민이란 변화가 필요한 시대에 아무런 쓸모가 없는 사람을 말한다. 구체적으로 가정환경이 좋고 영어를 유창하게 구사하며 안정적 수입을 추구하는 사람, 현재 맡고 있는 업무를 인생의 일부분으로 여겨 앞으로 나아가지 않는 사람, 개인의 편안한 생활을 전부라고 여기는 사람을 소시민으로 간주하여 회사에 도움이 되지 않는 사람으로 규정하였다.

둘째는 정확한 판단력의 중요성이다. 그는 자신이 맡은 분야의 문제에 대해 정확한 판단을 내릴 수 있는지 여부와 정확한 의사결정을 할 수 있는지 여부가 회사에서 인재를 선택하는 중요한 기준이라고 하였다.

셋째는 늑대 본성을 가져야 한다는 것이다. 그는 늑대 본성을 예민한 후각과 자신을 돌보지 않고 온갖 난관에 굴하지 않는 전진정신, 집단노력으로 보고 이러한 늑대 본성을 가진 인간이 바로 바이두에 적합한 인재라고 보았다.

3) 바이두(Baidu)란?

바이두(百度)란 명칭의 기원은 중국 송나라 때 시인인 송기질의 사(詞)인 '청옥안, 원석(青玉案,元夕)' 중 한 구절인 '무리 속에서 그녀를 수천 수백 번 찾았다(衆里尋他千百度)'에서 유래되었다. 즉 바이두의 중문 정보검색 기술에 대한 의지를 표명하는 것이다. 또한 로고 가운데 곰 발바닥 모양은 여기저기 가는 곳마다 흔적을 남긴다는 의미로 사용되고 있다.

리옌홍의 바이두는 2013년 기준 매출 5조 5000억 원을 기록한 전 세계 최대의 중문 검색 엔진이다. 2014년 현재 전체 직원이 4만 명에 이르고 그들의 평균 나이는 25.8세에 불과한 젊은 기업이다. 2010년 3월 전 세계 최대의 검색 사이트인 구들이 중국에서 철수한 이유는 2009년 바이두가 중국 인터넷 검색시장에서 점유율 77.2퍼센트로 구글의 12.7퍼센트를 압도적으로 따돌리고 있었기 대문이다. 현재 바이두는 중국 내 검색시장의 73퍼센트를 차지하고 있으며, 매일 60여억 건의 검색을 처리해낸다. 바이두는 문자입력 방식의 검색에서 음성인식, 사진인식으로 검색방식을 확대하고 있다. 현재 전 세계 검색시장에서 미국

바이두의 로고

의 야후를 제치고 세계 2위로 올라섰다. 〈포브스〉에 따르면 바이두 리옌훙 CEO의 자산은 2013년 10월 기준 111억 달러에 이른다. 또한 포브스 선정 2012년 중국 최고의 기업가로 선정 되기도 하였다.

4) 바이두의 성공 비법

바이두의 성공비결은 크게 네 가지로 나누어 볼 수 있다.

첫째, 중문 검색 능력으로 구글을 이긴 것이다. 바이두는 구글이 외국기업이어서 중문 검색에 취약할 것이라는 생각을 소비자들에게 적극적으로 홍보하여 실제로 그렇다는 인식을 얻는 데 성공하게 된다. '바이두 한번 해 봐(百度一下)'라는 검색명령은 구글의 구글링(Googling)과 언어적인 차별성을 강조하고 중국어에 특화된 검색엔진이라는 점을 부각함으로써 중국 네티즌들에 깊이 인식되었다.

둘째, 수익모델의 참신성과 다양성이다. 바이두는 구글에 비해 다양한 형태의 수익모델을 도입하였는데 구체적인 모델은 다음과 같다.

- 바이두의 검색 엔진을 협력회사에 달아주고, 그 업체를 이용하는 고객이 회사 내의 검색 엔진을 사용할 경우 얻는 이익
- 키워드(Key word)에 경매를 주어 업체가 입찰하게 하는 방식
- 조회되어 나온 배너를 클릭하였을 경우 받게 되는 수익
- 초기 화면에 노출시켜서 받는 이익
- 상점과 연결 시켜주면서 구매행위 발생 시 얻는 이익
- 음반회사와 MP3를 들을 때 나오는 광고를 통해 수익을 나누는 방식

• 커뮤니티에 광고를 실어주고 여기에서 받는 이익
• 블로그에 광고를 올려주고 여기에서 받는 이익

이에 비해 구글의 광고전략은 자체 홈페이지에 견적서를 올려놓고 광고주들이 직접 신용카드로 지불하도록 할 만큼 거만했고 안이했다. 바이두는 주도적으로 대리업체를 물색하고 직접 광고주와 접촉하였다. 바이두의 성공 비결은 바로 고객맞춤형 서비스의 제공이었다.

셋째, 다양한 제품군과 중국적인 서비스의 제공이었다. 바이두는 기업에 제공하는 검색 엔진 서비스인 바이두왕스통(百度网事通)과 사이트 가속기술, 그리고 백과사전을 각기 구별하여 상품서비스를 제공하였다. 이와 동시에 차별화된 기술을 개발하여 소비자와 기업에게 공급하였다. 구체적으로 바이두는 초련분석(初鏈分析)을 기초로 한 검색서비스로 대중의 전폭적인 환영을 받았다. 여기서 말하는 초련분석이란 사이트에 연결된 횟수에 따라 그 품질을 평가하는 것으로써, 사람들이 자주 사용하는 사이트가 화면 앞쪽에 나타나게 하는 것이다.

넷째, 구글과 차별화된 마케팅 전략이다. 바이두는 구글에 비해 상업성을 극대화하는 전략을 펼쳤다. 리엔홍은 기술 자체가 승패를 결정하는 유일한 요소는 아니며 오히려 비즈니스 전략이 더 중요한 요소임을 수 차례 강조하였다. 이점에서 바이두는 검색순위 리스트를 광고주에게 판매하는 마케팅 전략을 적극적으로 활용하였다. 즉 돈을 많이 지불하는 광고주를 바이두 검색순위의 상위 리스트에 오르게 한 것이다. 이러한 마케팅 전략은 일부 시장의 비판을 받기는 하였으나 바이두의 재정 안정화에 상당한 기여를 하였다. 이 밖에 바이두는 민족기업임을 앞세워 국민들의 애국심을 자극하였다. 실제로 바이두는 구글이 중국 지사를 세우지 않아 중국 네티즌들의 개인정보가 미국으로 유출될 우려가 있다는 사실을 적극적으로 활용하였고 구글과는 달리 중국 정부와의 협력을 강화하였다.

제10부

화상 기업가

10 화교(華僑)의 의미와 대표 화상(華商) 기업가 리자청·왕융칭

사업 성공을 위해 가장 중요한 요소는 무엇일까? 사업의 아이템일까? 아니면 이를 관리하는 경영 능력일까? 아시아를 대표하는 화상 기업가로는 리자청과 왕융칭 회장을 꼽을 수 있다. 리자청 회장은 사업의 아이템을 고르는 안목으로, 왕융칭 회장은 경영과정을 합리화함으로써 최상의 결과를 만들어왔다. 아시아의 대표적인 화상 기업가인 리자청과 왕융칭 회장에 대해 보다 구체적으로 알아보자.

리자청(李嘉誠)은 2012년 3월 29일 페이스북에 4억 5000만 달러를 투자했다고 밝혔다. 리자청은 처음에 페이스북을 개인적으로 투자했다가 전망이 좋을 것 같아 리자청 펀드를 끌어들여 투자에 적극 나서게 됐다고 했다. 페이스북이 상장 후 시가 1000억 달러에 달한다고 가정한 후 역추산해보면 리자청이 보유한 3퍼센트의 주식의 가치는 30억 달러에 달해 투자 수익률이 무려 560퍼센트에 달하는 것을 알 수 있다. 이렇게 리자청 회장은 사업 아이템을 잘 선정하여 아시아 거부의 반열에 올랐다. 반면에 왕융칭 회장은 미세경영의 대가로 불린다. 즉 세부적인 관리를 개선하면 경영성과가 2배, 4배로 는다고 보고 이를 실천한 것으로 유명하다.

지금부터 본격적으로 현대 중국의 경제에 밑거름이 된 화교와 화상의 의미를 이해하고, 아시아의 대표적인 화상 기업가인 리자청과 왕융칭의 사업세계를 살펴보도록 하자.

1. 화교(華僑)의 이해

1) 화교의 의미

먼저 화교의 의미에 대해서 살펴보자. 화교를 나타내는 한자인 '華僑'에서 '華'는 중국 또는 한족을 뜻한다. 그리고 '僑'는 타국에서 임시 또는 장기로 거주하는 사람을 일컫는다. 즉 화교라는 말은 외국에 거주하는 중국계 민족을 광범위하게 부르는 말임을 알 수 있다.

화교의 의미는 시대에 따라 다양한 변화과정을 거쳐왔다. 1901년 중국은 혈통 중심의 이중 국적법을 제정하고 해외 거주 중국인을 화교라고 불렀다. 그러나 해당 국가의 국적을 취득하고 사는 해외 교포들이 지속적으로 증가함에 따라 1990년 국적법을 개정하여 법률적으로 해당 국가의 국적을 취득하고 그 나라에 사는 중국인을 화인(華人)이라고 부르고, 여전히 중국 국적을 보유한 중국인을 화교(華僑)로 구분하였다. 또한 해외에서 활동하는 화교의 직업에 따라 공업에 종사하는 화교를 화공(華工), 상업에 종사하는 화교를 화상(華商)으로 부르게 되었다.

2) 화교의 역사

중국인의 해외 이주 역사는 멀리 9세기 당나라 때로 거슬러 올라간다. 당나라 때는 실크로드로 대표되는 교통과 무역이 급속도로 발달함에 따라 해외에 거주하면서 장사하는 중국인이 급격히 증가하였고 이에 오늘날 관점에서 중국의 해외 화교가 본격적으로 생겨나기 시작했다. 이후 11세기 송나라 때에는 남양(南洋) 지역과의 무역을 적극적으로 후원하면서 이민자 수가 더욱 늘어나게 되었다. 중국의 해외무역 지원 정책은 몽골족이 세운 원나라 때에도 지속적으로 유지되었다. 이에 동남아시아에 진출한 중국 상인의 수는 계속해서 증가하였다. 특히 13세기 말 이후 중국인의 해외이주는 큰 폭으로 증가하였다. 그러나 14세기 중엽 명나라는 해외무역을 통제하여 동남아와의 무역은 조공무역(朝貢貿易)만을 허용하고 일체의 사(私)무역을 금지하게 된다. 이에 현지에 정착하게 되는 화교들의 숫자도 급속도로 증가하게 되었다. 그러나 1567년이 되면 중국 상인들의 사무역을 다시 허가하게 되어 중국인의 동남아시아 이주는 더욱 본격화되었다. 청나라 때가 되면 청 정부가 남부의 한족 저항세력과 남양의 무역상들이 접촉하는 것을 막기 위해 쇄국정책을 시행하게 된다. 이러한 쇄국정책의 실시는 서구 국가들이 동남아시아로 진출하게 되는 결정적인 계기가 되고, 더불어 중국 내부에 광둥과 푸젠을 중심으로 무역에 종사하던 상인들이 무역을 포기하고 아예 무역과 무관한 농민의 삶을 살거나 아니면 원래의 무역 대상 국가로 이주할 것인지를 결정하도록 하였다.

3) 전 세계 화교의 분포

전 세계에 분포한 화교의 수는 통계기관에 따라 차이가 난다. 2008년 「세계 화상 발전 보고서」의 통계에 따르면 전 세계 화교의 수는 대략 4800만 명으로 추정되며, 중국의 해외 영사관의 통계에 따르면 중국 화교는 전 세계 161개국에 6000만 명 분포하는 것으로 나타난다. 출신지역으로는 광둥성 출신이 54퍼센트, 푸젠성 출신이 25퍼센트, 하이난다오 출신이 6퍼센트, 기타 지역 출신이 15퍼센트를 차지하고 있다. 화교와 화인의 거주지역으로는 아시아가 77퍼센트로 압도적인데 이는 중국과 지리적으로 근접하고 생활환경도 비슷하기 때문으로 여겨진다. 그 밖에 미주지역이 18퍼센트를 차지하고 있는데 이는 20세기 들어 미주지역 국가들의 이민정책이 확대되고, 중국의 개혁개방 결과 다양한 계층의 사람들이 미주지역으로 이주하면서 생긴 결과이다.

4) 화교 네트워크와 중국의 개혁개방

현재 화교 자본은 유대인에 이어 세계 경제를 좌우하는 2대 파워그룹으로 성장하였다. 이렇게 화교들이 성공하게 된 배경으로는 전통을 중시하는 태도와 단결력, 탁월한 적응력, 근면과 인내, 그리고 화교 특유의 낙천성을 꼽을 수 있다. 화교들은 지연과 혈연, 업연을 중심으로 특유의 네트워크인 방(幇)을 형성하면서 발전해왔다. 초기 화교 네트워크는 화교의 경제적 이익과 안전을 확보하기 위해 시작된 일종의 자위적, 자치적 집단조직이라고 할 수 있다. 1910년대 화교들은 방(幇)을 중심으로 중화총상회(中華總商會)라는

세계화상대회 로고

업연조직을 형성하기 시작하였다. 이어 1940년대에 접어들면 중화총상회를 중심으로 개별 국가에서 통합 네트워크로 확대 발전하게 되고 1970년대에 이르면 동남아시아에서는 국경을 뛰어넘는 네트워크가 형성되었다. 그리고 1980년대 초반 중국이 개혁개방을 본격적으로 추진하게 되면서 화교 세력 역시 새로운 추진력을 얻게 되었다.

실제로 화교 네트워크의 영향력은 매우 방대하다. 전 세계 화교 자본은 2004년 당시 대략 2조 5000억 달러 이상으로 파악되었는데, 이 중 2조 달러 규모로 파악되는 유동자산은 당시 중국 GDP의 두 배 규모인 것으로 나타났다. 2011년 7월 말 현재 중국인이 소유하고 있는 세계 1000대 화상기업의 시가총액은 6조 4000억 달러이며, 이들의 총자산은 16조 7000억 달러로 추산된다. 또한 아시아 1000대 기업 중 화상 기업이 517개를 차지한다고 하니 이들의 위력이 얼마나 대단한지 짐작하고도 남음이 있다.

이러한 탄탄한 경제적 기반을 바탕으로 화교 네트워크는 1991년 싱가포르의 리콴유(李光耀) 총리의 주도로 화상들의 경제협력 강화와 상호이해 증진을 목표로 제1회 세계 화상대회를 개최하였다. 이렇게 세계 화상대회는 화교들의 막강한 자본을 바탕으로 전 세계 화교 사회의 협력과 이해를 증진시키고 있다.

중국의 개혁개방 정책의 성공적인 수행을 위해 해외 화교기업들은 많은 역할을 하였다. 특히 서구 자본들이 중국 진출을 꺼려할 때 동남 아시아 화교 자본은 중국에 과감하게 진출을 결정하였다. 태국의 CP그룹은 태국 최대의 화교 기업으로 1978년 해외 기업으로는 최초로 투자허가를 받고 대륙에 진출하여 개혁개방의 성공에 앞장을 섰다. 그 외에도 타이완 기업 역시 중국 경제 성장에 괄목할 만한 역할을 담당하였다. 1991년 중국 정부가 대륙에 대한 간접투자를 허용하자 타이완 기업들은 중국에 대한 대대적인 투자를 감행하였다. 이에 라면, 음료와 같은 소비재에서부터 IT 제조업까지 폭넓게 사업영역을 확대하였다. 이렇게 화교와 화교 기업들은 중국이 세계 2대 경제 대국이 될 수 있도록 견인차 역할을 하였다.

2. 화상(華商) 대표 기업가 - 리자청과 왕융칭

1) 사업의 신, 리자청

리자청은 누구인가?

누군가 홍콩에서 1달러를 쓰게 되면 그 중 5센트는 리자청의 주머니 속으로 들어간다고 한다. 그가 얼마나 큰 부자인가를 말해주는 한 단면이다. 리자청 회장은 1928년 광둥성 차오안현에서 태어나 14세에 학업을 포기하고 생업에 뛰어들었다. 17세에 세일즈 영업을 시작하고 22세에 정식으로 사업을 시작하여 지금은 창장실업, 허치슨 왐포아 그룹을 중심으로 홍콩전력, 창장 인프라 건설 등 부동산, 해운업, 대형 슈퍼마켓, 정보통신, 호텔, 보험,

시멘트, 네트워크 등 다양한 업종에 진출하였다. 그는 2012년 미국의 경제전문지 〈포브스〉가 뽑은 세계 억만장자 순위 9위의 인물이며, 아시아 최고 갑부로서 2010년 중국 500대 기업가 중에서 대중 이미지 만족도 1위에 선정된 기업인이다. 2014년 알리바바의 마윈이 뉴욕 증시에 상장하기 이전까지 계속해서 아시아 1위 부자 타이틀을 놓지 않았을 만큼 아시아를 대표하는 부자이다.

리자청

(출처: https://upload.wikimedia.org/wikipedia/commons/e/e8/Li_Ka_Shing.jpg)

리자청의 성공 요인

리자청 회장의 성공경영 비법은 크게 네 가지로 나누어 볼 수 있다.

첫 번째 성공요인은 리자청 회장의 시대를 읽는 동물적인 감각과 장기적 안목으로 사업을 바라보는 혜안이었다. 1950년대 플라스틱 제품은 소재의 참신성과 실용성, 화려함을 무기로 기존 목제품과 금속가구를 압도하고 있었다. 이런 와중에 1950년대 후반 유럽과 미국에서 플라스틱으로 만든 조화가 출현하였다. 리자청은 특유의 동물적인 후각을 바탕으로 플라스틱 조화 사업의 성공을 확신했다. 그리고 신속하게 기존 공장을 플라스틱 조화 생산 체제로 전환하고 생산규모를 전폭적으로 확대하였다. 그 결과 생화는 몰라도 지구 상의 조화는 모두 홍콩에서 나온다는 말이 생길 만큼 리자청은 전 세계 조화 시장을 석권했다. 리자청은 여기서 번 돈을 밑천 삼아 제2의 도약을 꿈꾼다. 이후 그는 홍콩의 미래에 대한 확신을 바탕으로 1960~70년대 부동산업에 본격적으로 진출한다. 아니나 다를까 그의 예상대로 홍콩은 아시아 금융의 허브가 되어 그의 부동산은 황금알을 낳는 거위가 되었다. 이후 그는 80년대에는 국가 기간산업, 90년대에는 중국 대륙개발 사업, 금융위기 이후에는 다른 나라의 국가 기간산업과 IT업종에 대한 투자로 사업의 영역을 거침없이 확장해 왔다. 그의 사업의 좌우명은 바로 진화타겁(趁火打劫), 즉 불난 틈을 타서 훔쳐라이다. 모든 사람들은 불이 났을 때 불구경에 여념이 없지만 그는 불이 났을 때야말로 상대방이 가장 약한 때임으로 이를 노려서 사업적 기회를 쟁취해야 한다고 보았다. 1970년대 영국 기업인 화기황포를 처음으로 인수한 것 역시 위기를 기회로 만드는 그만의 특유한 사업관에서 비롯되었다고 할 수 있다.

두 번째 성공 요인은 타인과 차별화된 전문성과 집요함을 들 수 있다. 리자청 회장은 사업 성공의 가장 중요한 요인으로 전문성을 꼽는다. 그리고 전문성을 획득하기 위한 교육과 학습의 중요성을 지속적으로 강조한다. 유년기에 그는 낮에는 학교를 다니고 방과 후에는 견습공 생활을 했는데, 훗날 그때를 회상하면서 "남들은 학문을 구하지만, 나는 학문을 탐했다"라는 말로 학습의 중요성을 강조한 바 있다.

그의 집요함과 학습에 관한 열정을 보여주는 대표적인 사례인 위장취업 사건을 살펴보자. 1950년대 플라스틱 완구와 일상용품을 만들어 팔던 리자청은 평범한 플라스틱 제조업자 중의 하나에 불과하였다. 그러던 어느 날 그는 〈플라스틱〉이라는 잡지에서 눈에 띄는 기사를 접하게 된다. 이탈리아의 한 회사가 플라스틱 조화의 제조에 성공하여 곧 대량생산에 들어갈 예정이며 이 상품으로 유럽과 미국 시장을 공략할 것이라는 내용이었다. 1957년 봄 당시 29세이던 리자청은 한 치의 망설임도 없이 이탈리아로 향했다. 그는 이태리 업체에 플라스틱의 수입을 제안했으나 보기 좋게 거절당했다. 그러나 그는 포기하지 않고 해당업체에 일반 노동자로 위장취업을 하면서 플라스틱 제조 기술을 익히는 데 여념이 없었고 이는 향후 플라스틱 사업 성공의 기반이 된다.

세 번째 성공 요인은 스스로를 속이지 않는 근면함과 절약 정신에 있다. 리자청은 세계적인 부자이지만 평생 근검절약을 실천하며 살았다. 그는 자신의 경험에 비추어 이렇게 말하곤 한다. "부지런하면 부족한 점을 보충할 수 있다. 다른 사람이 8시간 일하면 나는 16시간을 일한다. 부지런함으로 부족함을 메우는 수밖에 달리 방법이 없었다. 하지만 대부분의 사람들은 반대로 말한다. 효율성이 더 중요하다고. 그러나 양이 뒷받침되지 않으면 절대로 질이 좋아지지 않는다. 부지런함을 근거로 시간을 투자해야 하며, 그 과정을 통해 방법을 터득하는 것이 바로 효율성, 바로 질(質)이다."

그의 절약과 관련한 일화를 살펴보자. 어느 날 아침 리자청 회장이 출근길에 오르던 찰나 그의 바지 주머니에서 동전이 떨어져 길 가장자리의 하수구에 빠졌다. 동전 한 푼이었지만 리자청 회장은 비서에게 동전을 찾아오라고 지시하였다. 잠시 후 비서는 리자청 회장이 떨어뜨린 동전을 찾아왔다. 리자청 회장은 동전을 주워온 것에 대한 포상으로 100달러를 주었다. 훗날 어느 기자가 그 이유를 질문하자 리자청은 이렇게 대답하였다. "만약 내가 동전을 줍지 않았다면 그 동전은 하수구에 빠져 세상에서 사라지게 되었을 것입니다. 돈이란 무릇 계속 사용되어야지 낭비되어서는 안 됩니다. 내 돈이라면 단 돈 1센트라 하더라도 반드시 줍습니다. 그러나 내 돈이 아니라면 그 돈이 수천, 수억 원이 된다 하더라도 절대로 손대면 안 됩니다." 그에게 돈이란 한 푼이라도 헛되이 쓸 수 있는 것이 아니며, 세상에서 계속해서 돌고 돌아야지 그 가치가 유지되고 확대되는 것이었다.

네 번째 성공 비결은 인(仁)에 바탕을 둔 인본주의(人本主義) 경영이다. 리자청은 유가(儒家)에 기반한 유상(儒商)의 정신을 계승한 기업가다. 예전에 홍콩의 한 언론과의 인터뷰에서 그는 "나는 소박하게 입고 먹고 자고 생활하는 것을 좋아합니다. 물질적인 삶은 30년 전과 똑같이 생활하고 있습니다"라고 말한 적이 있다. 그는 기업 경영의 가장 중요한 원칙은 바로 직원들을 가족의 일원으로 대하는 것이라고 말한다. 예를 들어보자. 리자청에게는 과거 창업 초기에 건설한 공장이 있었다. 그 공장은 사업 성공의 기틀을 제공했지만, 시간이 지나면서 이익이 줄어들고 마침내 회사의 애물단지로 전락해버렸다. 기업은 기본적으로 이익을 추구하는 조직이기 때문에 이윤을 내지 못하는 사업을 정리하는 것이 자연스러운 일이다. 그러나 리자청은 "한 기업은 가정과 같다. 공장의 직원들은 우리 회사의 공신들이다. 시간이 흘러 직원들이 늙었으니 이제 그들을 보살필 의무가 있다"라며 직원들의 고용을 보장했다.

그는 세계에서 가장 많은 돈을 사회에 환원하는 기업가 중 한 사람이다. 리자청은 1980년 리자청 기금회를 설립하고, 이를 자신의 세 번째 아들이라고 말할 정도로 많은 애착을 가졌다. 2012년까지 그가 이미 기부를 했거나 기부를 확정한 액수는 대략 9000억 원에 달하며, 이중 70퍼센트 이상이 리자청의 개인 재산에서 나왔다. 이 기금을 통해 그는 중국에 대학을 세우고, 장애인, 소년 가장, 이재민을 활발히 돕고 있다. 그의 기부와 관련한 재미있는 에피소드가 있다. 2004년 동남아시아에서 지진해일이 발생하였을 때 한국 정부는 지원금을 300만 달러로 결정하였다. 그런데 리자청 개인이 310만 달러를 기부했다는 소식에 네티즌들의 비난이 이어지자 부랴부랴 500만 달러로 지원액을 수정했다는 이야기도 들린다.

2) 경영의 신, 왕융칭

왕융칭은 누구인가?

왕융칭

(출처: https://upload.wikimedia.org/wikipedia/commons/e/e8/.jpg)

한때 타이완을 좌지우지했던 기업인 왕융칭 회장은 세계 플라스틱 업계의 황제 또는 경영의 신으로 불린다. 그는 1917년 타이베이에서 8남매 중의 장남으로 태어났다. 어려서 아버지가 병환으로 쓰러지자 봄, 여름에는 찻잎을 따고 가을에는 목탄을 만들어 생계를 유지할 만큼 궁핍한 삶을 살았다. 그는 가족의 생계를 책임지기 위해 15세에 공부를 그만두고 쌀집 점원으로 취직하였다. 이후 1년 만에 아버지에게 200위안을 빌려 쌀집을 차려서 사업의 기반을 마련하였다. 이후 정미소, 벽돌공장, 목재상, PVC 원료생산 등으로 업종을 확장하고 1954년 포모사 플라스틱을 창업하였다. 그가 평생의 피땀으로 일구어낸 포모사 플라스틱 그룹은 2010년 매출액 750억 달러에 30여 개의 계열사와 10만 명의 임직원을 보유한 타이완 최대 민영기업이다.

왕융칭의 성공 요인

왕융칭 회장의 성공 요인은 크게 네 가지로 분류할 수 있다. 왕융칭 회장의 첫 번째 성공비결은 철저한 고객 수요파악과 차별화된 서비스에 있다. 1932년 당시 16세였던 그는 고향 타이베이를 떠나 자이(嘉義)라는 도시에서 쌀가게를 열었다. 하지만 작은 도시였던 자이에도 이미 30여 개의 쌀가게가 있어 경쟁이 매우 치열하였다. 밑천이라고는 200위안이 고작이었던 왕융칭은 행인이 별로 없는 외진 골목 한 귀퉁이에 작은 점포를 세내어 쌀가게를 시작했다. 하지만 그는 사업 시작 1년 만에 주변 상권을 석권하게 되었다. 그 비결은 무엇이었을까?

먼저 그의 쌀 가게는 당시로는 혁신적인 돌을 골라주는 서비스를 제공하였다. 그리고 배달 서비스도 제공하였다. 또한 그의 쌀 가게는 당시 쌀 배달을 시키는 사람들이 대부분 노인들인 점에 착안하여 배달 후 쌀독을 비우고 담아주는 서비스를 제공하고, 쌀이 떨어질 즈음 연락하여 쌀을 배달해주는 B/S 개념을 도입하였다. 이렇게 고객에 특화된 맞춤 서비스를 제공함으로써 그는 불과 1년여 만에 자이의 쌀가게를 석권하게 된다.

왕융칭 회장의 두 번째 성공비결은 관리와 공정의 중요성을 강조하는 미세경영이다. 그는 사업에 있어서 미세경영의 중요성을 강조하면서 다음과 같이 말하였다. "거시적인 부분에도 관심을 가져야 하지만 세부적인 관리에 더욱 심혈을 기울여야 한다. 세부적인 것을 개선하여 2명이 할 일을 1명이 할 수 있게 만들면 생산력이 2배 증대되는 셈이고, 한 사람이 2대의 기계를 작동시킬 수 있다면 생산력이 4배로 늘어나지 않겠는가? 1퍼센트의 실수가 100퍼센트의 실패를 가져오고, 작은 부주의 하나가 돌이킬 수 없는 치명적인 결과를 가져오는 법이다. 누구나 부주의로 실수할 수 있지만 그런 실수가 그 사람의 자질을 대변하는 것도 무시할 수 없는 사실이다"라고 하였다. 왕융칭의 미세경영을 이야기할 때마다 빼놓지 않고 등장하는 사례가 있다. 바로 포모사 플라스틱 신드롬이다. 1983년 미국 경제전문지 〈포브스〉는 왕융칭이 회사 내 수백 개의 개별 사업부문 책임자들과 주말을 포함해 매일 회의를 가진다고 전하면서 이 때문에 많은 직원들이 극도의 스트레스를 받아 위장병에 걸렸다고 전하였다. 이때부터 타이완에서 회사원들이 겪는 극도의 신경증을 포모사 플라스틱 신드롬이라 부른다고 한다. 실제 왕융칭은 현장의 목소리를 직접 듣기 위해 매일 실무진과 같이 점심을 먹으면서 회의를 주재하는 것으로 유명했다.

왕융칭 회장의 세 번째 성공 비결은 철저한 자기관리와 절약 정신에 있다. 그는 평생 매일 새벽 2시에 기상해 1시간 동안 명상을 하고 1시간 동안 조깅을 한 뒤에야 하루를 시작했다고 한다. 그러나 이에 대해 그는 저잣거리의 상인들에 비해 자신은 특별할 것이 없다고 강조한다. "나는 사실 대단한 것이 없다. 먹고 살기 위해 새벽 2~3시에 장사를 나가고, 다음 날 장사를 위해 그날 밤 12시가 넘어 잠자리에 드는 일을 매일 되풀이하는 상인들이야말로 정말 대단한 사람들이다." 성실함과 함께 그의 절약 정신 역시 타의 추종을 불허한다. 목욕용 때수건 한 장을 30년 가까이 사용했다는 일화와 딸 결혼식 혼수로 면도기 하나만 보낸 이야기가가 유명하다. 또한 자신이 출장을 간 사이에 집무실에 1000달러짜리 카펫을 깔았던 직원을 해고할 뻔했던 이야기도 유명하다.

왕융칭 회장의 네 번째 성공 비결은 그 만의 진정성과 집요함에 있다. 그의 진정성과 집요함은 마른 거위 이론으로 살펴볼 수 있다. 그는 마른 거위 이론에 관해 이렇게 회고하고 있다. "많은 거위들이 배고픔에 지쳐 쓰러져 죽었지만 그중에 간혹 비쩍 곯은 몰골을 하면서도 악착같이 버티고 있는 녀석들이 있다. 이런 거위는 배고픔이 얼마나 무서운 것인지 잘 알고 있기 때문에 먹이만 보면 무조건 먹어 치우려는 본능만 남아 있다. 이런 거위를 거둬 키우면 보통의 거위보다 훨씬 빨리 몸집을 키워 시장에 웃돈을 받고 내다 팔 수 있다."

구체적인 사례를 하나 더 살펴보자. 왕융칭은 젊은 시절 임업장에서 원목을 구입하여 간단히 손질을 한 후 소매업체에 넘기는 사업을 하고 있었다. 물기가 없어진 목재는 쉽게 쪼개지기 때문에 과거 대부분의 임업장은 원목을 저수지에 며칠 담가두었다가 목재 판매업자에게 넘기곤 하였다. 목재업자 입장에서 보면 현장에서 물에 잠겨 있는 원목의 상태를 제대로 살피기는 상당히 어려웠다. 직접 보고 만질 수 없었기 때문에 그들은 단지 감에 의존해야만 했다. 만약 운이 나빠 배정받은 목재의 상태가 좋지 않은 경우라면 그야말로 쪽박을 찰 수도 있었다. 그런데 다른 사업자들과는 다르게 왕융칭은 이 사업에서 항상 큰 수익을 얻었다. 왜 그랬을까? 비결은 목재 배정 전날 그가 직접 저수지에 잠입하여 원목의 상태를 파악한 데 있었다. 당시 목재 판매업자들은 원 목재업체에서 배정해주는 대로 목재를 받는 관행에 익숙해 있었다. 그러나 왕융칭은 최고의 목재를 인도받기 위해 전날 몰래 저수지에 잠입하여 일일이 목재의 상태를 파악하고 좋은 목재에 자신만의 표시를 해 두었다. 그리고 인도 당일 자신이 직접 표시한 목재들을 인수하였다. 당시 그 누구도 확인하지 않던 목재의 상태에 대해 왕융칭만이 진정성을 가지고 집요하게 확인함으로써 왕융칭은 사업성공의 안정적인 기반을 마련하게 되었던 것이다.

왕융칭은 2008년 10월 향년 92세를 일기로 사망했는데, 유산 2222억 타이완 달러(당시 기준 약 8조 4582억 원)를 사회에 기증함으로써 다시 한 번 세상을 놀라게 하였다. 2222억 타이완 달러는 당시 기준으로 타이완 최고층 빌딩인 101빌딩을 4채, 보잉 747 기종을 44대 구매할 수 있을 정도로 막대한 규모이다. 살아서 근검절약을 몸소 실천한 그의 고결한 정신이 죽어서도 영원히 남게 되는 역사적 사건이라 할 수 있다. 왕융칭 회장은 유서를 통해 다음의 말을 남겼다.

"누구나 부(富)를 바라지만 태어날 때부터 가지고 태어나는 사람은 없다.

떠날 때 가지고 떠날 수 있는 사람도 없다. 돈은 하늘이 우리에게 좋은 용도로 사용하라고 잠시 맡긴 것일 뿐 누구도 진정 이를 소유할 수 없다. 너희들도 이런 생각을 갖고 인생을 충실하게 경영하기 바란다. 인생 최대의 가치는 자신의 능력을 발휘하여 사회에 공헌하고 아름다운 비전을 제시하는 것이다. 나는 이 목표를 달성하기 위하여 긴 세월 결코 나태할 수 없었다."

제11부

중국의 음식 문화

11 중국의 식문화

사람들에게 흔히 알려진 유명한 말로 중국 사람들이 네 발 달린 것 중에 안 먹는 것은 책상뿐이라는 말이 있다. 이는 말 그대로 중국 사람들의 다양한 개성과 음식에 대한 관심을 의미한다. 이 밖에도 이 말은 과거에 중국 사람들이 흉년에 굶어 죽는 것을 모면하기 위해서 또는 임금이나 지방 귀족들의 입맛을 맞추기 위해 보이는 모든 것을 먹을 거리로 삼았다는 의미도 된다. 실제 옛날 중국 왕실의 주방장의 지위는 매우 높았다고 한다. 흔히들 재상(宰相)의 재는 갓머리 밑에 요리용 칼을 뜻하는 신자가 어우러져 만들어진 글자라고 하는데 이를 통해 중국에서는 대대로 요리사의 지위가 높았음을 알 수 있다. 또한 청대 만한전석(滿漢全席)이라는 요리는 한족의 요리 50가지와 만주족 요리 50가지 도합 100가지가 넘는 어마어마한 가짓수로도 유명하다. 이렇게 음식을 그 누구보다 중요하게 여겨 민이식위천(民以食爲天)을 신봉하고 있는 음식의 나라 중국의 음식과 음식 문화에 대해 살펴보도록 하자.

1. 중국의 음식

1) 중국 음식 문화의 형성 요인

현재와 같은 다양하면서도 독특한 중국만의 음식 문화가 형성된 데에는 그만의 이유가 있다. 일반적으로 중국 음식 문화의 형성 요인은 네 가지 측면에서 살펴볼 수 있다.

첫 번째는 정치경제적 측면이다. 과거 중국은 대대로 북방의 유목 민족인 흉노 때문에 큰 어려움을 겪고 있었다. 이에 한나라 무제는 흉노의 서편에 자리 잡고 있던 대월지와 손을 잡고 흉노를 공격하기 위해서 기원전 139년 장건을 파견하였다. 그러나 장건은 천신만고 끝에 대월지에 도착하였지만 대월지는 흉노와의 전쟁을 원하지 않아 군사적인 동맹을 맺는 데 실패하였다. 그러나 이 대월지에서 1년여간 머물던 장건은 인도, 시리아, 이집트 등 서역 지방 국가에 대한 정보를 얻게 되고 그가 한나라로 돌아온 뒤 한나라는 서역의 여러 나라들과 교역을 하게 되었는데 이 길이 바로 실크로드이다. 실크로드는 상업적인 측면뿐 아니라 문화교류의 측면에서도 큰 의의를 지니고 있다. 실크로드가 가장 번성했던 시기는 바로 당나라 때였다. 실크로드는 육로뿐 아니라 바닷길로 개척되었는데 바닷길은 계절풍을 이용한 항해술이 발달하면서 8세기 이후에 본격적으로 활발하게 이용되었다. 송나라 때에는 나침반을 사용하여 중국 상인들의 동남아시아 무역이 본격적으로 시작되었다. 이러한 실크로드를 통해 중국의 도자기, 차 등이 수출되고 서구의 향신료 등이 중국에 본격적으로 도입되었다. 즉 중국은 과거로부터 육로와 해로를 포함한 실크로드를 통해 향신료를 포함한 다양한 서구의 농산물을 중국에 도입하고 중국의 상황에 맞게 토착화 과정을 거치면서 다양한 중국의 음식 문화를 형성하게 되었다.

두 번째는 사회적 측면이다. 앞서 중국 개황에서도 설명했다시피 중국은 한족을 비롯한 56개 민족으로 구성된 다민족 국가이다. 멀리 북으로는 몽골족과 만주족, 동부 지역으로는 조선족, 서쪽 지역으로는 위구르족, 서남 고원 지대로는 티베트족 등 다양한 민족적 배경은 중국의 음식 문화에도 지대한 영향을 미친게 사실이다. 각각의 민족 자체의 전통문화의 보존과 계승뿐 아니라 민족 간의 식문화의 교류는 중국 음식 문화의 다양성을 이루는 근간이 되었다.

세 번째는 기후적 측면이다. 세 번째 중국 음식 문화를 구성하는 요인은 바로 기후적인 측면이다. 중국은 세계 4위의 영토 대국으로 한 나라안에 아

청 나라 음식의 대표 만한전석(滿漢全席)

열대 기후, 온대 기후, 초원 건조 기후, 냉대 기후, 고산 기후, 사막 기후 등 다양한 형태의 기후대가 분포하고 있다. 이러한 다양한 기후 아래 생산되는 각각의 재료들은 다양한 음식을 만드는 기초가 되고 있다. 북쪽의 아한대 지역인 헤이룽장 지역의 경우 겨울인 1월의 경우 평균 영하 15도에서 31도를 기록하고 있으며 남쪽의 아열대 지역인 하이난 성의 경우는 겨울 평균기온이 20도를 기록할 만큼 남과 북, 동과 서에 걸쳐 다양한 기후로 인한 폭넓은 작물과 요리가 발달해 있다.

네 번째는 역사적 측면이다. 현대 중국의 음식 문화를 형성하는 데에는 역사적 배경의 영향도 무시할 수 없다. 역사적으로 진시황제 때에 가공식품을 만들기 시작하여, 한나라 때에는 곡물 가루로 조리를 시작하였다. 수당대가 되면 물레방아를 통한 제분이 시작 되었으며, 원나라 때에는 중국 요리를 서방세계에 소개하게 된다. 명나라 때에는 건조품을 불려 놓은 방법이 개발되었으며, 청나라 때에는 그간 중국 요리를 집대성한 시기로 평가 받는다. 특히 만한전석이라는 100가지가 넘는 요리는 중국 요리의 화려함과 다양함 그리고 민족 간의 융합을 표현하는 대표적인 요리라고 할 수 있다.

2) 중국 음식 문화의 특징

그렇다면 중국 음식 문화는 어떠한 특징을 가지고 있을까? 크게 네 가지로 정리해 볼 수 있다.

첫째, 음식의 다양성이다. 실제 중국의 음식 문화를 한 마디로 정의한다면 그건 바로 다양성이라고 할 수 있다. 중국 음식은 종류가 다양할 뿐 아니라 사용되는 재료, 요리법도 다양하다. 앞서 언급한 바와 같이 중국 음식의 재료로는 제비집, 상어 지느러미, 돼지내장, 오리피, 원숭이 혀, 곰발바닥 등 식용 가능한 모든 동식물이 쓰이며, 실제로 모든 동식물의 요리법이 존재한다고 한다. 요리 방법에 있어서도 단맛, 쓴맛, 신맛, 매운맛, 짠맛 등 5가지 맛의 조화로 다양한 형태의 음식을 만들어 낸다.

둘째, 숙식 위주의 식생활이다. 중국 음식의 또 다른 특징은 바로 불이나 물을 사용하여 익혀먹는 숙식(熟食) 위주의 식생활을 한다는 점이다. 최근에 중국인의 외부 교류가 활발해지고 건강에 대한 관심이 높아짐에 따라 생식을 하는 비율이 과거에 비해 많아지고 있기는 하지만 아직까지 중국 음식은 불과 물의 적절한 사용을 통한 숙식 음식이 주를 이루고 있다. 실제로 중국 요리에는 볶기에 있어서도 기름의 사용 정도에 따라 불의 세기나 성질에 따라 제조법이 다르며, 찜에 있어서도 용기의 유무, 물의 사용량, 찌는 시간에 따라 다양한 제조방법이 존재한다.

셋째, 음식의 조화와 균형을 중요시한다. 중국 요리는 전통적 음향오행에 기반한 음식의 균형적 섭취를 중요시한다. 기본적으로 육류와 채소류의 균형적 섭취를 중요시하는데 재료의 특이한 맛과 향기를 내기 위해 육류와 채소, 해산물과 채소 등 두 가지 이상의 재료를 섞어서 사용한다. 또한 이런 음식의 균형적인 섭취를 통해서 중국인들은 전통적으로 약으로 보신하는 것보다는 음식으로 보신하는 것이 좋다는 인식을 가지고 있다. 즉 음식으로 고치지 못하는 병은 약으로도 고치지 못한다고 생각한다. 따라서 음식을 만드는 데에 있어서도 식품만으로 건강을 도모하는 요리 예를 들면 오골계와 버섯을 이용하여 오골계 탕을 만들거나, 돼지 내장에 인삼을 배합하여 음식을 만드는 것과 같이 식재료를 주로 약용재료를 부로 하여 음식을 만들거나, 제비꽃과 녹두와 같이 약용식품 만의 배합을 통해 요리를 만들기도 한다.

넷째, 사용하는 도구와 방법이 간단하다. 중국 요리는 보이는 음식의 화려함과 다양함에 비해 사용하는 도구나 방법은 비교적 간단하다. 중국 요리에 사용하는 도구는 중국식 냄비인 훠궈(火鍋)와 볶음이나 튀김용 냄비인 사궈(砂鍋), 중국식 찜기인 정룽(蒸籠) 이 있으며 이 밖에 식칼과 뒤집개 국자 등이 있어 요리에서 보이는 것만큼의 복잡하고 다양한 도구의 사용이 없는 것이 특징이다.

3) 중국의 식사문화

우리 한국 사람들은 흔히들 의식주라고 하지만 중국 사람들은 식의주라고 할 만큼 먹는 것은 중국 사람들에게 특별하다. 중국의 어느 식당에서고 다 먹지도 못할 만큼 많은 음식을 시켜서 남기거나 남은 음식을 싸가는 경우를 흔히들 볼 수 있다. 또한 식사 후에 너도나도 밥값을 내겠다고 실랑이를 벌이는 장면들을 쉽게 볼 수 있다. 왜 그럴까? 일반적으로 중국인들은 손님들에게 최선을 다해 풍성하게 대접하는 것이 기본적인 의례이자 자신들의 체면과 관련되어 있다고 보기 때문이다. 따라서 중국인들에게 먹는다는 것은 단순한 식사 이상의 사회문화적 의미가 있음을 기억해야 한다.

중국 식사문화의 일반적인 특징은 아침, 점심은 비교적 간단하게 그리고 저녁은 성대하게 먹는다는 사실이다. 다음은 중국에서 식사를 할 때 기본적으로 지켜야 할 에티켓이니 모두들 기억해두었다가 실전에 활용해보자.

먼저 중국에서는 원형으로 된 식탁이 많으며, 식탁 위에 유리판을 놓고 이 유리판을 돌리면서 식사를 하는 것이 일반적이다. 이때 앉는 좌석은 서열에 따라 정해진 자리가 있음에 주의해야 한다. 일반적으로 출입문을 정면으로 마주보고 앉는 자리가 상석이라고 할 수 있다. 이 자리를 기준으로 주인과 가장 높은 서열의 손님이 앉고 출입문 바로 옆에 주최 측의 가장 낮은 실무자가 앉으면 크게 무리가 없는 자리 배치라고 할 수 있다. 그러나 식탁에서의 자리 배치는 연회의 성격이나 지역에 따라 다를 수가 있으므로 초대를 받은 경우에는 주인이 정해 준 자리에 앉는 것도 무난한 방법 중 하나이다. 자리가 배치되었으면 음식을 시켜야 한다.

중국인들이 즐겨 사용하는 원형 식탁의 모습.
유리판을 돌리면서 공동으로 식사하는 것이 일반적이다.
출처: http://www.shanghaibang.com/shanghai/news

주지하다시피 중국인들은 전통적으로 짝수를 선호함으로 식사인원, 요리 수, 접시 개수들을 짝수로 준비하는 것이 일반적이다. 한가지 더 주문하자면 실제 주문하는 요리 수는 일반적으로 식사하는 인원보다 많아야 한다는 점이다. 체면을 중시하는 중국인들의 문화라고 생각해 두자.

요리를 시켰으면 식사를 하게 된다. 여기서 주의해야 할 점은 중국은 개인별로 요리를 시켜서 먹는 것이 아니라 공동으로 요리를 시키고 하나의 큰 접시에 요리가 나오면 서로 먹을 만큼 떠서 식사를 한다는 것이다. 모든 중국 요리에는 중국 특유의 향신료가 들어가 있으니 이 점 역시 기억해둘 필요가 있다.

중국의 식사 순서

중국 음식의 식사 순서는 크게 렁차이(冷菜), 러차이(熱菜), 주스(主食), 탕(湯) 순서로 진행한다. 이를 일부에서는 전채, 주채, 뎬신의 순서로 분류하기도 한다. 렁차이는 주요리가 나오길 기다리면서 입맛을 돋우기 위해 먹는 간단한 음식으로 일반적 개념의 에피타이저라고 할 수 있다. 흔히들 무침과 같이 차가운 음식이 많아서 렁차이라고 불린다. 러차이는 주문 후 즉시 지지고 볶거나 튀겨서 만들어내는 메인 요리를 말한다. 러차이를 먹고 나면 주식 개념의 주스를 먹는다. 주식으로는 흔히 밥, 만두, 면 같은 것들이 나온다. 탕은 우리나라의 국과 비슷하나 국보다 훨씬 걸쭉한 경우가 많다. 우리나라와 다른 점은 메인 요리가 다 나온 뒤 주식을 시키고, 숭늉처럼 탕을 맨 마지막에 마신다는 점이다. 처음 중국에 가서 식사를 하는 경우에 러차이를 배불리 먹고 난 후에 중국 사람들이 주식을 권해서 당황하는 경우가 많다. 중국인의 식사 순서를 안다면 양 조절을 하면서 끝까지 천천히 먹는 지혜가 필요하다.

중국인의 식사법

먼저 중국인의 식사의 특징은 여러 가지 요리가 연이어 나온다는 점이다. 요리는 모두에게 넉넉히 돌아갈 수 있도록 충분히 준비한다. 음식은 여러 번에 걸쳐 나눠서 덜어먹는다. 식사를 할 때는 개인 접시가 여러 개 나온다. 일반적으로 요리는 평평한 개인 접시를 사용하고 국이나 후식, 소스가 있는 요리, 국물 요리는 깊은 접시를 사용한다. 새로운 요리가 나오게 되면 주인은 그날의 주빈에게 음식을 권하면서 식사를 시작한다. 식사는 회전판을 이용하여 요리를 덜어 먹으면 되는데 회전판은 왼쪽에서 오른쪽 방향으로 돌린다. 손님의 입장에서 요리를 담아두고 식히면 실례가 된다. 모르는 요리가 나오면 물어보는 것은 결례가 되지 않는다. 흔히들 중국 요리의 명칭은 음식재료, 준비된 재료 모양, 조리법, 맛, 만드는 형태에 따라서 결정된다. 따라서 그날의 식사자리가 특별한 의미가 있을 경우 그 자리에 맞는 음식을 주문할 수 있으므로 요리의 명칭을 알아보는 것도 재미있는 일이 될 것이다.

일반적으로 중국인들의 식사 때에는 메인 요리로 생선요리를 주문하는데 이때 생선은 전체가 완정한 상태의 요리여야 한다. 중국인들은 우리와 달리 숟가락은 탕을 먹을 때만 사용하며, 일반적으로 밥이나 요리, 국수 등을 먹을 때는 젓가락을 사용한다. 우리나라에서는 밥을 먹을 때 공기를 들고 먹으면 예의에 어긋나는 행동이지만 중국에서는 그릇을 들고 젓가락을 사용해서 밥을 먹어도 결례가 되지 않는다.

중국인의 아침거리

중국에서는 거의 모든 집이 부부가 모두 출근한다. 그만큼 아침은 출근 준비로 바쁘며, 따라서 집 근처나 회사 근처의 가게에서 간단히 먹고 출근하는 경우가 많다. 집에서 식사를 한다고 하더라고 특별히 단출한 식사를 하게 되는데 중국인들은 아침으로 무엇을 먹는지 함께 살펴보도록 하자.

① 저우(粥)

중국인의 아침을 대표하는 음식은 바로 죽이라 불리는 저우이다. 중국에는 아침 일찍부터 식사를 제공하는 가게들이 골목마다 아파트 단지마다 자리잡고 있는데 바쁜 현대 중국의 사람들은 이곳에 들러 죽을 비롯한 간단한 식사를 하고 간다. 대표적인 죽으로는 쌀죽과 좁쌀 죽이 있고 이외에 각자의 기호에 맞게 수백 가지의 죽 메뉴가 구비되어 있다. 요즘 우리나라에서도 많이 인기 있는 중국의 전자제품 회사인 샤오미는 바로 좁쌀을 의미하는 중국어이다.

중국인의 아침거리 저우

② 훈둔(混沌)

훈둔은 풀이하자면 중국식 만두국이라 할 수 있다. 일반의 피가 두껍거나 큰 만두요리와 달리 훈둔은 아주 얇은 피에 작게 만든 만두국이다. 여기에 마른 새우와 중국식 향신료인 샹차이(香菜)를 넣어서 먹는 것이 일반적이다.

샹차이는 흔히들 고수풀이라고 부르는 특유의 향이 있는 야채이다. 중국 사람들은 샹차이를 우리의 파처럼 모든 종류의 음식에 넣어 먹는 경향이 있다. 한국인들의 샹차이에 대한 반응은 극과 극이다. 만약 자신의 입맛에 샹차이가 절대로 맞지 않는다면 중국에서 음식을 주문할 때 샹차이를 빼달라고 주문하는 것을 잊지 말아야 한다. 만두피 안에는 일반적으로 고기와 야채로 반죽을 한 소가 들어 있다. 중국인들의 아침 식사에 죽 또는 훈둔은 필수 아이템 중 하나라고 할 수 있다.

중국인의 아침거리 훈둔

③ 더우푸나오(豆腐脑)

더우푸나오는 우리나라로 말하면 순두부 국과 같은 개념이라고 할 수 있다. 중국식 순두부에 갖은 고명과 양념을 넣고 한 그릇 먹으면 든든하기가 그 무엇과도 비교할 수 없다.

중국인의 아침거리 더우푸나오(왼쪽)와 샤오룽바오(오른쪽).

④ 샤오룽바오(小龍包)

샤오룽바오는 상하이, 항저우 등 강남 지역의 한족들이 먹었던 전통의 간식이라 할 수 있다. 일반적으로는 작게 만든 찐만두 요리이다. 나무 찜통에 작게 만든 고기만두나 야채만두를 쪄서 죽이나 훈둔 또는 더우푸나오와 같이 먹는 것이 일반적이다. 중국 사람들은 샤오룽바오를 식초에 찍어서 먹는 것이 일반적인데 이외에도 각자의 입맛에 따라 고추기름에 간장과 식초를 넣어서 이를 샤오룽바오에 찍어서 먹기도 한다.

⑤ 여우티아오(油條)

여우티아오는 아래 그림에서 보다시피 밀가루 반죽을 기다란 막대모양으로 만들어서 기름에 튀겨서 먹는 중국인들의 아침거리이다. 보기에 상당히 느끼하게 보이지만 먹어보면 의외의 고소함이 느껴질 만큼 중국인들이 좋아하는 음식이다. 베이징 거리에는 아침마다 여우티아오와 더우푸나오를 먹는 사람들을 어렵지 않게 살펴볼 수 있다.

중국인의 아침거리 여우티아오(왼쪽)와 젠빙(오른쪽).

⑥ 젠빙(煎餅)

젠빙은 중국 특유의 아침거리 또는 간식거리라고 할 수 있다. 둥그런 화덕처럼 생긴 밑판에 밀가루 반죽을 펼치고 여기에 계란을 깨트려 올려 놓고 갖은 소스를 바른 뒤 위에다 여우빙을 올리고 이를 가로 세로로 접어서 먹으면 된다. 마지막으로 대부분의 중국 사람들은 여기에 샹차이를 뿌려서 먹기도 한다.

⑦ 여우빙(油餅)

중국인의 아침거리 여우빙

앞에서 여우티아오를 밀가루 반죽을 세로로 길게 만들어 기름에 튀긴 것이라고 이야기하였는데 여우빙은 밀가루 반죽을 전 모양으로 둥글게 튀긴 것을 의미한다. 그대로 먹기도 하지만 젠빙과 같이 다른 간식거리에 같이 싸서 먹기도 한다. 느끼한 중국 음식 문화를 보여주는 대표적인 음식이 여우빙이라고 할 수 있다.

⑧ 만터우(饅頭)

만터우는 말 그대로 설명하면 만두이다. 그런데 여기서 우리가 주의해야 할 점은 중국에서 말하는 만터우와 우리나라에서 말하는 만두는 다르다는 점이다. 중국에서 말하는 만두는 소가 없는 밀가루 빵을 의미한다. 우리나라에서 흔히들 말하는 만두는 중국에서는 바오쯔(포자 만두), 자오쯔(교자 만두)로 구체화해서 부른다. 만터우는 중국에서 쌀밥과 더불어 주식으로 사용된다. 중국 사람들이 퇴근할 때면 가게에 들러 한 바구니의 만터우를 사 가는 모습을 볼 수 있는데 이는 집에 가서 식사를 하기 위함이다. 일반적으로 아침을 집에서 먹게 되면 만터우를 쪄서 자차이라고 불리는 중국식 짠지와 함께 먹게 된다.

⑨ 바오쯔(包子)

바오쯔는 흔히들 우리나라에서 말하는 포자만두이다. 바오쯔는 둥그런 원형 모양의 만두를 일컫는 말이고 여기에 소를 무엇을 넣느냐에 따라 고기를 넣은 바오쯔 야채를 넣은 바오쯔로 구별된다. 중국에서 우리나라 식의

중국인의 아침거리 만터우(왼쪽)와 바오쯔(오른쪽).

고기만두가 먹고 싶다면 러우바오(肉包)를 야채만두를 먹고 싶다면 쑤바오(素包)를 시키면 된다. 사진에서 보여주고 있는 바오쯔 가게는 톈진을 대표하는 개도 안 먹는 바오쯔 가게라는 의미를 가진 고우부리바오쯔(狗不理包子)점이다.

⑩ 자오쯔(餃子)

중국인의 아침거리 자오쯔

자오쯔는 우리나라에서 말하는 교자만두를 의미한다. 교자는 빚은 모양이 송편과 같이 생긴 것을 말하며 제조방법에 따라 물교자 만두와 찐교자 만두 등으로 나누기도 한다. 특히 중국의 동북지방은 자오쯔로 유명하며, 중국에서는 교자만두를 무게로 달아서 판매하기도 하고 교자에 들어가는 소가 수백 종에 이를 만큼 많기 때문에 시간을 내어 중국 자오쯔의 세계에 빠져보는 것도 무척이나 흥미로운 일이 될 것이라 생각된다.

2. 중국의 지역별 요리

흔히들 중국 요리를 4대 요리, 8대 요리, 10대 요리로 분류하기도 하는데, 보는 이와 분류기준에 따라서 내용과 범위가 달라지기도 한다. 여기에서는 일반적으로 이야기하는 중국을 대표하는 4대 지역 요리에 대해 소개하고자 한다.

1) 베이징 요리

베이징 요리는 북방 지역을 대표하는 요리로 추운 기후의 영향으로 인해 기름을 많이 사용하고 맛이 중후하며 칼로리가 높다. 강한 화력을 사용하여 단시간에 조리하는 튀김요리와 볶음요리가 특색이다. 우리에게 익숙한 베이징 요리로는 베이징 카오야(北京烤鴨)와 솬양러우(涮羊肉) 등이 있다. 베이징 카오야는 통째로 구운 오리를 얇게 저며 전병에 파와 장을 곁들여 싸서 먹는 요리로 세계적으로도 유명하다. 솬양러우는 종이처럼 얇게 썬 양고기 편을 끓는 물에 살짝 데친 후 양념장에 찍어 먹는 샤부샤부 요리이다.

베이징의 대표 요리 베이징 카오야(위)와 솬양러우(아래).

2) 상하이 요리

상하이 요리는 난징(南京) 요리 혹은 장쑤 요리라고도 하며, 양저우(揚州), 쑤저우 지역의 요리를 포함한다. 상하이 요리는 양쯔장 유역의 풍부한 곡물과 해산물 재료가 풍부하며 담백한 맛과 더불어 기름기가 많고 진하다. 특히 상하이 요리는 음식의 색과 모양을 중요시 한다. 쌀이 많이 나는 지역적 특성상 쌀밥에 어울리는 요리가 발달하였는데 찌거나 약한 불에 오래 끓이며 조리를 하고, 재료의 원래 모습을 그대로 살릴 수 있는 범위 내에서 조리를 하는 경향이 있다. 이 지역에서는 새우, 게 등의 해산물 요리와 진주완자, 게 볶음, 생선찜이 유명하다.

특히, 상하이 요리 중 유명한 것으로는 민물 게 요리와 둥퍼러우(東坡肉)가 있다. 민물 게 요리는 일반 서민이 먹기에 다소 비싸지만 식도락가들이 최

항저우의 대표 명물 샤오롱바오

고로 꼽는 진미로 찬바람이 부는 계절에 제맛을 느낄 수 있다. 둥퍼러우는 송나라 시인 소식(蘇軾)이 만들었다고 전해지는 요리이다. 항저우 지방의 관리로 있던 소식은 백성으로부터 선물 받은 돼지로 육질이 아주 연한 자신만의 요리를 만들어 백성들과 나눠 먹었다고 한다. 이에 소식의 호인 둥퍼(東坡)를 따서 둥퍼러우라 불렀고, 이러한 미담 덕분에 둥퍼러우는 지금까지 많은 사람의 사랑을 받는 요리 중 하나가 되었다.

상하이의 대표 요리 둥퍼러우

3) 쓰촨 요리

쓰촨 요리는 중국 내륙부의 쓰촨, 윈난, 구이저우 지역의 요리를 포함한다. 예로부터 중국의 곡창지대로 유명한 쓰촨분지는 사계절 산물이 모두 풍성해, 야생 동식물이나 채소류, 민물고기를 주재료로 한 요리가 많다. 쓰촨 요리는 특히 매운 요리로 유명한데 "후난(湖南) 사람들은 매운 것을 겁내지 않지만, 쓰촨 사람들은 맵지 않을까 봐 두려워한다(湖南人不怕辣, 四川人怕不辣)"라는 말이 있을 정도이다. 쓰촨 요리는 중국 내륙을 대표하는 요리로 고추, 후추, 생강 등 강한 향신료를 많이 사용하여 맛이 자극적이고 매운 특징이 있다. 특히 우리나라의 입맛과 비슷한 요리로 야채나 곡물, 육류를 골고루 이용한다. 흔히 접할 수 있는 쓰촨 요리로는 마퍼더우푸(麻婆豆腐), 궁바

쓰촨 대표 요리 마파더우푸(왼쪽)와 훠궈(오른쪽).

오지딩(宮保鷄丁) 등이 있으며, 특히 각종 채소와 육류를 데쳐 먹는 쓰촨식 샤부샤부인 훠궈(火鍋)는 모든 사람이 좋아하는 대표 쓰촨 요리이다. 이 밖에도 물김치와 비슷한 파오차이가 있으며 중국적인 전통을 가장 잘 보존하고 있는 요리라는 평가를 받는다.

4) 광둥 요리

광둥 요리는 중국 남부에 있는 광둥, 푸젠, 광시 등지의 요리를 대표한다. 중국 요리 중 세계적으로 가장 많이 알려진 것이 바로 이 광둥 요리이다. 16세기 이래 외국 선교사와 상인들의 왕래가 빈번하였기 때문에 전통 요리에 서양 요리법이 결합하여 독특한 특성을 지니고 있다. "네발 달린 것이면 의자 빼고 무엇이든 다 음식의 재료가 된다"라는 말이 있을 정도로 요리에 다양한 재료를 사용한다. 광둥 특선 요리 중 유명한 룽후더우(龍虎鬪)의 주

광동의 대표 요리 시닝지(왼쪽)와 룽후더우(오른쪽).

재료가 고양이와 뱀인 것을 알고 많은 사람이 놀라곤 한다. 광둥 요리는 대체로 담백하고 재료 그대로의 맛을 살리기 위해 간을 적게 하며 국물이 많다. 구라오러우(咕咾肉), 딤섬(點心) 등은 우리에게 친숙한 광둥 요리이다. 제비 집, 고양이, 원숭이, 뱀 등을 재료로 한 4대 요리 및 각종 죽이 발달하였고, 모든 조미료가 동원되어 음식이 향기롭고, 개운하며, 부드럽고, 미끈거린다는 평가를 받는다. 과거로부터 중국식 요리법과 식재료가 전 세계로 소개되는 데 큰 공헌을 하여 가장 유명한 중국 요리로 손꼽히는 것이 바로 광둥 요리이다.

3. 중국의 술

1) 중국 술의 종류

중국은 지대물박의 나라인 만큼 생산되는 술의 종류도 다양하다. 특히나 바이주와 같이 중국 전통을 고스란히 계승한 술이 있는 반면에 맥주나 포도주로 대표되는 홍주는 아편전쟁 이후 서구 제국주의의 중국 침략과도 연결이 되어 있을 만큼 역사적인 사연이 있다. 현재 중국을 대표하는 술로는 바이주(白酒), 황주(黃酒), 피주(啤酒, 맥주), 홍주(紅酒)가 있다. 일반적으로 기후 특성상 북방 사람들은 도수가 있는 바이주를 즐기는 반면에 남방 사람들은 황주나 피주를 즐긴다고 한다. 지금부터 중국을 대표하는 술의 세계로 들어가 보자.

① 바이주

바이주란 곡물을 주재료로 누룩 등을 발효제로 만든 증류주를 의미한다. 바이주 이외에도 사오주(燒酒), 라오바이간(老白干), 사오다오쯔(燒刀子)로도 불린다. 무색의 투명한 액체로 향이 맑고 부드러우며, 입에 들어가면 부드럽고 상쾌한 맛이 나는, 주정 함량이 높은 술이다. 바이주는 중국 특유의 증류수로 브랜디, 위스키, 보드카, 진, 럼주와 더불어 세계 6대 증류주로 꼽힌다. 우수한 바이주는 반드시 일정한 저장기를 거치는데 짧게는 3개월에서 길게는 3년 이상이 소요된다. 도수는 일반적으로 40도 이상이며 60도 전후의 술도 흔한 편이고, 40도 이하는 저도주로 분류된다. 술의 가격은 도수가 높은 술일수록 비싼 편이다. 중국을 대표하는 바이주로는 마오타이(茅台酒), 우량예(五粮液), 수이징팡(水井坊) 등이 있다.

② 황주(黃酒)

황주는 세계에서 가장 오래된 술 가운데 하나로 중국에서 시작 되었고 중국에만 존재하는 술이다. 맥주와 포도주와 함께 세계에서 가장 오래된 세 가지 술에 포함된다. 대략 3000년 전인 상주(商周)시대에 중국인들은 특유의 발효법을 통해 대략으로 황주를 만들기 시작하였다. 현재 황주의 산지는 비교적 광범위한데 산둥의 지모(即墨)와 저장의 샤오싱(紹興)이 유명하다. 황주는 쌀, 기장, 조를 주 재료로 일반적으로 주정함량이 14~20퍼센트 정도이다.

③ 피주(啤酒, 맥주)

피주는 인류 역사에서 가장 오래된 술 가운데 하나로써 물과 차 다음으로 세계에서 소비량이 많은 음료이다. 피주는 20세기 초에 중국에 전해진 외래의 술이다. 현재 중국에서 가장 많은 종류를 자랑하는 술이 바로 피주로 각 지방마다 고유 브랜드의 피주 회사를 가지고 있을 정도이다. 중국을 대표하는 3대 피주 브랜드는 칭다오(青岛) 피주, 옌징(燕京) 피주, 하얼빈(哈尔滨) 피주를 들 수 있다. 이중 칭다오 피주는 서구열강의 중국 침략의 결과 독일이 칭다오를 조차하면서 이곳의 수질이 좋은 것을 알게 되고 이에 따라 1903년에 피주공장을 지음으로써 중국을 대표하는 피주회사가 되었다. 매년 7월이면 칭다오에서는 맥주 페스티벌을 개최함으로써 중국 대표 맥주도시로 자리매김하고 있다.

④ 홍주(紅酒)

홍주는 일반적으로 포도주를 칭하나 반드시 포도주만을 지칭하는 것은 아니다. 홍주는 아주 많은 분류방법이 있는데 완성품의 색깔을 기준으로 적포도주, 백포도주, 분홍포도주로 나뉜다. 역사적으로 사마천의 『사기』에 중국의 서북지방에서 포도로 술을 담갔다는 기록이 있는 것으로 보아 중국의 포도주의 역사를 가늠할 수 있다. 현재 중국을 대표하는 포도주로는 산둥 옌타이(烟台)의 적포도주와 칭다오의 백포도주가 유명하다.

2) 중국인의 술 문화

중국과 비즈니스를 하게 되면 중국인의 술자리 문화를 이해하는 것은 필수라고 할 수 있다. 일반적인 동양의 예법을 기준으로 하면 크게 무리는 없으나 중국인들만의 술자리 에티켓이 있으므로 이를 잘 숙지할 필요가 있다.

중국인의 술자리 문화의 첫 번째 특징은 술잔을 돌리지 않는다는 것이다. 우리나라에서는 동료의식이나 조직에 대한 충성심의 일환으로 술잔을 돌리는 것이 일반화 되었지만 중국에서는 자신이 마시던 술잔을 다른 사람에게 돌리는 문화 자체가 없을 뿐 아니라 심지어 이런 행위를 불결하게 생각할 수 있으니 이를 조심해야 한다.

두 번째 중국인의 술 문화 특징은 술을 비록 마시지 않는다 하더라도 마시는 흉내는 내야 한다는 사실이다. 특히 몽골과 같은 소수민족 지역에 가게 되면 그 민족의 예법에 따라 고유의 전통 의상을 입고 노래를 부르면서 권주하는 경우가 있다. 이 경우 자신이 술을 마시지 않기 때문에 술잔 자체를 받지 않는 경우가 있는데 이는 상대에게 아주 큰 결례를 범하는 것이다. 즉 자신이 비록 술을 마시지 않는다 하더라도 술잔을 들고 마시는 시늉을 하는 것은 상대에 대한 예를 표시하는 것이므로 이러한 술자리 예법을 기억하는 것이 필요하다.

세 번째 중국인의 술 자리 문화의 특징은 건배를 수시로 한다는 것이다. 중국 사람들은 술을 마실 때 혼자 마시는 경우는 드물고 대부분 술을 마실 때마다 건배를 외치며 함께 마시는 것을 좋아한다. 중국어로 간베이(乾杯)라는 말은 술잔을 말린다는 뜻으로 술잔을 비우자는 의미로 쓰인다.

네 번째 특징은 수시로 하는 건배를 하는 과정에서도 예의를 표해야 한다는 것이다. 즉 잔을 부딪힐 때 자신의 잔을 상대방의 잔보다 낮게 함으로써 상대에 대한 예의를 표해야 하는 것이다. 만약 원탁에 앉아서 상대방과의 거리가 멀다면 탁자 가운데에 있는 회전판에 잔을 부딪치고 상대방도 같은 동작을 하여 술잔을 부딪치는 것으로 간주하면 된다.

다섯 번째 중국인의 주도는 바로 첨잔이다. 우리나라의 경우 술잔이 비게 될 경우에만 술을 따르는 것이 일반적이다. 그러나 중국에서는 비록 잔에 술이 남아 있다고 할지라도 수시로 술을 채움으로써 자신의 관심을 표현하는 것이 좋다.

이 밖에 중국에서는 취객이 술을 마시고 소란을 피우는 경우가 상당히 드물며 이러한 모습을 보이는 것은 사람들에게 웃음거리가 되기 십상이라는 점에 유의해야 한다. 반면 낮에 술을 마시거나 얼굴이 벌겋게 되어도 그다지 상관하지 않는다는 차이점도 있다.

제12부

중국의 전통문화

12 중국의 전통문화와 제도

중국인의 최대 명절은 우리나라의 구정과 같은 음력 1월 1일 춘제(春節)이다. 새해가 되면 중국인들은 '신넨콰이러, 꿍시파차이(新年快樂, 恭喜發財: 새해 복 많이 받으세요. 돈 많이 버세요)'라고 서로에게 인사말을 건넨다. 여기서 우리는 중국인들에게는 서로에게 가장 큰 덕담이 '돈 많이 버세요'라는 것을 알 수 있다. 실제로 중국인은 매년 정월 초닷새 날과 음력 7월 22일이 되면 재물신(財物神)에 제사를 드리는데 이날을 특별히 재신절(財神節, 차이선제) 또는 재물신에 제사를 지낸다는 의미에서 배재신(拜財神, 바이차이선)이라고 부른다. 일반적으로 재물신(財物神)은 문(文) 재물신과 무(武) 재물신으로 나뉘는데 문을 대표하는 재물신으로는 비간(比干)과 범려(范蠡)가, 무를 대표하는 재물신으로는 도교의 신 조공명(趙公明)과 삼국지의 덕장 관우(關羽)가 추앙받고 있다. 조공명은 특별히 정재신(正財神)으로도 불리며, 민간에서 특별한 존재로 모셔지고 있다. 이렇게 중국에는 재신절처럼 우리에게 익숙지 않은 고유의 명절이 있는가 하면 설날, 중치우제와 같은 익숙한 명절도 있다. 지금부터 중국 전통 명절과 문화를 살펴봄으로써 우리나라와 어떤 공통점이 있는지 또한 차이점에는 어떤 것이 있는지 하나하나씩 살펴보도록 하자.

1. 중국의 명절과 기념일

1) 중국의 명절

중국을 대표하는 명절로는 춘제(春節), 위안샤오제(元宵節), 칭밍제(淸明節), 중치우제(仲秋節)가 있다. 춘제는 우리나라의 구정, 위안샤오제는 정월대보름, 칭밍제는 청명절, 중치우제는 추석에 해당된다.

춘제

중국 최대의 전통 명절인 춘제는 음력 1월 1일로, 우리나라의 설에 해당한다. 원래 춘제는 글자 그대로 봄과 관련이 있어 입춘(立春)과 같은 의미로 사용되었으나, 현재는 양력 1월 1일을 위안단(元旦) 또는 신녠(新年)이라 하고, 음력 1월 1일을 춘제라 부른다. 춘제 전날 밤을 추시(除夕)라고 하는데, 온 가족이 모여 녠예판(年夜飯)을 즐긴다. 녠예판은 섣달 그믐날 밤 가족이 함께 먹는 식사를 말한다. 춘제 아침, 북방 사람들은 주로 자오쯔라는 물만두를 먹고, 남방 사람들은 주로 떡요리인 녠가오(年糕)와 탕위안(湯圓)을 먹는다. 춘제 때 먹는 만두 안에는 몇 개의 동전을 넣게 되는데 중국 사람들은 동전을 넣은 만두를 먹는 사람에게는 일 년 내내 행운이 온다고 믿는다. 또한 춘제가 되면 거리에는 일제히 홍등이 내걸리고 집집마다 문 앞에 거꾸로 된 복(福)자를 내 붙여서 복이 들어오기를 간절히 희망한

춘제 때 복자를 거꾸로 해서 집집마다 문 앞에 내걸어 복이 들어오기를 소망한다.

춘제 때 홍등이 내걸린 모습.

다. 과거 중국 사람들은 춘제 때 보통 한 달에서 심지어 두 달까지 쉬는 경우가 많았지만 지금은 일주일에서 열흘 가량으로 많이 줄었다. 그럼에도 춘제는 중국 최대의 명절로 자리잡고 있다.

위안샤오제

위안샤오제는 음력 1월 15일로 우리나라의 정월대보름에 해당한다. 이날 저녁 사람들은 삼삼오오 짝을 지어 거리에서 등불을 감상하고 폭죽을 터뜨려 축제 분위기를 만끽한다. 위안샤오제 아침 각 가정에서는 위안샤오(元宵)를 먹는다. 위안샤오는 팥이나 설탕, 깨와 같은 소를 넣어 찹쌀로 빚어 쪄낸 음식으로, 동글동글한 모양 때문에 탕위안(湯圓)이라고도 한다. 위안샤오를 먹는 풍습은 송(宋)나라 때부터 시작되었다고 전해지며, 가정의 화목과 단

중국인의 폭죽 사랑은 매우 각별하다.

란함을 상징하여 오늘날에도 많은 사람이 즐겨 먹는다. 일반적으로 중국 사람들은 위안샤오제를 기점으로 일상생활에 복귀하는 경우가 많다. 위안샤오제의 대표적 풍속은 폭죽을 터트리는 것인데 이는 귀신과 병마를 쫓아내기 위해서라고 한다. 중국인이 폭죽구매에 사용하는 비용이 월급쟁이의 석 달치 급여에 해당할 정도로 중국인의 폭죽 사랑은 유명하며, 이는 '먹거리는 만두, 놀이는 폭죽'이라는 중국인 특유의 춘제 문화를 보여주는 대표적인 예이다.

칭밍제

칭밍제는 24절기의 하나로 양력으로는 4월 4일이나 5일이 되는 날이다. 날씨가 따뜻해지고 새싹이 돋아나 청명한 느낌이 들기 때문에 칭밍제라는 이름이 붙여졌다 한다. 이날은 본래 지난 겨울 동안 흐트러진 조상의 묘를 정리하고 제사를 지내는 날이었으나, 현재는 주로 교외로 봄나들이를 가거나 열사 능원에 가서 열사를 추모하는 날로 바뀌었다. 중화민국 이래로 칭밍제는 중요한 명절로 여겨지지 않았으나 2006년 비물질문화유산 목록에 포함되고, 2009년에 국가 공휴일로 지정되면서 점차 중요한 명절 중 하나로 자리 잡게 되었다.

된우제

음력 5월 5일 된우제는 오랜 역사를 가진 중국 전통 명절이다. 된우는 초닷새라는 뜻으로 이날에는 전통 음식인 쭝쯔를 먹고 용선 시합을 한다. 쭝쯔는 찹쌀에 돼지고기나 대추, 콩 등의 소를 넣어 갈잎 또는 대나무 잎으로 감싼 뒤 쪄낸 전통 음식이다. 용선경기는 중국의 전통 민간 체육활동으로, 용 모양의 배를 타고 노를 젓는 운동 경기이다.

된우제의 유래에 대해서는 여러 고사가 전해지지만, 전국시대 초(楚)나라의 시인 굴원(屈原)을 기념한 것이라는 설이 가장 대표적이다. 사기(史記)의 『굴원가생열전』에 따르면, 굴원은 춘추시대 추회왕의 대신이었다. 그는 현자를 천거하여 능력 있는 자에게 관직을 내려야 한다고 생각하고, 제나라와 힘을 합쳐 진나라를 대항해야 한다고 주장하였다. 그러나 귀족 자란 등의 반대에 성밖으로 쫓겨나가, 중국 남부 지역에서 유배를 하게 되었다. 그는 유배하던 중에 조국과 백성에 대한 근심을 담은 이소(離騷), 천문(天問), 구가(九

된우제의 대표 음식 쭝쯔

歌) 등의 시를 남겼다. 기원전 278년, 진나라는 초나라를 침략하게 되고, 굴원은 조국이 적의 손에 넘어간 것을 비통해 하며, 음력 5월 5일 작품 「회사(懷沙)」를 남긴체 돌을 안고 멱라강(汨羅江)에 몸을 던져 자살하였다.

전설에 따르면 이때 초나라의 어부들은 배를 타고서 굴원을 구하려고 했으나 결국에는 실패하였다고 한다. 여기서 용선으로 경기하는 방식이 유래되었다. 또한 사람들은 강 안에 있는 물고기들이 굴원의 시신을 훼손할까봐 물고기 먹이로 밥을 돌돌 말아서 강물 속으로 던졌다고 한다. 이것이 쭝쯔(粽子)의 기원이 되었고, 해마다 돤우제가 되면 중국 사람들은 쭝쯔를 먹음으로써 애국시인인 굴원을 기리게 되었던 것이다.

중치우제

음력 8월 15일로 우리나라의 추석에 해당하는 중치우제는 2008년 공휴일로 지정된 이래 춘제 다음가는 중요한 전통 명절로 자리 잡고 있다. 밝고 맑은 빛을 띠는 둥근 보름달을 단결과 화목의 상징으로 여겼기 때문에 퇀위안제(團圓節)라고도 한다. 중치우제 때 날이 좋으면 온 가족이 달빛 아래 둘러앉아 웨빙(月餅)과 각종 과일을 먹으면서 둥근 달을 감상하거나 담소를 나누기도 한다. 웨빙은 밀가루, 기름, 설탕 등으로 만든 피에 달걀노른자, 과일 등의 소가 들어간 둥글납작하게 생긴 빵이다. 둥근 모양은 보름달과 가족의 단란함을 상징한다.

중국 중치우제 때 먹는 대표적인 음식 웨빙

2) 중국의 기념일

중국을 대표하는 기념일로는 한 해를 기점으로 순서대로 말하자면 3월 8일인 푸뉘제, 5월 1일 라오둥제, 5월 4일 칭녠제, 6월 1일 얼퉁제, 8월 1일 젠쥔제, 10월 1일 궈칭제가 있다.

푸뉘제(婦女節)

3월 8일은 세계 여성의 날로 경기침체로 허덕이던 미국의 섬유공장 여성 노동자들이 1908년 3월 8일 거리 시위를 벌인 데서 유래한 국제적인 기념일이다. 중국 역시 사회주의 정치체제하에서 여성의 권익이 그 어떤 국가보다도 많이 신장되어서 특별히 기념일로 제정하고 있다. 일반적으로 3월 8일이 되면 각 기관이나 회사에서는 여성 노동자들에게 선물과 함께 휴식을 제공하기도 한다.

라오둥제(勞動節)

5월 1일이며 세계 노동자의 날과 같은 날이다. 라오둥제는 노동자, 농민 계급이 주축이 된 중국의 특성상 가장 중요한 기념일 중의 하나이다. 흔히들 5·1 라오둥제라고 부르며 10월 1일 궈칭제와 함께 황금연휴를 즐길 수 있는 대표적인 기념일이다.

칭녠제(青年節)

칭녠제는 5월 4일로 1919년 5월 4일 베이징대학 학생들을 중심으로 전개되었던 항일운동을 기념하기 위한 날이다. 1차 세계대전 후 전승국이었던 일본이 기존의 독일이 산둥성에서 가지고 있던 권리를 이어 받게 되자 베이징의 대학생들이 5월 4일 반대집회를 벌이게 됨으로써 광범위한 민중운동으로 발전하기 시작하였다. 중화인민공화국 정부는 이러한 5·4운동을 기념하고 학생들의 숭고한 정신을 기리기 위해 5월 4일을 칭녠제로 지정하였다.

얼퉁제(兒童節)

어린이날로 불리는 중국의 얼퉁제는 6월 1일로 우리나라의 5월 5일과는 차이가 있음을 기억하자. 원래 중국에서의 얼퉁제는 4월 4일이었다고 한다. 그러나 1949년 국제민주여성연합회 회의에서 6월 1일을 세계 아동의 날로 제정하면서부터 중국에서도 이날을 얼퉁제로 지정하였다.

젠쥔제(建軍節)

젠쥔제는 8월 1일로 중국 인민해방군 창군 기념일이다. 1927년 8월 1일 시작되었던 난창 봉기를 중국 공산당이 1933년 8월 1일부터 기념하면서 중국군 창군의 날로 제정되었다.

궈칭제(國慶節)

궈칭제는 10월 1일로 중화인민공화국의 건국 기념일이다. 중국 대륙을 두고 1920년부터 2차례에 걸친 국민당과 공산당 간의 국공합작은 1949년 공산당의 승리로 막을 내리게 된다. 이에 1949년 10월 1일 마오쩌둥을 대표로 하는 중국 공산당은 톈안먼 광장에서 노동자 농민을 중심으로 하는 사회주의 중국이 성립되었음을 대내외에 선포하게 되는데 이날이 바로 궈칭제이다.

쌍스제(雙十節)

흔히들 쌍십절이라고 불리는 10월 10일은 중국 본토의 기념일이 아닌 타이완의 건국 기념일이다. 우창 봉기로 청나라를 붕괴시켜 2000년 넘게 지속했던 봉건 왕조를 종결시킨 신해혁명의 발단이 된 것을 기념하는 날이다.

2. 중국인의 전통문화

중국인은 오래된 전통만큼이나 다양한 문화를 보유하고 있다. 이번에는 중국인들이 가지고 있는 금기에는 무엇이 있으며, 중국인의 전통문화를 대표하는 복장·문자·전족·공연·악기에 대해서 살펴보자.

1) 금기

음식

중국인의 음식에 대한 금기 사항은 크게 제사에 대한 금기 음식과 결혼에 대한 금기 음식으로 나뉘어진다. 먼저 제사에 대한 금기 음식은 지역별 문화적 습관에 따라 차이가 난다. 먼저 후베이 지역에서는 닭의 중국어 발음인 지(ji)가 굶주림을 의미하는 기아와 발음이 동일하여 불경한 느낌을 주기 때문에 제사상에 닭고기를 올리지 않는다고 한다. 장쑤성에서는 콩의 중국어 발음인 더우(dou)가 싸우다 또는 투쟁하다는 의미와 발음이 같아서 콩이 들어 있는 음식은 사용하지 않는다. 이 밖에 생선을 제사상에 올릴 때에는 반드시 완정한 형태로 올려야지 그렇지 않을 경우에는 조상에 대한 정성이 부족하다고 보았다. 결혼식을 할 경우에도 금기 사항이 있었다. 먼저 파의 중국어 발음은 총(cong)인데 이 총은 싸우다 충돌하다의 중국어와 발음이 같기 때문에 결혼식에서는 자주 사용하지 않았다. 반면에 호두나 대추 등은 자식을 많이 낳으라는 의미가 있기 때문에 풍요와 번창의 의미에서 많이 사용되었다.

주거

중국인의 주거와 관련된 금기를 대표하는 말로는 부음포양(負陰抱陽), 즉 음에 해당하는 북쪽을 등지고 양에 해당하는 남쪽을 향하라는 말과, 남저북고(南低北高), 즉 남쪽 또는 앞쪽이 낮고 뒤쪽 또는 북쪽이 높아야 한다는 말이 있다. 이렇게 중국은 음양오행에 따른 지리적·기후적 영향을 중시해 왔다. 또한 중국에서는 전통적으로 문을 마주보게 배치하지 않는 금기 사항이 있었다.

선물

중국인에게 선물할 때 반드시 조심해야 할 부분은 바로 시계의 선물이다. 시계를 선물한다는 의미의 중국어인 쑹중(song zhong)은 세상을 떠나는 지인의 최후의 임종을 지켜본다는 의미와 발음이 같아 매우 부정적인 의미로 사용된다. 따라서 중국인에게 자명종과 같은 큰 시계를 선물하는 것은 큰 결례를 범하는 것이라 할 수 있다.

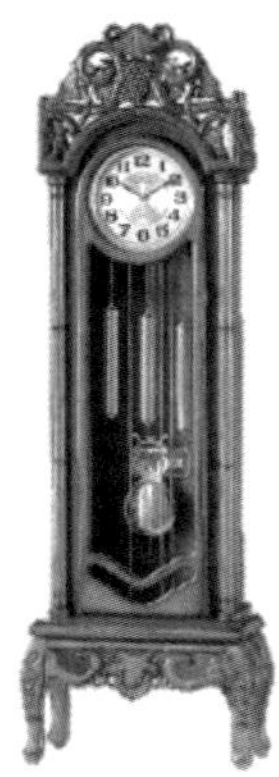

자명종을 보내는 것은 장례를 치르는 것으로 오인할 수 있으니 선물을 삼가야 한다.

이 밖에 과일을 선물하는 경우에는 배는 피하는 것이 좋다. 배의 중국어 발음인 리(li)가 이별을 의미하기 때문이다. 손수건 역시 중국어로 상대방과의 관계 단절을 의미하는 경우가 있으므로 선물로 삼가 해야 한다. 그리고 남녀가 결혼할 무렵 서로 선물을 하거나 혼숫감을 보낼 때에 남자가 보내는 선물 중에 신발을 넣지 않는 것이 일반적이다. 이는 우리나라와 마찬가지로 여자가 이 신을 신고 도망갈까 봐 하는 우려에서 시작되었다.

숫자

중국인들은 결혼, 장례와 같은 인생의 중대사에 있어서는 숫자와 관련된 선호나 금기 사항을 전통적으로 가져왔다. 일반적으로 경사스러운 일에는 짝수가 쓰이고 슬픈 일에는 홀수가 사용된다. 중국인들은 결혼하는 날이 짝수 일이면 길일로 여기고 특히 짝수 월의 짝수 일이면 더욱 좋게 여기는 경향이 있다. 이는 남녀의 결합은 궁극적으로 음양의 결합이기 때문에 서로 짝을 맞추어야 한다는 생각을 가지고 있기 때문이다. 이와 반면에 장례와 관련해서는 숫자 3과 7이 쓰인다. 죽은 후 3일 뒤에 삼일장을 치르는 것이 일반적이며 이후 매 7일째마다 제사를 지내며 종이 돈을 태우는 습관이 있으며 마지막 49일째에 칠칠제를 지내기도 한다.

중국의 8888 자동차 번호판은 부를 가져다 준다는 믿음 때문에 지역에 따라 경매시 수천만 원을 호가한다.

숫자에 관한 금기는 독음에 따라 선호하는 숫자와 금기하는 숫자가 둘 다 존재한다. 예를 들어 숫자 218은 얼 야오 바(er yao ba)로 읽히는데 이는 아들이 큰 재산을 모은다는 의미로 선호하지만 반대로 214는 얼

중국인의 숫자에 대한 관념

숫자	숫자 관념
6	순조롭게 일이 잘 풀리거나 사업이 잘 된다는 뜻을 지녀 매우 좋은 숫자로 인식된다.
7	전통적으로 중국인이 싫어하는 숫자로 꺾여져 있는 모습 때문에 순탄하지 못하다는 인상을 준다.
8	중국인들이 가장 좋아하는 숫자로 8의 중국어 발음은 ba로 돈을 번다는 의미의 발재(發財, fa cai)의 광둥어 fa 발음과 같아 매우 선호되는 숫자로 쓰인다. 2008년 개회된 베이징 올림픽도 2008년 8월 8일 저녁 8시 8분 8초에 맞추어 개막 선언을 했을만큼 중국인의 8 사랑은 유명하다.
9	전통적으로 매우 환영받는 숫자로 9는 예로부터 하늘을 상징하는 고귀한 숫자로 여겨왔다.
10	완전무결하다는 의미의 십전십미(十全十美)가 연상되어 좋은 의미이다.

야오 쓰(er yao si)로 아들이 죽어야 한다는 의미로 기피하는 숫자가 된다. 헤어지다의 발음인 싼(san)이 숫자 3의 발음과도 같기 때문에 숫자 3은 금기의 대상이 된다. 일반적인 중국인의 숫자에 대한 관념은 다음과 같다.

물론 이 숫자들의 의미는 지역 및 사회의 발전에 따라 절대적이지는 않으며 세월의 흐름에 따라 그 의미도 달라지고 있다.

색깔

중국인들은 사회주의 국가이면서도 미신이나 금기를 민간에서 많이 믿는 경향이 있다. 그중 대표적인 것이 바로 색깔에 대한 금기이다. 먼저 중국인의 선호하는 색깔을 살펴보면 단연 붉은색이 으뜸이다. 붉은색은 예로부터 귀신을 물리친다고 해서 사람들이 전통적으로 좋아하며 최근에는 혁명을 상징하기 때문에 상서로운 색깔로 인식된다. 이에 많은 다국적 기업들이 중국 사업을 펼칠 때 붉은색을 바탕으로 하는 색깔 마케팅을 벌일 만큼 중국인에게 붉은색은 중요한 색깔이다. 붉은색을 제외하고 중국인들은 금색을 좋아한다. 금색은 전통적으로 황제의 색깔로 여겨왔으며 이에 황제와 권위를 상징한다. 또한 중국인은 금색의 부적은 행운과 재물을 많이 가져다준다고 생각한다. 이 밖에 은색은 장수와 건강을 의미한다는 점에서 푸른색은 건강을 지켜준다고 믿는다는 점에서 중국인들이 선호하는 색깔이라고 할 수 있다.

이와 반면에 중국인들이 싫어하는 색깔로는 어떤 색들이 있을까? 대표적인 색깔로는 황색이 있다. 황색은 전통적으로 음탕하다는 의미가 있어서 중국에서 색정적인 것을 의미할 때는 황색을 쓴다. 다만 황색을 금색과 같은 의미로 보는 경우도 있다는 점을 기억하자. 검정색은 전통적으로 중국인들이 기피하는 색깔이다. 검정색은 죽은 사람에게만 쓴다는 생각을 가지고 있어서 중국인들은 펜을 쓸 때에도 파란색 펜을 많이 사용하는 경향이 있다.

2) 복장

중국의 전통 복장을 대표하는 것으로는 치파오와 탕좡, 그리고 중산푸가 있다. 이 세 가지는 시대적 상황에 따라 중국을 대표하는 복장으로 자리 잡게 되었다.

중국 전통 의상 치파오(旗袍)

치파오는 청대에 형성된 중국의 전통 의상으로 일반적으로 원피스 형태의 여성 의복을 지칭한다. 몸에 딱 달라 붙는 형태의 옷이며, 치마에 옆 트임을 주어 실용성과 여성미를 강조하였다. 청나라를 세운 만주족의 기인들이 입던 긴 옷에서 유래하였으며, 한족이 이를 치파오라고 부르기 시작하면서 지금의 명칭으로 고정되었다. 청나라 순치제 원년에 수도를 베이징으로 옮기면서 치파오가 중원에 보급된 후 점차 한족이 만주족의 옷차림을 모방하며 인기를 얻었다. 신해혁명을 거치며 서양식 의상의 영향을 받아 이전의 화려하고 복잡한 형태에서 간결한 디자인과 우아한 색깔로 변하였다. 1920년대 말에서 1930년대 초에는 서양의 미니스커트의 영향으로 치파오의 치마와 소매 길이가 무릎과 팔꿈치까지 짧아졌다. 1930년대 중반에는 다시 치마가 땅에 닿을 정도로 길어졌다. 반면 옆 트임은 허벅지까지 올라갈 정도로 과감해졌고, 허리선 역시 더욱 강조되었다.

중국 전통의상 치파오

중국의 전통 의상 - 탕좡(唐裝)

탕좡은 일반적으로 중국식 복장을 의미하나 상황에 따라 두 가지 의미와 스타일을 가리킨다. 대부분의 상황 하에서는 청나라 중엽의 만주족의 마과(馬褂, 마고자로 만주족이 말을 탈 때 입은 옷)를 개량하여 만든 옷을 말한다. 특징은 옷깃을 바로 세우는데 있었다. 청말에 이르러 사람들이 마과를 입으면서 깃을 세우는 것에 여러 차례 수정을 가하면서 현재의 치파오, 탕좡의 모습을 갖추게 되었다. 이와 반면에 탕좡은 당나라 때의 복장을 의미하여 한족의 복장계통 중 하나의 스타일을 말하기도 한다. 특징은 오른쪽 소매, 매는 끈, 단추가 없거나 숨기는 것에 있다. 현재 해외에서는 전통의 중국 복장을 일반적으로 탕좡으로 칭하고 있다.

중국 전통의상 탕좡

중국의 전통 의상 - 중산푸(中山服)

중산푸는 중산좡(中山裝)으로 불리기도 한다. 중국의 위대한 정치가 쑨원이 일찍이 입었던 옷 스타일에서 유래되었다. 중산푸는 쑨원의 호인 중산(中山)에서 유래한 명칭이다. 중산푸는 1923년 쑨원이 당시 양복은 중국 인민들이 일을 하거나 생활하는데 불편하다고 생각하여 동남아시아 일대에서 유행하는 깃이 달린 복장을 중국의 상황에 맞게 개조하면서 시작되었다.

중산푸의 상의에는 단추가 많은 것이 특징이며, 네 개의 주머니는 아주

가지런하다. 네 개의 주머니는 각각 예(禮), 의(儀), 염(廉), 치(恥)를 뜻하고, 다섯 개의 단추는 입법, 사법, 행정, 감찰, 고시의 오권 분립을 상징한다. 옷 소매에도 세 개의 단추가 있는데 이는 민족, 민권, 민생을 상징하는 삼민주의(三民主義)를 나타낸다. 중산푸는 주름이나 장식을 최대한 줄인 실용성을 강조한 것으로 유명하다. 또한 중국 남자들은 체형이 비교적 가늘기 때문에 이 옷을 입으면 활기차 보이고 위엄이 있어 보인다.

중국 전통의상 중산푸

1929년 국민당에서는 정식으로 공식 복장으로 명명하였다. 1950년 이후 중산푸는 전국적으로 유행이 되어 인민복 또는 마오룩으로도 불린다.

3) 문자

간체자와 번체자

20세기 중국의 유명한 계몽학자이자 문학가인 루쉰(魯迅)이 "한자가 없어지지 않으면 중국은 반드시 망하고야 말 것이다" 라고 지적했을 정도로 중국에서는 전통적으로 문맹의 문제가 사회적 문제로 부각될 만큼 심각하였다. 일반적으로 일본에서 만든 금석문자경에 따르면 한자는 모두 10만 1936자라고 하고, 중국에서 만든 한어 대자전에서는 한자가 대략 5만 4665자라고 한다. 이 중에서 일반적으로 실생활에서 사용하는 글자는 대략 6000자 전후로 파악된다. 한자는 뜻글자로 글자수도 많고 필획이 복잡하여

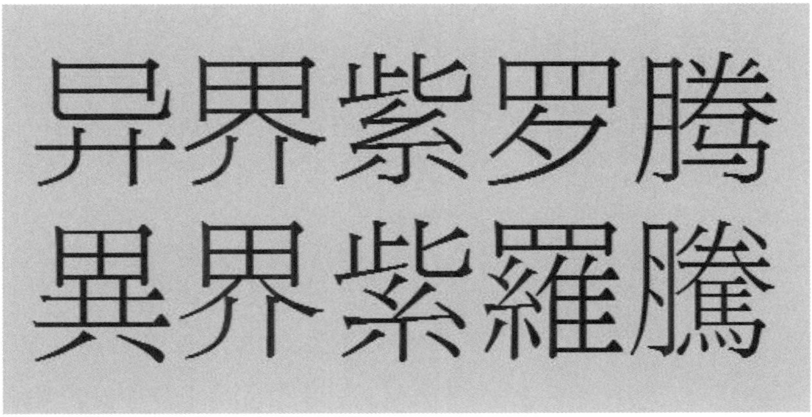

간체자(위)와 번체자(아래).

배우기가 쉽지 않아서 중국의 문맹률은 1949년 80퍼센트나 되었다. 이에 마오쩌둥은 중국의 문맹문제를 해결하기 위해서 1955년 한자간략화방안(汉字简化方案草案)을 발표하고 그 후 세 번의 수정을 가하였다. 이에 현재 중국 대륙에서 사용하고 있는 한자는 원 한자를 간략하게 표기한 것이라고 해서 간체자라고 불리고, 타이완이나 우리나라가 사용하는 한자 원형의 글자체를 번체자라고 부른다. 중국은 한자 간체화 방안을 내세우고 난 후 문맹률이 폭발적으로 감소하여 2012년 중국의 문맹률은 4퍼센트대로 낮아졌다고 한다.

4) 전족(纏足)

전족은 과거 당나라때 처음 시작된 풍속으로 여자가 나이 4~5세가 되면 발가락을 발바닥 쪽으로 구부려서 헝겁으로 동여맨 후 5년간 반쪽짜리 신발을 신게 하는 것이다. 이렇게 하면 여자는 성인이 되어도 발이 8센티미터를 넘지 않게 되고, 이렇게 작은 발을 가지는 것이 결혼의 가장 중요한 요건이 되었다. 예로부터 "작은 발 한 쌍을 가지려면 한 항아리의 눈물을 쏟아야 한다"는 말이 있을 정도로 전족은 여성의 인내와 고통을 강요하면서 지속되어왔다.

전족을 하면 발 모양만 이상해지는 것이 아니었다. 전족을 하면 발끝으로 종종거리며 걸어야 하였고, 등뼈가 기형적으로 튀어나와 서 있는 자세도 이상해졌다. 그러나 이런 모습이 당시에는 인기 있는 여성상이었다고 한다. 전족은 사실 여성을 안방에 가두어 놓고 남성의 성 욕구를 채우려는 목적에서 시작된 것이다. 따라서 전족을 하지 않은 여성들은 미인 축에 끼지도 못하였을 뿐 아니라 결혼조차 하기 힘들었다. 전족을 한다고 하더라도 그 모양과 형태에 따라 58종으로 세분화해서 평가하였다. 또한 여성들에게는 전족 이외에도 발 뒤꿈치로 걷지 않거나, 앉아 있는 동안 발을 움직이지 않는 등의 행동을 강제하는 경우가 다반사였다.

청나라 때에는 일시적으로 전족 금지령이 내려지기도 하였지만 그 풍습

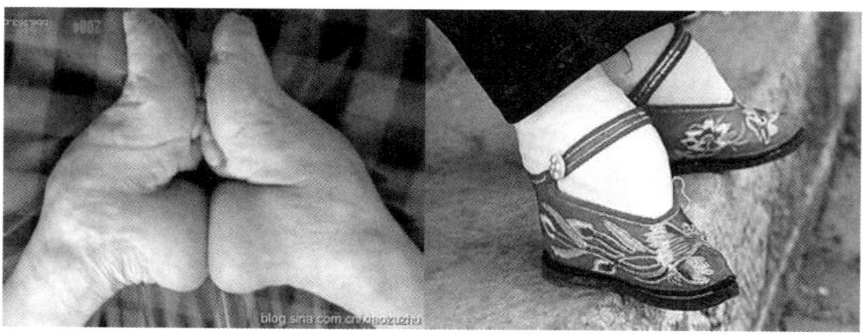

중국인의 아픈 전통 전족

은 결코 사라지지 않았다. 그러다가 신해혁명 후 여성운동이 일어나면서 많이 줄어들었고, 현재는 완전히 사라졌다. 전족의 풍습은 사회에 널리 퍼져 있던 잘못된 여성관 때문에 생긴 것이다. 여성을 남성의 성 노리개로 삼은 전 근대적인 사고방식 때문에 오랫동안 전족의 풍습이 남아 있게 되었다. 유럽에 코르셋이 있었다면 동양에는 전족이 있다고 할 정도로 불평등한 남녀 관계를 대변하는 것이 바로 전족문화이다.

5) 공연

경극(京劇)

경극은 중국 희곡 중 하나로, 대극(大劇) 혹은 국극(國劇)이라 불리며, 중의학, 중국화와 함께 중국의 3대 국수(國粹)로 여겨지고 있다. 이름에서 알 수 있듯이 경극은 베이징을 중심으로 발달되었고, 중국 각지에서 전해오는 360여 종의 희곡 장르 중 중국인이 가장 좋아하는 창극 예술이다. 서양에서는 베이징 오페라(Beijing Opera)라 부르며 음악의 한 장르로 간주하고 있다.

중국 대표 공연 경극(위쪽)과 변검(아래쪽).

변검(變臉)

변검은 중국의 전통 문화유산으로 공연자가 얼굴에 쓴 가면을 순식간에 바꾸는 공연을 말한다. 변검의 시초는 예전 무기가 별로 없던 시절 얼굴에 요란한 분장을 하고 야생동물을 쫓는 모습을 보고 사천지방의 한 천극(川劇: 사천지방의 극을 말함)을 공연하는 극단에서 시작하였다고 한다. 변검은 빠른 얼굴의 변화를 통해 주인공의 심정변화를 나타내는 등 얼굴의 변화로 극의 내용을 전달하는 공연이다. 일반적인 변검은 얼굴에 여러 개의 가면을 쓰고 그 가면을 하나씩 떼어내면서 얼굴이 변하게 하는 기법으로 말검, 취검, 차검, 운기변검의 네 종류가 있다.

6) 악기

전통악기 얼후(二胡)

중국을 대표하는 전통악기에는 피리나 비파, 호금, 쟁, 북 등이 있지만 많은 이들은 얼후를 최고의 악기로 꼽는다. 얼후는 두 줄의 단조로운 악기지만 중국인들이 가진 독특한 슬픔의 정서를 잘 표현해 내는 것으로 유명하다. 얼후가 중국 역사에 처음 등장한 것은 당나라 때다. 그때는 해금(奚琴)으로 불리었는데 송나라 때 학자 진척는 악서(樂書)에서 해금이 북쪽 오랑캐의 악기라고 적었으며, 당대 시인 잠참도 "사령부에 술상 차려놓고 돌아가는 객 전송하니, 호금(얼후)

중국 대표 악기 얼후

비파 오랑캐 피리 소리"라고 묘사했다.

이후 얼후는 창장 중하류에서 유행해 난후(南胡)로 불리기도 했으며 주로 중고음역을 담당했다. 얼후는 근대에 들어서 중국의 전통악기의 중심에 올라섰다. 얼후는 기본적으로 현악기이다. 얼후의 소리가 나는 원리는 활이 금속줄과 마찰하면서 나는 진동이다. 이 진동은 금마를 지나서 금통의 가죽에 닿아 소리를 내게 된다.

7) 전통 가옥

전통적인 중국인의 가옥 양식을 대표하는 것은 바로 쓰허위안(四合院)이다. 쓰허위안은 쓰허팡(四合房)이라고도 불리는 중국 한족의 전통 건축양식이다. 보통 중앙에 하나의 정원을 두고 사면으로 방을 두고 있는 형식으로

중국의 전통 가옥 쓰허위안

사면의 방이 정원을 두고 감싸는 모습이라고 해서 쓰허위안이라고 부른다. 쓰허위안은 3000여 년의 역사가 있으며 중국 각지마다 다양한 형태가 있는데 그중에 베이징의 쓰허위안이 대표적이다. 쓰허위안은 보통 대가족의 거주에 적합하며, 대외적으로 비교적 은밀한 공간을 제공해준다. 또한 중국 전통의 음향오행설과 계급 등급에 대한 의식을 보여준다.

제13부

중국의 비즈니스 문화

13 중국의 비즈니스 문화

흔히들 중국 인은 의심이 많다고 한다. 실제로 중국인들의 비즈니스 관련 유명한 속담 가운데 화비삼가불흘휴(貨比三家不吃虧, 물건을 살 때 세 집을 비교해야만 손해를 보지 않는다)라는 말이 있을 정도로 중국인들은 상대를 쉽게 믿지 않는다. 이와 관련해 일부 학자들은 서양 사람들은 기독교적 성선설에 기반한 사고를 하고 있기 때문에 협상이나 비즈니스에서도 지금의 파트너가 최선일 것을 가정하고 임하는 반면, 중국인들은 성악설을 기본적으로 믿고 있어서 상대가 자신의 이익을 위해 나를 속일 수 있다고 보기도 한다.

이렇게 서양 사람들과 중국인의 사고방식에는 차이가 많이 존재하는 것이 사실이다. 중국과의 사업에서 성공하려면 중국인의 비즈니스 사고방식을 이해해야만이 만족할 만한 사업적 성과를 내는 건 자명한 이치라고 할 수 있다. 지금부터 속을 전혀 알 수 없다는 중국인의 내면세계로 떠나보자.

1. 중국 비즈니스 문화의 이해

1) 중국인의 비즈니스 마인드의 시초

예로부터 중국에서는 민이식위천(民以食爲天), 즉 백성들은 먹는 것을 하늘로 여긴다라는 말을 대대손손 신봉해 왔다. 이는 중국이라는 사회가 어떠한 사상적 가치보다 먹고 사는 문제를 중요시한다는 것을 보여주는 대표적인 사례이다. 중국 사상의 아버지인 공자와 맹자 역시 민생의 중요성을 그 누구보다도 강조하였다. 공자는 백성들을 널리 구제하는 것이 성인의 충분조건이라 하여 민생을 중요시하였고, 맹자도 무항산무항심(無恒産無恒心), 즉 생활이 안정되지 않으면 마음을 견지하기 어렵다고 하여 생산과 경제활동을 중요시 하였다. 공자(孔子)는 논어 이인편(里仁篇)에서 "부귀는 모든 사람이 바라는 것이지만 올바른 도리로 얻은 것이 아니라면 머물지 않아야 하고, 빈천은 모든 사람이 싫어하는 것이지만 도로서 얻은 것이 아닐지라도 버리지 아니한다.(子曰 富與貴, 是人之所欲也, 不以其道得之, 不處也. 貧與賤是 人之所惡也, 不以其道得之, 不去也.)"라고 하였다. 즉 공자는 부 자체를 부정한 것이 아니라 올바른 방법에 의한 합리적인 축재를 강조하였다. 논어에서 공자의 경제관을 살펴볼 수 있는 몇 가지 사례를 살펴보자.

중국인이 성인으로 존경하는 공자는
정당한 절차에 의한 부의 축적을 긍정하였다.

첫째, 공자는 백성을 구제하는 것이 인(仁)을 실천하는 가장 가치 있는 일이라고 생각하였다.

둘째, 공자는 부를 얻는 데 있어 도리가 정당하다면 직업의 귀천을 가릴 필요가 없다고 생각하였다.

셋째, 공자는 정신이 수반된 예를 갖춘 부자가 진정한 부자라는 생각을 가지고 있었다.

이에 비해 맹자의 중심 경제사상은 항산론(恒産論)과 농업에 의한 백성들의 먹는 문제를 해결하는 방법인 무농론(務農論)에 있다. 맹자는 항구적인 생산이 없으면 항구적인 마음이 생겨나지 않는다고 보고 이를 위해 농업에 힘쓸 것을 강조하였다. 맹자의 경제관을 들여다보면 다음과 같다.

맹자 역시 생활이 안정되지 않고서 마음을 견지하기 어렵다는 입장을 펼쳤다.

첫째, 맹자는 경제에 있어 국가가 먼저 이익을 쫓아서는 안 된다는 입장을 견지하였다.

둘째, 맹자는 민생을 위한 부의 가치를 긍정하였다.

셋째, 맹자는 인의(仁義) 정치는 공정한 분배와 나눔으로부터 시작한다고 보았다.

이 밖에 대학(大學)에 나오는 유가의 덕본재말(德本財末, 덕이 가장 중요하고 재물은 부차적인 것) 사상 역시 재물의 의미나 경제활동을 가볍게 본 것이라기 보다는 가치적인 면에서 도덕적 삶을 경제적 삶 보다 우위에 둔 것으로 이해할 수 있다. 이는 공자의 선부후교(先富後教)나 맹자의 무농흥학(務農興

學)과 항산항심(恒産恒心)과 같이 실천적인 면에서 경제적인 삶을 우선시하고 있는 데서 충분히 입증되고 있다.

2) 중국인의 소통과 협상 기법

중국과 비즈니스를 할 때 유형화된 중국인의 소통기법이나 협상 기법을 기억하고 있다면 협상에 있어 유리한 국면을 만드는데 도움이 된다. 중국인들은 과연 어떠한 소통과 협상 기법이 있는지 하나하나 살펴보기로 하자.

첫째, 중국인은 감정이나 정서의 소통을 우선시하지, 이성이나 지혜를 소통의 근원으로 치지 않는다.

둘째, 중국인은 상대방의 체면을 세우는 것을 중요시한다. 상대의 체면을 세워주면 상대가 자신을 편안하게 해줄 것이라고 믿기 때문이다.

셋째, 중국인은 직설적으로 말하지 않고 돌려서 자신의 의사를 표현한다. 즉 모호함을 통해서 분명함을 드러낸다. 명철보신(名哲保身, 지혜로운 사람은 자신을 보호한다.)는 중국인 사이에 통용되는 명언이다. 중국인은 간단한 일을 간단하게 하는 것을 좋아하지 않는다. 자신에게 다양한 여지를 주고 퇴로를 만들어 주는 것이 바로 중국인의 습성이다. 가끔씩 중국의 최고 중앙지도자들이 하는 말을 들어보라. 특별한 의미가 없는 너무나도 당연한 수사를 구사하는 것을 볼 수 있다. 그런데 이렇게 하는 것이 중국에서는 정상이다. 왜냐하면 중국에서는 최고 지도자들이 어느 한쪽에 치우친 경향성을 보여주기를 원하지 않기 때문이다. 원론적인 이야기를 하면 아무도 그들이 잘못했다고 말하지 않을 뿐 아니라 문제가 발생할 소지가 생기지 않기 때문이다.

넷째, 중국인은 투석문로(投石问路, 어떤 일을 하기 위해서 속내를 떠 보는 것)를 좋아하고, 타초경사(打草惊蛇, 계획을 누설하여 상대를 경계하게 하는 것)를 좋아하지 않는다. 따라서 중국인과 비즈니스를 할 때에는 상대방의 의도가 무엇인지를 파악하는 것이 중요하다. 흔히들 말하는 언외지의(言外之意, 말 이외의 뜻)를 파악해야 하며 모든 일은 최종적으로 결정하기 전까지 일이 완성되었다고 확신하지 말기를 바란다.

다섯째, 중국인들에게 있어서 소통은 일종의 조합으로 자신에게 유리한 상황을 만들기 위해 활용된다. 따라서 소통은 단순한 언어나 말의 문제만은 아니다. 중국인이 처음 만날 때 선물을 주는 것을 좋아하는 이유는 이 경우 상대의 마음을 부드럽고 편안하게 할 수 있기 때문이다. 중국인들은 누군가를 처음 만날 때 젠멘리(見面禮)라고 하는 간단한 선물을 주고 받는다. 비싸지 않은 선물을 주고 받음으로써 서로에 대한 호감을 높이고 분위기를 좋게 만든다고 믿기 때문이다. 만약 중국과 비즈니스를 처음 한다면 한국 전통의 선물을 예쁘게 포장하여 중국인들에게 젠멘리로 주는 것은 어떨까?

여섯째, 일반적으로 중국인들은 사과에 매우 인색하다. 왜냐하면 사과는 본인의 입장에서 스스로 실수나 부족함을 인정하는 것이 되어 버리며, 이는 자신의 권위를 상실하는 것을 의미하기 때문이다. 중국어로 두이부치(對不起)는 미안하다는 말이다. 그러나 중국인들은 두이부치라는 말보다 부하오이쓰(不好意思)라는 말을 훨씬 더 많이 쓴다. 일반적으로 두이부치는 자기가 잘못했을 경우에 하는 미안함의 표현이고 부하오이쓰는 의도하지 않았음에도 불구하고 결과가 좋지 않아서 미안하다는 의미를 포함하고 있다. 과거 문화대혁명 시기 자신의 잘못을 인정한다는 것은 그 자체로 정치적 생명이 끝난다는 것을 의미했기 때문에 어떠한 상황이라도 자신의 잘못을 정면으로 인정하지 않는 중국인의 습성을 이해할 필요가 있다. 이는 역으로 중국인의 체면을 어떻게 살려주는가 하는 문제가 비즈니스를 원활하게 또는 성공적으로 이끄는 좋은 방법이 됨을 의미하기도 한다.

일곱째, 중국인들은 문제에 대해서 정면으로 대답하지 않는다. 왜냐하면 직설적으로 대답하는 것이 반드시 자신에게 불리할 것이라 생각하기 때문이다. 예를 하나 들어보자. 만약 중국인과 외국인이 비즈니스 미팅을 하는 장소에서 상대가 중국인에게 가격을 물어본다면 중국인은 일반적으로 가격에 대해 대답하지 않을 것이다. 왜냐하면 중국인은 일단 대답을 하면 상대는 100퍼센트 아주 비싸다고 말할 것이라고 생각하기 때문이다. 따라서 중국인들은 자신에게 유리한 말을 골라서 상황에 맞게 대처하게 된다. 예를 들어 중국인들은 상대에게 "내부 구성을 완료하였는데 만약 당신이 구성에 만족하지 않는다면 사실 가격을 이야기할 필요도 없지 않습니까? 만약 당신이 구성에 만족한다면 그때 내가 당신에게 구체적인 가격을 이야기하겠습니다. 어때요?"와 같은 방법으로 가격에 대한 논의를 구렁이 담 넘어가듯이 넘어가는 것이다.

3) 중국인의 협상 기풍

흔히들 중국인들은 중국인 특유의 비즈니스 협상 기풍이 있다고 한다. 구체적인 협상 과정에서 중국 사람들에게 자주 나타나는 협상 기풍은 과연 어떤 것이 있을까?

먼저 중국인은 사업관련 협상을 할 때 매 번의 과정마다 협상 진행 완료를 자주 요청하곤 한다. 이렇게 하면 중국인의 입장에서 스스로 의사일정을 통제할 수 있고 협상의 속도를 장악할 수 있기 때문이다. 그들은 이 과정에서 상대를 아주 자세히 관찰하고, 상대에 유리한 표준과 불리한 표준계획을 모두 준비하며, 경쟁을 통한 외국 기업 간의 갈등을 제고시킨다.

다음으로 중국인은 시작단계에서 제품에 대한 요구나 건의를 하는 경우는 매우 드물다. 그들은 항상 상대방이 제품의 기능에 대해 설명해주기를 요구하며, 상대의 교역에 대한 생각과 관점 건의를 진지하게 들을 뿐 자신들의 입장과 견해를 밝히지 않는다. 일단 상대가 자신들의 관점, 입장, 제품의 특징들을 설명하고 난 후 협상은 실질적인 단계에 접어들게 된다. 여기에서 중국인은 처음으로 일반적인 원칙의 틀에 대한 합의를 요구하고 이 부분이 달성되고 나야지만 구체적인 협상의 세부조건을 논의하기 시작한다. 중국인들은 원칙에 있어서는 조금의 양보도 하지 않아 아주 완고한 태도를 보여준다. 협상에서 만약 일반원칙의 틀에 어떤 문제가 도전을 받거나 협상의 내용이 장기적인 목표와 부합하지 않는 경우 중국인의 태도는 엄숙해지기 시작하며 양보할 수 없는 결심을 표시하기도 한다.

셋째, 중국인은 협상에 있어서 인내심이 강하다. 그리고 그들은 눈앞의 이익과 비교해서 장기적인 이익을 선택하는 방법을 선호한다. 중국인의 인내심은 비즈니스 담판에서도 잘 나타난다. 특히 주인의 위치가 되면 그들은 결코 담판을 서두르지 않고 인내심을 가지고 상대를 관찰한다. 가장 대표적인 예가 중국인들은 비즈니스 협상이건 다른 정치적 협상이건 자국 내에서 협상을 진행하는 방법을 선호한다는 사실이다. 이는 일면 보기에 별로 중요하지 않은 사실처럼 보이지만 협상이라는 일정 시간 안에 결과를 내야 하는 부분에서는 매우 중요하다. 예를 들어 한국의 한 회사와 중국의 한 회사가 비즈니스 담판을 가진다고 가정해보자. 중국에서는 이 협상을 거의 80~90퍼센트 이상 자국에서 진행하자고 할 것이다. 왜냐하면 한국에서 중국을 방문하여 예를 들면 3박 4일 동안의 출장을 오게 된다면 중국인들은 이 시간을 최대한 활용할 것이 분명하다. 한국에서 온 출장자는 4일 내에 반드시 결과물을 내야 할 것임으로 중국인들은 최대한 시간을 끌어서 한국인이 협상에서 상대적으로 불리한 입장을 수용할 수밖에 없도록 만든다. 이렇게 천시, 지리, 인화의 요소를 인내심을 가지고 적극적으로 활용하는 것이 바로 중국인들이라고 할 수 있다.

넷째, 중국인들은 관시(關係)와 체면을 매우 중요시한다. 관시는 일반적으로 사회적 네트워크라고 할 수 있다. 체면이라는 말은 정확한 정의를 할 수 없으나 일반적으로는 본인의 위신 및 존엄과 연관이 되어 있다. 우리는 중국인들이 관시와 체면을 중요시한다는 사실은 알지만 이를 어떻게 만들고 활용하는지는 잘 알지 못한다. 관시는 나와의 관계를 뜻하지만 어떤 사업적 필요에 의해 관시를 찾는 것은 옳지 못하다고 할 수 있다. 즉 중국에서의 관시는 평소에 아무런 이해관계가 없을 때에 형성하는 것이며, 이러한 관계를 유지하고 있다가 특별히 필요한 경우에 활용하는 것이라 할 수 있다. 또한 중국인의 관시는 결국에는 품앗이와 같은 것으로 내가 이번에 상대의 도움을 받았다면 다음에 반드시 이것을 갚아야 한다는 사실을 명심해야 한다. 이러한 관시를 유지하는 과정에서 체면을 세우고 세워주는 일은 필수불가결한 요소라고 할 수 있다. 왜냐하면 체면은 자신의 존엄과 직결된 문제이기 때문이다.

4) 중국인의 협상 심리

중국인의 전통적인 협상 심리를 이해하는 것도 중국 비즈니스에 아주 유용하다. 먼저 현대 중국을 대표하는 마오쩌둥의 협상에 관한 생각을 살펴보

자. 마오쩌둥의 협상 심리를 대표하는 말은 상대의 손해는 나의 이익이라는 이야기이다. 문화대혁명 시절 마오쩌둥은 "하늘과 다툴 수 있다면 그만한 기쁨은 없다. 땅과 다툴 수 있다면 그만한 기쁨은 없다. 사람과 다툴 수 있다면 그만한 기쁨은 없다"라고 말한 적이 있다. 여기에서 중국인에게 협상이란 사람과 다투는 커다란 기쁨을 맛볼 수 있는 파워게임인 것이다. 다음으로 중국인의 협상 심리에는 자신의 이익을 강하게 주장하는 경향이 숨어 있다. 중국인은 외국인과 협상을 할 때 일단 상호의 독립 또는 자주적인 방침을 존중하면서 국제관례를 참고로 하여 상호 평등과 호혜의 원칙을 내세우고 있으나 그 이면에는 협상이란 대립된 이해관계에 있는 양측이 상대를 설득시킴으로써 최대의 만족감으로 얻으려는 합의 결과를 도출하는 파워게임이라는 사고방식을 가지고 있다.

이 밖에 중국인들은 다음과 같은 특유의 협상 심리를 가지고 있다. 즉 중국인들은 최고, 최대, 최첨단에 약한 심리를 가지고 있다. 따라서 중국인과 협상을 할 때는 이러한 키워드를 가지고 전략적으로 접근하는 자세가 필요하다. 다음으로 중국인들은 구대동 존소이(求大同 存小異, 이견이 있음을 인정하는 바탕하에 공통분모를 먼저 찾는다) 원칙을 중요시한다는 것을 잊지 말자. 협상 쌍방 간에 문제가 발생할 경우 중국 측에서 내세우는 문제해결 방식은 백이면 백 다 구대동 존소이 방식일 것이므로 이 부분에 대한 이해와 대처는 협상 성공의 관건이 될 수 있다. 다음으로는 호사다마(好事多磨, 웃는 일에는 방해되는 일이 많다) 원칙이다. 호사다마라는 말을 중국식으로 해석하면 좋은 결과에 도달하기 위하여 많은 시간과 수고를 투자하라는 뜻이다. 마지막으로 화기생재(和氣生財, 웃는 얼굴이 부를 가져다 준다)의 심리로 협상 상대의 체면을 세우는 것이 결국에는 자신에게도 돌아온다는 것을 의미한다.

2. 지역별 중국인의 비즈니스 마인드

중국은 땅 덩어리가 넓은 만큼 지역별로 나름의 특색이 강하다. 이 중에서 중국을 대표하는 1선 도시들인 베이징, 상하이, 광둥 지역 사람들의 비즈니스 특징과 마인드에 대해 알아보자.

1) 베이징인

베이징 사람들은 수도 시민이라는 자부심이 그 어느 지역보다도 강하다. 과거 수백 년에 걸쳐 중국의 수도였다는 자부심은 비즈니스에서도 그대로 통용된다. 먼저 베이징에는 재상이 부리면 하인도 7품 관리라는 말이 있다. 그만큼 연령과 세대를 초월해서 정치에 대해 아는 것도 많고 관심도 많음을 알 수 있다. 과거 중국 현대문학의 대문호인 라오서(老舍)가 베이징 사람들은 남녀노소를 불문하고 정치에 미쳐 있는 미치광이 집단이라고 평했을 만큼 베이징은 정치적 색채가 강하다. 따라서 베이징의 회사들과 사람을 논할 때는 중국의 정치·경제·사회·문화에 대한 폭넓은 이해를 기반으로 거시적인 각도에서 사업에 접근할 필요가 있다. 다음으로 베이징은 크다는 말이 안성맞춤이라 할 수 있다. 베이징인의 처세를 대표하는 말로 포용성이 있다. 포용성은 우선 인간관계에서 상대방의 약점이나 신중하지 못한 점은 너그럽게 용서하고 결코 화를 내며 문제삼지 않는다. 대범한 성격으로 세세한 일에 신경을 쓰지 않는 것이 베이징인의 특징이다. 또한 그들은 큰 사업을 하는 전략가 타입이라고 자평하는데 주저하지 않는다. 일반적으로 베이징 사람들은 작은 규모의 사업에는 별다른 관심을 보이지 않는다고 한다. 아마도 태생적인 스케일 탓이라고 할 수 있다. 셋째, 베이징 사람들은 실리보다 체면을 중시하는 경향이 있다. 실제로 베이징 사람들의 체면을 손상시키는 것은 그것으로 협상을 결렬로 치닫게 만드는 자살 행위와 마찬가지라 할 수 있다. 베이징 사람들은 감정적으로 내닫기 쉬운 성격을 가지고 있기 때문이다. 또한 베이징 사람들은 비즈니스 파트너를 선택할 때 철저히 비즈니스적인 판단을 따르기보다는 오히려 상대방에 대한 호감도에 따른 주관적인 판단에 의지하는 경향이 있다. 중국을 전체로 본다면 산둥을 중심으로 북쪽 지방은 개인 간의 감정의 교감과 정서의 교류를 남쪽에 비해 훨씬 중요시한다는 것을 알 수 있다. 베이징인은 두서없이 세상사를 이야기하는 것을 매우 좋아하고, 남성적 언변은 베이징인이 가진 매력의 하나로 평가되기도 한다. 마지막으로 베이징인 경영자는 말 그대로 벼슬아치 상인이라고 칭해질 만큼 관료형 타입인 사람이 다른 지역에 비하여 많고 그들의 언동에는 관본위적인 발상과 행동양식이 짙게 남아 있다. 이는 베이징에 중국 정부기관과 중국을 대표하는 고등교육 기관이 몰려 있기 때문에 타지역에 비해 비즈니스에 종사하는 사람들의 지식수준이 높고 관청과의 관계가 유난히 돈독하기 때문이다. 이에 개혁개방 이후 베이징의 유명 대학을 졸업하고 사업을 진행하여 자리잡은 사업가들을 특별히 신경상(新京商)이라고 부르기도 한다.

2) 상하이인

상하이에는 "가난한 거지는 비웃지만 몸 파는 창기는 비웃지 않는다"라는 말이 있다. 허황된 것을 싫어하고 자신들의 노력을 강조하는 상하이 사람들의 특징이 잘 나타나 있다. 상하이인의 성격과 협상 스타일을 살펴보면 여러모로 베이징 사람들과 차이가 있음을 알 수 있다. 첫째는 대도시의 소시민 의식이다. 베이징과는 달리 상하이인은 작다는 말이 어울리는 성격의 소유자이다. 상하이인들은 눈치 빠르고 약삭빠르다, 큰 이익을 보지 못한다, 매우 소시민적인 일면이 엿보인다 등으로 그 성격들이 표현된다.

반면에 상하이인은 합리주의자의 전형이라고 할 수 있어 실용가치가 결핍된 일에 관해서는 감정이입이 불가능하다. 이들의 실리를 추구하는 정신은 그들이 만든 상품의 품질에도 반영되어 있어 상하이 제품은 심플하고 실용적이며 정밀하고 가격이 적당하다. 그래서 상하이 사람들은 흔히들 이성적인 경제인으로 비유된다. 상하이 사람들은 비즈니스에서 감정적인 요소를 배제하고 각 사업에 관해서 합리적이고 냉정하게 처리하는 타입이다. 또한 상하이 사람들은 철저한 금전감각으로 유명하다. 즉 한 푼도 둘로 쪼개 쓰는 스타일이다. 예를 들어 상하이의 젊은 여성들은 쇼핑을 할 때 남자친구를 가게 밖에서 기다리게 한다고 한다. 까닭을 물었더니 쇼핑을 하며 점원과 가격 흥정을 할 때 방해가 되기 때문이라고 한다.

다른 지역과 비교되는 상하이만의 협상 스타일이 있다. 상하이인은 머리가 좋고 비즈니스에 관한 두뇌 회전도 빨라서 결코 남에게 속지 않는다는 이미지가 중국인들 사이에 정착되어 있다. 또한 계획성이 있고 미래를 예측하는 선견지명도 뛰어나며, 작은 이익도 깊이 계산한다고 평판이 나 있으므로 절대 방심할 수 없는 사람들이다. 반면에 비즈니스 협상에 관한 국제적인 규정이나 지식을 다른 지역 사람들보다 훨씬 상세하고 상식적으로 이해하고 있다. 그러므로 상하이에서는 그만큼 협상을 원활하게 진행할 수 있는 장점도 있다. 상하이인은 비즈니스를 할 때 협상 테크닉에 능숙하고 충분한 설득과 현실적인 이유가 명확하지 않으면 좀처럼 양보하지 않는다. 예민한 성격으로 세세한 문제에도 관심을 보이고, 규칙과 질서를 존중하며, 복장이나 태도를 중시한다.

과거에 세계적인 운동용품 회사인 나이키가 중국 진출을 도모하면서 처음으로 접촉을 시도한 곳이 바로 상하이였다고 한다. 그러나 상하이 시와의 협상은 무려 2년여에 걸쳐 진행되었고 결국 나이키 본사는 협상 파트너를 광둥 지역으로 바꾸었는데 광둥에서는 협상이 일사천리로 진행되어 결국 나이키사의 중국 생산 본거지가 광둥으로 정해진 사례가 있다. 즉 상하이에서는 계약에서의 원칙과 내용을 그 어느 지역보다도 중요시하여 본 계약 체결까지 어려움이 있었던 것이다. 그러나 상하이에서는 한번 계약이 완료되면 이후에는 계약대로 모든 일이 진행되기 때문에 다른 어떤 중국 지역보다도 돌발적인 변수가 적은 곳이라는 평가를 받기도 한다.

3) 광둥인

광둥은 중국 역사의 대부분의 시기 대외무역을 담당했던 상인의 기질이 그 어떤 지역보다 많은 곳이라고 할 수 있다. 광둥인의 성격과 비즈니스 협상 스타일은 다음과 같다. 첫째, 동서남북 중 재물을 모으는 것은 광둥인이라는 말이 있다. 광둥이라는 지역은 상업의 역사가 길다. 그런 까닭에 광둥인은 무역에 뛰어나고 홍콩, 마카오 등지의 국외 자본과의 관계가 긴밀하다. 광둥인의 상업에 대한 열정은 어느 지역 사람들보다도 강해서 장사를 하지 않고는 돈을 벌 수 없다는 의식이 일반 시민에게까지 침투되어 있다. 둘째, 광둥 사람들에게는 천하제일을 다투는 도전정신이 있다. 광둥인은 경쟁심이 대단히 강해 약육강식의 법칙을 자연스럽게 신봉하고 있다. 그들은 직업에 대한 정착의식이 매우 희박하여 자신에게 새로운 일자리가 나타나면 주저없이 직장을 옮겨 버린다. 광둥인은 안정을 추구하지 않고 항상 새로운 것에 관심을 쏟는다. 셋째, 광둥 사람들은 배금주의적인 경향이 강하다. 광둥 사람들은 좋은 자동차를 타고 좋은 사무실에 좋은 주택을 보유하고 남에게 보여주는 것을 좋아한다. 이들에게 돈을 버는 것은 인생에 있어서 중요한 이슈이고 보이는 만큼 상대의 자신에 대한 태도가 다르다는 인식을 가지고 있다.

그렇다면 광둥 사람들의 협상 스타일은 어떠할까?

첫째, 비즈니스 협상에 임하여 상대방에게 일정한 이익을 주지 않으면 협상이 원활하게 이루어지지 않는다는 신념을 갖고 있다. 가령 상품을 구입하러 온 상대가 가격인하를 요청하였다면 그들은 자신뿐 아니라 상대에게도 손해가 되지 않는 판매방식을 찾아내려고 노력한다.

둘째, 광둥 사람들은 새로운 거래의 기회에 민감하고 커다란 리스크도 두려워하지 않으며 신속하게 움직인다. 광둥 사람들에게 시간은 곧 돈이다. 따라서 광둥 사람들은 1분도 쪼개어 쓴다. 광둥인이 경영하는 회사의 대부분은 사업의 지속성을 그다지 중요하게 여기지 않는다. 그래서 타사와의 승부를 단지 누가 먼저 시작하느냐 하는 시간에 초점을 맞추는 경우가 많다. 이러한 광둥인의 비즈니스 스타일 때문에 그들은 시간은 곧 돈이라고 인식하는 경향이 강하다. 그래서 협상장에서 논리적인 이유를 이것저것 늘어놓는 것을 싫어하고 단도직입적인 협상을 반긴다.

셋째, 광둥 사람들은 차계생단(借鷄生蛋, 남의 닭을 빌려 알을 낳게 한다.)식의 사업방식을 선호한다. 대체적으로 광둥인은 타 지역 사람들과 비교하여 주민 전체의 교육수준이 상대적으로 낮은 단점을 보충하기 위하여 비즈니스를 수행할 때 타인의 기술이나 노하우를 신속하게 받아들이고 빠른 속도로 제품화하는 방법을 자주 사용한다. 그리고 지역적 위치의 특성상 외부와의 접촉의 기회가 상대적으로 많고 빠름으로 인해 외부적 요소를 활용하는 능력이 다른 어떤 중국 지역보다 발전하였다.

제14부

양안관계와 중국의 현재와 미래

14 양안관계(兩岸關係)와 글로벌 G2로서의 중국

2011년에 영국의 경제 주간지 〈이코노미스트(The Economist)〉는 중국이 보유하고 있는 3조 달러의 외환으로 살 수 있는 가상 기업 쇼핑 리스트를 발표하였는데 이 자료만 봐도 중국의 파워가 어느 정도인지 가히 알 수 있다. 구체적으로 말하자면 첫째, 2011년 4월 기준으로 중국은 외환 보유액의 3분의 1만을 사용하여 애플, 마이크로소프트, IBM, 구글 등 미국의 4대 IT 기업을 모두 인수할 수 있다고 한다. 이들 4개 기업의 시가 총액이 9160억 달러에 불과하기 때문이다. 둘째, 만약 중국이 부동산에 눈을 돌리게 된다면 외환 보유액의 6분의 1만을 사용하여 미국 맨해튼과 워싱턴 DC의 부동산을 모두 사들일 수 있다. 맨해튼은 2870억 달러, 워싱턴 DC는 2320억 달러면 구매가 가능하기 때문이다. 셋째, 중국의 외환 보유액은 2011년에 전 세계에서 생산되는 모든 석유의 88퍼센트를 사들일 수 있는 금액이며, 미국 농경지 전부를 사들인다 해도 1조 달러가 남는 수준이니 미국 농경지를 3번이나 살 수 있는 규모이다. 더 놀라운 것은 중국의 외환 보유액이 해마다 급속한 속도로 증가한다는 점이다. 최근의 경제위기로 외환 보유고가 잠시 정체 상태를 보이지만 중국의 외환 보유액은 1996년에 처음 1000억 달러를 넘어선 뒤

10년 만인 2006년 9월에 1조 달러에, 그리고 4년 반 만에 다시 3조 달러를 돌파하고 2015년 말에는 3조 4838억 달러 규모에 달하는 것으로 나타났다.

이렇게 중국은 글로벌 2대 경제 대국이자 최대의 외환 보유국으로 세계 경제에 막대한 영향을 미치고 있다. 이러한 중국이 해결해야 하는 마지막 문제는 과연 무엇일까? 그리고 글로벌 G2로 성장한 중국의 파워를 상징하는 지표들은 무엇이 있는지 같이 살펴보도록 하자.

1. 양안 간 통일 방안 – 일국양제(一國兩制)

1) 양안관계(兩岸關係)

양안관계란 2차례에 걸친 국민당과 공산당의 내전의 결과 중국 본토를 완전히 장악한 중화인민공화국과 타이완 섬으로 명명되는 타이완 간의 사이에서 벌어지는 정치, 경제, 사회, 문화 등 각 방면의 관계를 지칭한다. 일반적으로 타이완 해협을 사이에 두고 해협 서쪽인 대륙과 해협 동쪽인 타이완이 마주보고 있다고 해서 양안관계로 불린다. 대륙의 공산당 정부와 타이완의 국민당 정부는 내전이 완전히 해결되지 않은 상황으로 보기 때문에 대륙과 타이완의 관계를 별도의 두 개의 국가 간의 관계가 아닌 향후 통일되어야 하는 특수한 관계로 규정하고 있다. 이와 반면에 타이완에서 국민당에 이어 처음으로 생긴 민진당의 경우 타이완의 독립을 통한 별도의 국가 대 국가의 관계를 강조하는 경향을 보인다.

2) 일국양제(一國兩制)의 개념 및 성격

그렇다면 일국양제란 무엇인가? 일국양제란 중국의 대륙 정부가 역사적인 이유로 대륙에서 장기간 분리되어 있는 지역과의 통일을 위해 내놓은 구체적인 방법이자 제안이다. 일국양제라는 말을 그대로 해석하면 하나의 국가, 두 개의 체제라는 것이다. 즉 하나의 국가 안에 서로 다른 성격의 두 가지 체제의 병존이 가능하다는 의미이다. 과거 아편전쟁 이후 일련의 전쟁들을 통해 열강에 할양된 홍콩과 마카오의 반환시기가 다가옴에 따라 1984년 영국정부와 홍콩과의 반환 협상, 1987년 포르투갈과의 마카오 반환 협상에 대한 중국 정부의 흡수 통합 이후의 운영방안이라고 할 수 있다. 이 일국양제 방안에 따르면 중국은 이들 지역에 특별행정구(特別行政區)를 설치하고, 이 지역에 대해 고도의 자치권을 부여하며, 현행의 경제사회제도, 즉 자본주의 체제를 일정 기간 동안 계속해서 유지한다고 약속하고 있다.

여기서 일국(一國)이란 하나의 국가라는 의미로 대외적으로 중화인민공화국만이 유일한 합법정부이며, 이 지역에는 하나의 국가만이 존재한다는 의미이다. 타이완·홍콩·마카오는 중화인민공화국의 헌법에 의해 설립된 특별행정구역으로 고도의 자치권을 가지기는 하지만 지방정부에 불과하다는 점을 명시하고 있다.

양제(兩制)는 두 가지 체제를 의미한다. 즉 타이완·홍콩·마카오는 중국대륙의 체제 성격과는 상관없이 일정기간 동안 기존체제를 유지할 수 있다는 것이다. 여기서 기존체제라고 하면 자본주의 체제를 의미한다. 물론 사회주의와 자본주의의 체제 내 위치에 관해서 말한다면 사회주의 체제가 주된 위치를 차지하고 자본주의 체제는 종속적 위치에 속한다고 본다. 왜냐하면 특별행정구에 고도의 자치권을 부여하지만 중앙의 통제를 벗어날 수는 없기 때문이다. 실제로 중국은 홍콩 반환 과정에서 자본주의 체제가 적어도 50년 동안은 변하지 않을 것이라고 공포할 만큼 두 가지 제도의 효율적인 운용이 가능하다고 보았다.

3) 일국양제 방안 탄생의 역사적 배경과 진행 과정

중국에서 일국양제의 통일방안은 1970년대 말 본격적으로 이론화 작업이 시작되었다. 그리고 1982년 덩샤오핑이 일국양제라는 표현을 처음으로 사용하면서 표면적으로 부각되기 시작하였다. 이후 1984년 영국과의 홍콩 반환 협상을 진행하면서 중국 정부는 일국양제 방안을 통합방안으로 공식적으로 제시하였고, 이어서 타이완에 대해서도 일국양제 방안을 통일방안으로 공식 제안하게 된다. 중국이 일국양제 통일방안을 구상하게 된 배경은 무엇일까? 먼저 중국은 홍콩과 마카오와의 반환문제를 원만히 해결하기 위한 묘안이 필요하였다. 1982년 9월 영국 대처수상의 중국 방문으로 영국과의 홍콩 반환 협상이 본격화 되었다. 이에 중국 정부는 홍콩 반환 협상의 성패가 향후 마카오와 타이완 문제해결에 중요한 영향을 미친다고 인식하게 되었다. 이 과정에서 중국은 영국의 반발을 무마하고 홍콩 주민들의 불만을 최소화할 수 있는 방안에 대해 심도 깊은 논의를 하게 되었고 이에 대한 해결방안으로 일국양제론이 부상하였다. 또한 만약에 홍콩과 마카오에서 일국양제가 추진되고 별 무리 없이 사회주의와 자본주의 체제가 공존할 수 있음을 증명할 수 있다면 향후 타이완과의 통일논의에서도 가장 강력하고 현실적인 설득력을 얻을 것이라고 보았다. 이에 일국양제 방안을 중국 정부의 통일된 통합방안으로 제시하게 되었다.

4) 중국 대륙과 타이완의 통일 방안 비교

중국 대륙과 타이완의 통일에 관한 입장을 비교해보는 것도 의미가 있을 것이다. 다음은 중국과 타이완의 통일 방안이다.

중국과 타이완 통일 방안 비교

중국 대륙	타이완
• 1978년 이래 평화통일의 입장 하에 일국양제(一國兩制) 방안 주장 • 3통과 쌍방 간의 교류 강조 • 기본적인 무력 위협은 유지함 • '두 개의 중국(兩個中國)' 또는 '하나의 중국 하나의 타이완(一中一臺)' 입장 절대 수용 불가	• 1949~78년 반공복국(反共復國)이 주요 목표 • 문화대혁명 이후 군사 활동 자제 • 중국이 스스로 붕괴하기를 기대 • 중국의 국제적 지위 향상 • 미중 국교정상화 • 미국과의 공동방위조약 폐기에 따른 정책 변화 • 삼민주의에 의한 통일 정책 지향 • 1980년대 이후 정권의 타이완화 경향 출현(현상 유지, 두 개의 중국, 하나의 중국 하나의 타이완 입장 출현) • 경제적 경쟁과 교류의 활성화 지향

2. 명실상부한 G2, 중국

1) 21세기 중국의 부상

흔히들 21세기는 중국의 세기라고 한다. 과연 21세기는 중국의 시대가 될 것인가? 21세기가 중국의 시대가 될 것인지를 경제적 지표, 군사적 지표, 과학기술 지표를 통해서 한번 살펴보자.

경제적 지표

중국의 경제적 지표 상승은 실로 경이롭기까지 하다. 중국의 1인당 GDP는 2002년 1135달러에 불과했으나, 2011년에는 5042달러, 2014년 7572달러, 2015년에 8154달러에 이르러 10여 년 사이에 7배 이상 성장하였다.

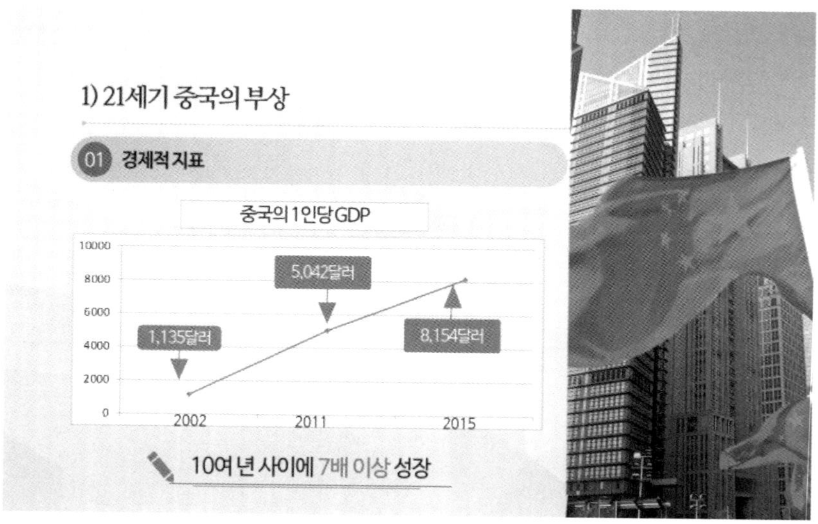

국가 전체 GDP 규모 역시 2002년의 1조 4538억 달러에서 2011년 7조 3185억 달러, 2015년 11조 2119억 달러까지 폭발적으로 증가하였다. 2002년 중국의 GDP는 전 세계 대비 4.4퍼센트로 미국 GDP의 14퍼센트 수준에 불과 하였으나, 2011년은 전 세계 GDP의 10퍼센트, 미국의 49퍼센트에 도달하여 세계 2대 경제 대국으로 성장하였다.

이 밖에 앞서 잠시 언급했다시피 중국의 외환 보유고는 실로 엄청나다. 1901년 의화단 봉기를 계기로 중국은 서구 열강들과 불평등 조약을 맺고 무려 4억 천만 냥에 해당하는 보상금을 지불하기로 합의하였다. 당시 청나라의 연간 세입이 2억 5000만 냥임을 감안하면 이는 실로 엄청난 금액이었다. 이후 중국은 1940년 말까지 연간 4퍼센트의 이자를 치르며 39년간 거의 10억 냥에 해당하는 금액을 갚게 되었다. 그러나 시대가 바뀌었다. 개혁개방 30여 년의 성과는 과거 아시아의 병든 환자였던 중국의 면모를 일신시

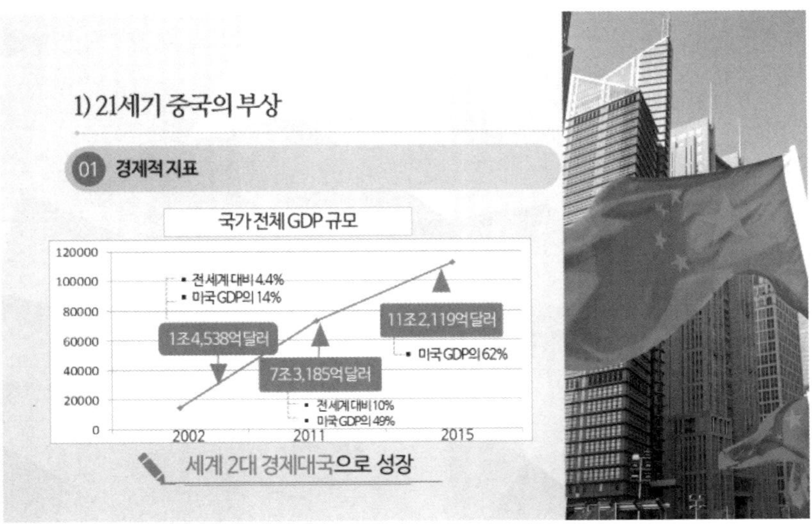

켰다. 2015년 현재 중국은 3조 4838만 달러의 외환을 보유하여 당당히 세계 최대의 외환 보유국으로 부상하였다. 중국의 외환 보유액은 원화로 따지면 약 4000조에 해당하는데 이는 스페인, 아일랜드, 포르투갈, 그리스 등 재정 위기를 겪고 있는 유럽 국가들이 발행한 국채를 다 합해도 1조 5100억 달러밖에 안 된고 하니 그 규모를 가히 짐작할 수 있다.

군사적 지표

중국의 국방비 지출은 2002년 225억 달러에서 2011년 899억 달러에 이르러 군사력 역시 미국에 이은 세계 2위의 자리를 확고히 하고 있다.

실제 중국은 자체 항공모함인 랴오닝(遼寧)함을 2012년 9월에 실전 배치하였다. 중국의 국방비 지출 증가율은 GDP 증가율의 두 배 이상이며, 한국과 일본, 인도의 군사비를 합친 것과 비슷하다. 중국의 국방비 지출이 국내

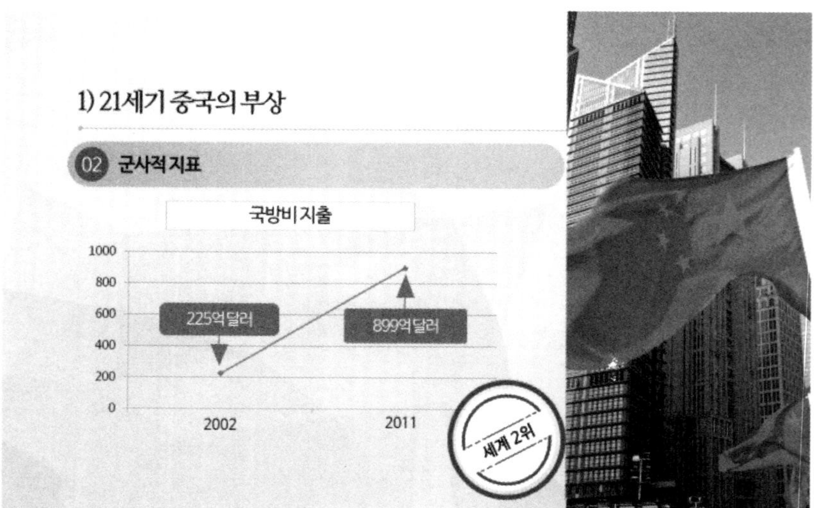

총생산(GDP)에서 차지하는 비중은 2011년 1.51퍼센트에서 2012년 2.18퍼센트로 늘어났다.

과학기술 지표

과학기술 분야에서도 중국은 본격적인 세계 최강대국의 대열에 들어서기 시작하였다. 먼저 1992년 921계획을 발표하여 본격적인 과학대국의 길을 모색하였다. 이어 1999년 11월 20일 최초의 무인 우주선을 성공적으로 발사하고, 2003년에는 유인 우주선 발사에 성공한다. 특히 중국은 2012년 6월 18일 미국, 러시아에 이어 세계 세 번째로 유인 우주선 선저우(神舟) 9호와 실험용 우주정거장 톈궁(天宮) 1호의 유인 우주도킹에 성공하였다. 이 밖에 중국은 2012년 6월에 세계에서 다섯 번째로 심해잠수정 자오룽(蛟龍)호를 해저 7000미터까지 도달시키는 데 성공하여 명실상부한 과학대국으로서 발걸음을 내걸었다.

2) 중국의 부상을 상징하는 용어

중국의 부상을 상징하는 말들이 쏟아져 나오고 있다. 이는 21세기가 중국의 시대임을 혹은 적어도 세계에서 중국의 비중을 무시할 수 없다는 반증이기도 하다. 수 많은 학자와 기관들이 제시한 중국의 부상을 의미하는 것들에는 무엇이 있는지 한번 살펴보자.

G2(Great 2)

G2는 미국의 저명한 경제학자인 피터슨 경제연구소의 프레드 버거스텐(C. Fred Bergsten) 박사가 주창한 개념이다. 현재 정치·경제적으로 세계 2대 강국인 미국과 중국을 일컫는 말로, 과거 서방 선진국가들의 협의체인 G7, G8을 대체해 미국과 중국 중심으로 세계질서가 재편되고 있음을 보여주는 상징적인 용어이다. 2013년 기준 국가별 GDP를 살펴보면 미국은 16조 7242억 달러의 세계 최대 경제 대국이며, 중국은 8조 9399억 달러로 일본의 5조 72억 달러를 제치고 명실상부한 세계 2위 경제 대국으로 자리하고 있다.

팍스시니카(Pax Sinica)

라틴어로 팍스(Pax)는 평화, 시니카(Sinica)는 중국이라는 의미로 중국 중심의 세계 질서를 뜻한다. 과거 로마제국 시대의 팍스 로마나(Pax Romana), 19세기 영국의 식민통치를 일컫는 팍스 브리태니커(Pax Britanica), 2차 세계대전 이후 미국 중심의 팍스 아메리카나(Pax Americana)와 비교되는 개념으로 향후 중국이 세계 질서의 중심이 될 것임을 가리키는 말이다.

차이메리카(Chimerica)

미국 하버드대 닐 퍼거슨 교수에 의해 2007년 주창된 개념으로 미국과 중국의 경제적 상호의존, 보완관계를 상징하는 말이다. 퍼거슨 교수는 「차이메리카와 글로벌 자산시장 붐」이라는 기고문을 통해서 전 세계 육지면적의 13퍼센트, 인구의 4분의 1, 국내 총생산(GDP)의 3분의 1을 차지하는 중미 양국의 경제적 공생관계가 21세기 초 세계 경제를 이끌었다고 평가하고, 이러한 차이메리카 시대는 장차 중국이 20년 내에 미국을 추월함으로써 막을 내릴 것으로 예상하였다.

친디아(Chindia)

친디아는 중국(China)와 인도(India)를 함께 일컫는 신조어로 인도의 경제학자인 자이람 라메쉬가 주창하였다. 친디아는 전 세계 인구의 3분의 1에 해당하는 양국 인구 27억을 기반으로 중국의 제조업과 인도의 IT, 서비스업과 같이 상호보완적인 경제구조를 바탕으로 향후 양국이 세계 경제의 중심이 될 것임을 예시하는 개념이다.

브릭스(Brics)

최근에는 과거의 예상과 달리 조금 주춤한 것 같지만 그래도 브릭스란 용어는 중국과 신흥시장이 21세기 무시할 수 없는 파워를 가질 것이라는 예측을 담고 있다. 브릭스란 브라질, 러시아, 인도, 중국의 영문 첫 자모를 따서 만든 신조어로, 영문 단어인 벽돌(Brick)과 비슷하여 브릭스 4개국으로 불리다가 남아프리카 공화국이 가입한 후 BRICS로 명칭을 통일하고 브릭스 국가로 개칭하였다. 브릭스는 골드만삭스의 경제학자 짐 오닐(Jim O'Neil)이 보고서를 통해 상기 4개국이 2050년에 세계 경제를 주도하는 강력한 나라가 될 잠재력이 있음을 지적하여 미래 성장성이 큰 나라들을 상징하는 용어로서 널리 알려지게 되었다. 현재 브릭스 국가는 세계 인구의 40퍼센트 이상 GDP는 12조 달러를 넘고 있다.

참고문헌

단행본

『넓은 땅 중국인 성격지도』, 왕하이팅, 새빛에듀넷, 2010

『중국 부자를 말한다』, 박대훈, 경북대학교출판부, 2015

『화교』, 살림출판사, 2004

『쉽게 이해하는 중국문화』, 다락원, 2011

『유학, 시대와 통하다』, 김교빈 외, 자음과 모음, 2012

『사기열전』, 사마천. 정범진 역, 까치, 1995

『중국 각지 상인』, 강효백, 이해원 역, 한길사, 2004

『중국 비즈니스 문화론』, 서갑성, 대진, 2010

『살아 있는 세계사 교과서』, 휴머니스트, 2011

보도기사 인터넷 출처

아시아경제, 「코트라 해외지역본부장들이 말하는 시장 공략법」, 2013년 1월 8일자, http://www.asiae.co.kr/news/view.htm?idxno=2013010714575293246

베이징 관광국, http://visitbeijing.or.kr/beijing.php? file=beijing_30.html http://baike.baidu.com/link?url=_wcoSshw3W1w7Jez3NBvSckWDvPpF92VpSC-TWaFrQJgdrQTK-CXGgmQz9o3kfnpQucd05rZy9NmUV7gUeb4Vn_)

중국 외교부 사이트, http://www.fmprc.gov.cn/web/

http://www.goole.com

http://image.baidu.com

https://pixabay.com/static/uploads/photo/jpg

http://sjqnrdl.tistory.com/m/post/18

http://news.donga.com/View?gid=43449839&date=20120119/

http://www.etoday.co.kr/news/)

http://thumb.mt.co.kr/06/2005/10/2005102713361231949_1.jpg)

http://cfile201.uf.daum.net/R320x0/1610D54150A6824E0A37BA)

http://www.asiae.co.kr

http://www.sisamagazine.co.kr/news/articleView.html?idxno=2861)

https://upload.wikimedia.org/wikipedia/commons/e/e8/Li_Ka_Shing.jpg)

http://terms.naver.com/entry.nhn?docId=1226750&cid=40942&categoryId=32086

http://www.wikipedia.org

http://www.shanghaibang.com/shanghai/news

http://www.chinacorea.com

http://www.doopedia.co.kr

http://www.clock.onoffmarket.com

박대훈(朴大勳) 한양대학교 중어중문학과를 졸업하고 베이징대학 국제관계대학원에서 국제정치학으로 석사학위를, 외교학으로 박사학위를 받았다. 현재는 한양대학교 중어중문학과 겸임교수로 재직 중이다. 저서로 『중국 부자를 말한다』(2015, 경북대학교출판부), 역서로 『냉전과 신중국 외교의 형성』(2015, 한국문화사), 편저로 『생생 중국어 그림 사전』(2012, 라이브중국어)이 있다.

현대 중국의 이해

펴낸날 2016년 2월 25일 초판 1쇄 · 2019년 3월 15일 초판 2쇄
지은이 박대훈 · **펴낸이** 김우승
펴낸곳 한양대학교출판부 · **출판등록** 제4-7호(1972.2.29)
주소 서울 성동구 왕십리로 222 · **전화** 02.2220.1432-4 · **팩스** 02.2220.1435
홈페이지 press.hanyang.ac.kr · **이메일** presshy@hanyang.ac.kr
디자인 정준기 · **인쇄** 현문

© 2016 박대훈
이 책은 저작권법에 따라 한국 내에서 보호를 받는 저작물이므로 무단전재와 무단복제를 금합니다.
정가는 뒤표지에 있습니다. 잘못된 책은 구입하신 곳에서 교환해드립니다.

ISBN 978.89.7218.479.9 (03910)